AF246996

Le data marketing

Éditions Eyrolles
61, bd Saint-Germain
75240 Paris Cedex 05

www.editions-eyrolles.com

Chez le même éditeur :
- *Réussir sa transformation digitale*, Cindy Dorkenoo, Aurore Crespin, Laura Lombardo, Frédéric Klotz et Hamza Moulim
- *Stratégie digitale*, Cindy Dorkenoo
- *Le guide de la transformation digitale*, Vincent Ducrey et Emmanuel Vivier
- *Le consommateur digital*, Nicolas Riou

En application de la loi du 11 mars 1957, il est interdit de reproduire intégralement ou partiellement le présent ouvrage, sur quelque support que ce soit, sans autorisation de l'éditeur ou du Centre français d'exploitation du droit de copie, 20, rue des Grands-Augustins, 75006 Paris.

© Groupe Eyrolles, 2017
© Editions Eyrolles, 2020
ISBN : 978-2-212-56473-0

Julien Hirth

Le data marketing

La collecte, l'analyse
et l'exploitation des données
au cœur du marketing moderne

EYROLLES

Sommaire

PRÉAMBULE

Concevoir son projet Data

© Groupe Eyrolles

PARTIE A

Collecter et stocker

© Groupe Eyrolles

© Groupe Eyrolles

PARTIE B

Extraire de l'information des données

© Groupe Eyrolles

© Groupe Eyrolles

PARTIE C

Activer les données

© Groupe Eyrolles

© Groupe Eyrolles

© Groupe Eyrolles

Préface

Le digital nous a changés. En nous simplifiant la vie, il a complètement modifié notre rapport aux marques. Alors que nous fêtons seulement cette année le 25ᵉ anniversaire du World Wide Web, nous avons en l'espace de très peu de temps radicalement transformé des siècles de rapports marchands.

Fini l'attente et la patience. Amazon prime nous livre aujourd'hui en moins de 24 heures. Fini les mauvaises affaires et autres manipulations : les comparateurs et les commentaires clients nous rassurent et nous inspirent. Fini l'angoisse du voyage et de la lecture de la carte routière: smartphone en poche, nous sommes invincibles. Le digital a exacerbé les traits de caractères de notre génération Y. Ultra connectés et multi-identitaires, nous sommes impatients, infidèles, voire méchants et rancuniers sur les réseaux sociaux s'il le faut.

Le marketing a dû s'adapter en retour. Le célèbre spot de 30 secondes sur TF1 a fait place à des campagnes digitales ultra segmentées, scénarisées et ciblées. Les annonceurs les plus matures produisent des milliers de contenus différents à chaque campagne pour coller aux plus proches désirs de leurs clients. Ces contenus sont poussés par des algorithmes en fonction de multiples paramètres individuels. Netflix le fait notamment avec ses propres séries. En cas de campagne mal ciblée, la réponse du diginaute est sans appel: toute publicité intrusive ou non pertinente est immédiatement sanctionnée par l'installation d'Ad-block. Les taux d'installation flirtent aujourd'hui avec les 30 % en France.

Le fil directeur de cette évolution est la donnée. C'est cette ressource que certains chercheurs qualifient d'« or noir » du XXIᵉ siècle, et qui permet aux marques de faire le lien entre toutes nos identités, physique et digitales. C'est elle qui leur permet de savoir proposer intelligemment un matelas confortable à qui vient d'acheter une poussette, ou encore permet de détecter très en avance les signaux « faibles », avant-coureurs d'une résiliation de contrat.

Professionnels et passionnés du marketing, pourtant aguerris aux toutes dernières techniques, nous sommes sans cesse impressionnés et devons constamment nous remettre en question pour suivre au mieux les innovations toujours plus ambitieuses mises au point par le milieu du data driven-marketing.

© Groupe Eyrolles

Google, dont la mission ultime est d'organiser et de rendre accessible toute l'information au monde, se donne les moyens de ses ambitions. En achetant, en 2014, la start-up britannique Deepmind, le géant mise sur les techniques les plus pointues d'intelligence artificielle, sans nul doute pour les appliquer au domaine qui constitue sa première source de revenus: la publicité. Deepmind n'a pas attendu longtemps avant de faire ses preuves en battant cette année le champion du monde du jeu, considéré comme l'un des derniers bastions où l'humain domine la machine: le jeu de go, longtemps considéré comme impossible à maîtriser par un algorithme (le nombre de combinaisons jouables est plus de 1 050 fois plus grande que les échecs: même une machine surpuissante est loin de pouvoir calculer tous les coups gagnants). AlphaGO a pourtant réussi l'impossible et a vaincu au cours d'un match à suspense le champion Lee Sedol 4 à 1.

Microsoft n'est pas en reste et a été récompensé par le prix de la data et de la créativité cette année à Cannes. L'algorithme de la société a passé au crible 346 tableaux de Rembrandt (épaisseur des couches de peinture successives, espacement des yeux, position du nez, forme des visages, etc). L'ensemble des caractéristiques a ensuite été reproduit sur une toile inédite, imprimée en 3D, créant le fascinant « Next Rembrandt » sur une toile constituée de plus de 148 millions de pixels. L'illusion est parfaite: les plus grands experts en histoire de l'art ont reconnu qu'il était impossible de différencier le nouveau portrait d'un portrait de Rembrandt.

Jusqu'où ira-t-on dans l'utilisation de la donnée appliquée au marketing ? Le monde de demain sera sans aucun doute un monde de marketing individuel ou « people based ». Le contenu autogénéré et absolument unique qui nous sera proposé sera probablement complètement différent du contenu de notre voisin. À l'image de Facebook qui nous propose autant de versions de son newsfeed qu'il y a d'utilisateurs sur le réseau social, les contenus poussés par les marques seront complètement adaptés et pertinents grâce à la masse de données dont elles disposent sur nous.

Nous sommes des fervents défenseurs de la donnée et de son utilisation dans le marketing, persuadés qu'elle nous simplifiera la vie, poussant à transformer le marketing en un service, plutôt qu'en une contrainte. Il est évident que tout cela a un prix. Sans pouvoir ici détailler tous les enjeux, deux risques majeurs me viennent à l'esprit.

© Groupe Eyrolles

La perte du jardin secret. Même si la juridiction sur les données personnelles a intelligemment évolué en ce sens en France (loi Lemaire) ou en Europe (règlement Européen sur la protection des données personnelles), il ne faut pas se tromper de combat. Les GAFA connaissent déjà TOUT sur nous. Pour prendre l'exemple de Google: nos recherches sont sur Chrome, nos échanges sur Gmail, nos passions sur YouTube, nos déplacements sur Maps ainsi que chez tous les possesseurs d'un téléphone Android. Toutes ces données sont disponibles sous un même identifiant commun: le GoogleID. Le géant a techniquement la possibilité de croiser, recouper à loisir ces données pour établir une connaissance individuelle à laquelle même nos plus proches n'ont pas accès. Il va être quasiment impossible de protéger nos données face à ces géants technologiques sans restreindre les services auxquels nous sommes devenus accros, et nous transformer en ermites.

Le syndrome de panurge. On pourrait croire que la personnalisation exacerbe les goûts et les individualités, mais c'est en fait tout l'opposé qui se produit! Les chercheurs ont montré qu'au lieu de favoriser un effet «long tail» qui aurait pour effet de pousser des contenus de niche, les moteurs de recommandations propulsent les blockbusters. Paradoxalement, le choix diminue alors qu'il devrait être démultiplié. Nous devenons passifs. Plus de curiosité ou d'éveil dans la mesure où c'est maintenant l'algorithme qui choisit à notre place. Un sursaut d'orgueil est attendu: notre créativité et notre individualité se doivent de prendre le pas sur la machine et non l'inverse.

J'ai connu Julien en tant que jeune et brillant consultant au sein de la société Artefact qui est devenue la référence dans le domaine de l'innovation marketing data driven. En plus de ses activités quotidiennes, Julien mettait toute son énergie à construire et à mettre en forme les savoir-faire que nous avions constitués pour former nos jeunes recrues. À une compétence très forte dans nos métiers s'associait très naturellement un talent pour simplifier les concepts les plus complexes.

À ce titre, ce livre éclaircit et détaille bien des aspects que tout consultant en marketing ou directeur marketing moderne doit maîtriser. C'est un must-have pour tout professionnel, étudiant ou curieux s'intéressant au monde de la donnée dans son ensemble. Sans être dogmatique, il est pragmatique, pédagogique et apporte de la clarté sur les solutions data driven en vigueur actuellement. Le lecteur intéressé par l'ensemble des problématiques de la donnée dans le marketing pourra (devra!) néanmoins compléter

© Groupe Eyrolles

cette lecture par des ouvrages traitant des impacts de la data sur l'entreprise et les transformations organisationnelles nécessaires.

Vincent LUCIANI
Fondateur du cabinet Artefact

© Groupe Eyrolles

Avant-propos

«Or noir», «pétrole brut», «nouvelle révolution industrielle»… les superlatifs ne manquent pas pour décrire la «data». L'analyse et l'exploitation de la donnée ne sont pourtant pas nouvelles. Si les calculatrices à boules de l'Antiquité ou l'horloge Aurorex enregistrant le temps de conduite des flottes de véhicules dans les années 1920 font figure d'anecdotes, le datamining[1] et le scoring[2] client existent dans les banques et les assurances depuis les années 1970 afin de prédire les «mauvais payeurs», tandis que la business intelligence (BI) a fait les beaux jours des éditeurs dans les années 1980 et le Customer Relationship Management (CRM) ceux des années 2000. C'est également à la fin du XXe siècle que se démocratisent les data centers[3]. Alors pourquoi soudainement le terme «data» est-il dans toutes les conversations et que plus de cinquante contenus sont publiés chaque heure sur le sujet en France ? Qu'est-ce qui a tant changé et justifie un tel engouement frisant parfois la folie collective ?

LA DIGITALISATION DE NOS VIES…

La première nouveauté, c'est la digitalisation de notre quotidien. Depuis que vous lisez cette introduction, plus de 250 000 tweets ont été échangés, plus de deux millions de requêtes ont été analysées par Google, plus de trois millions de «likes» Facebook ont été attribués, plus de cent heures de nouvelles vidéos YouTube ont été chargées et plus de 150 000 vidéos Netflix lancées! Au total en moins d'une minute de l'année 2015 ont été créées autant de données que toutes celles depuis le début de l'humanité jusqu'à 2003 et 90 % des données disponibles dans le monde ont moins de

---

1. Littéralement «fouille de données», le datamining est un processus faisant appel aux techniques statistiques et mathématiques permettant d'extraire des informations commercialement pertinentes et de modéliser des schémas d'informations cachés au sein de grandes bases de données.
2. Traitement mathématique consistant à attribuer à un individu une probabilité de comportement futur. Les premiers modèles de scoring ont été mis en place dans les banques dans les années 1970 afin d'estimer le risque associé aux crédits.
3. Lieu physique dans lequel sont regroupés les éléments concrets (ordinateurs, serveurs, etc.) constituant le système d'information de l'entreprise.

© Groupe Eyrolles

deux ans[1]! Un afflux massif de données qui change complètement le paradigme qui prévalait dans les années 1980: avec un volume de données à traiter par une entreprise qui double tous les dix-huit mois[2], le facteur différenciant d'une société aujourd'hui ne réside plus tant dans le fait d'avoir des données que d'être capable de les analyser et de les transformer en information! «La data est abondante, donc ce qui est utile et rare, c'est la capacité à l'exploiter et la rendre opérable», assure ainsi Samir Amellal[3], Chief Digital Officer de Publicis.

... COUPLÉE À L'AUGMENTATION DE LA PUISSANCE DE CALCUL...

Justement, **être capable de traiter rapidement et à moindre coût les gros volumes de données est le deuxième changement majeur** à la source de l'essor du data marketing. Alors que les algorithmes statistiques des années 1970 n'étaient pas souvent applicables ou rentables à mettre en place faute de puissance de calcul à disposition, leur mise en production est désormais possible et profitable. Cette évolution tient principalement à quatre phénomènes: la loi de Moore, le calcul distribué, l'open source et le cloud.

La loi de Moore est une façon savante de dire que la puissance des processeurs double tous les dix-huit mois depuis l'invention de l'ordinateur!

Le calcul distribué signifie qu'au lieu de recourir à un énorme serveur très onéreux pour réaliser un calcul complexe, celui-ci est découpé en plusieurs sous-calculs plus simples, réalisés par des serveurs plus conventionnels. Comme pour les comptes d'entreprise, ces micro-calculs sont ensuite consolidés pour trouver le résultat du calcul initial.

L'open source désigne la gratuité des logiciels construits par des «communautés non lucratives». La plupart des architectures Big Data sont composées de tels logiciels en libre accès, le plus célèbre d'entre eux étant Hadoop.

---

1. *Les données numériques: un enjeu d'éducation de citoyenneté*, *Journal officiel* de la République française, séance du 13 janvier 2015.
2. Bruno Teboul et Jean-Marie Boucher, *Le Marketing absolu*, éditions Kawa, 2013.
3. Guillaume Serries, «Compétences, gouvernance, vision: SAS détaille les freins du Big Data en France», 5 novembre 2015, zdnet.fr.

© Groupe Eyrolles

Enfin, **le cloud** a fait diminuer drastiquement le coût nécessaire au traitement des données[1]. Sur le modèle de l'économie collaborative, il devient possible à n'importe quelle start-up dans un garage de louer en temps réel autant de machines que nécessaire à Google ou à Amazon!

... CHANGENT LE MÉTIER DU MARKETEUR

Fini les « 4 P »[2] si chers aux professeurs et aux livres du XXᵉ siècle! Au placard les études et panels annuels! **76 % des marketeurs considèrent que le marketing a davantage changé en deux ans que lors des cinquante dernières années[3].**

Le digital et les progrès informatiques ont en effet bouleversé le parcours d'achat du client. D'un être passif à séduire à grand renfort de messages commerciaux, le consommateur est devenu informé et critique (comparaison des prix et avis consommateurs en temps réel), mobile et connecté (multitudes de points de contact avec la marque), méfiant et lassé (inondé de messages commerciaux – plus de 300 par jour[4]). Une vraie diva insaisissable et exigeante, au parcours d'achat de plus en plus complexe et de moins en moins linéaire!

Pour rester compétitif, il devient dès lors nécessaire de centrer le marketing sur le client et non plus sur le produit[5], ce qui signifie concrètement reconnaître le client à chaque point de contact et personnaliser l'interaction, à la fois par rapport à l'individu et à son parcours.

Et pour relever ce défi, le marketeur moderne a besoin de données: des données sur l'individu en tant que tel («une adolescente de 14 ans»), sur son comportement («cet individu est venu trois fois sur le site cette semaine, c'est un prospect chaud»), sur ses centres d'intérêt... La planification média et l'analyse stratégique laissent dès lors place à d'autres questions au sein des réunions entre professionnels du marketing: quelles données peuvent aider à augmenter la conversion de l'étape une à deux dans le parcours

---

1. Le prix du mégaoctet était estimé à 300 $ en 1980. Il est estimé aujourd'hui à moins de 0,0002 $ (source: *Les données numériques: un enjeu d'éducation de citoyenneté).*
2. Produit, Prix, Place, Promotion.
3. Digital Marketing Symposium d'Adobe, 2014.
4. Arnaud de Baynast et Jacques Lendrevie, *Publicitor,* 2014 (8ᵉ édition).
5. Passage d'une logique «product centric» à une logique «client centric».

d'achat du client? Comment les collecter? Que signifie vraiment cette analyse remise par le statisticien? La solution imaginée est-elle concrètement réalisable? Comment prouver l'efficacité de son idée?

Plus scientifique, plus technologique, le marketing moderne se fait aussi plus créatif: auparavant dépendant du système d'information (SI), l'apparition d'outils en mode «Software as a Service» (SAAS)[1] libère le potentiel opérationnel du marketing. Une liberté qui a toutefois un prix: le changement d'habitudes de travail et l'acquisition de nouvelles compétences et de nouveaux savoir-faire.

OBJECTIF DE CE LIVRE

«La data, c'est comme le sexe chez les adolescents: tout le monde en parle, personne ne sait vraiment comment le faire, tout le monde pense que tout le monde le fait, donc tout le monde prétend le faire.» Cette métaphore culottée de Dan Ariely, professeur de psychologie et d'économie comportementale, exprime le flou qui entoure aujourd'hui le phénomène «data». Le data marketing reste en effet encore très obscur pour beaucoup de directions d'entreprises, quasiment «magique». Les attentes sont souvent élevées, au niveau du degré de «magie» mis dans cette nouvelle approche et ces nouvelles technologies «miracles». Bercés la nuit par les promesses de la data («le bon message au bon moment à la bonne personne») et heurtés le jour par les difficultés opérationnelles (aussi bien techniques qu'organisationnelles), les dirigeants d'entreprises ont aujourd'hui le tournis. 20 % seulement d'entre eux, interrogés lors d'une récente étude de la société Bizo[2] , estiment avoir réussi à prendre le tournant de la data, tandis que 72 % des entreprises n'exploitent pas les données qu'elles collectent selon une étude conduite en juillet 2015 par l'institut Morar pour le compte du constructeur Purestorage[3].

---

1. Logiciel mis à disposition à distance par un fournisseur et accessible par le biais d'une URL web. Le logiciel est loué, au mois ou à l'usage. Les mises à jour sont automatiques.
2. Start-up rachetée 175 millions de $ par LinkedIn en 2014.
3. *Big Data's Big Failure: the struggles businesses face in accessing the information they need.*

© Groupe Eyrolles

Face à ces constats, ce livre a pour vocation d'aider les directions marketing à :

- mettre en œuvre une stratégie data robuste et à industrialiser un ensemble de cas d'usages marketing «data driven»;

- avoir une vision holistique des données à disposition et un descriptif des manières de les collecter, de les stocker et de les réconcilier entre elles;

- approfondir leurs connaissances sur les principaux outils du data marketing (DMP, CRM 360, marketing automation, écosystème adtech…);

- comprendre les bases de la data science appliquée au marketing (clustering, scoring, marketing prédictif…).

Dans un esprit résolument pratique et orienté «projet», de nombreux exemples viennent illustrer la théorie, démystifier les buzzwords qui envahissent les conférences et les discours de certains fournisseurs de solutions en plein «data washing» et amèneront, nous l'espérons, le lecteur de la confusion à la clarté!

© Groupe Eyrolles

Préambule

Concevoir
son projet Data

D'après une étude CapGemini[1] menée en 2015, seuls 35 % des projets data d'envergure sont qualifiés de réussites ou de francs succès. Un constat qui n'est pas sans rappeler les débuts du CRM, dont les projets connaissaient près de 70 % d'échecs [2] !

La cause profonde des échecs dans la plupart des projets data n'est pas dans le manque de créativité des applications possibles, ni dans le manque de données, ni dans le manque d'outils technologiques, ni même dans le manque de savoir-faire pour collecter et analyser les données. **La cause réside le plus souvent dans la fragilité de la phase de conception:** attentes irréalistes, objectif business non précisément défini, «oubli» de la composante humaine, feuille de route trop superficielle... Il faut dire qu'avec la data, il est facile de se perdre dans l'immensité des possibles et de s'engluer dans des projets qui impliquent une multitude de personnes dans l'entreprise!

Sans apporter une réponse «miracle», ce préambule propose un canevas en cinq étapes pour éviter la majorité des erreurs de conception et aborder de façon structurée un projet data marketing:

- définir un objectif business spécifique;
- établir les critères de succès du projet;
- décomposer l'objectif en cas d'usages;
- étudier la faisabilité, technique et organisationnelle;
- déterminer une feuille de route.

Autrement dit, votre objectif doit être **Spécifique, Mesurable, Atteignable, Réalisable et Temporellement défini**, ce qui mis bout

---

1. «Cracking the data conundrum: how successful companies make Big Data operationnal».
2. Étude Butler Group, 2002. Ce taux était estimé à 47 % en 2009 par Forrester Research.

© Groupe Eyrolles

à bout constitue l'acronyme SMART, célèbre méthode créée en 1981 par George Duran et toujours massivement utilisée en management, en coaching, en gestion de projet... et dans ce préambule d'introduction à la conception d'un projet data marketing! Il s'agit d'un canevas «d'école» qui souffre comme la plupart des frameworks[1] de beaucoup d'exception, mais qui a le mérite de poser les bonnes questions très en amont.

UN VASTE CHAMP DES POSSIBLES

Quel est le cap mon capitaine? Avant de se lancer tête baissée dans la mise en œuvre d'un chantier de «data management», il est primordial de définir très précisément les objectifs de ses initiatives. À chaque but correspondront en effet des mécanismes variés de collecte, d'analyse et d'activation de la donnée.

Une des difficultés du data marketing est que la discipline interagit avec un très grand nombre d'activités historiques du marketing: prospection, acquisition, conversion, fidélisation... dans tous ces grands classiques du marketing conventionnel puis du marketing digital, de nouvelles perspectives s'ouvrent avec la data! Par exemple:

- **en matière de notoriété et d'acquisition**, il devient possible de cibler des profils «jumeaux statistiques» de ses meilleurs clients[2], d'exclure ses clients des campagnes d'acquisition, de piloter algorithmiquement les enchères Adwords, de faire levier sur la donnée de géolocalisation pour cibler selon les habitudes de déplacement...;
- **pour convertir** les prospects en leads[3] puis les transformer en acheteurs, le marketing programmatique couplé à des algorithmes de personnalisation permet de délivrer par e-mail ou par bannières display des centaines de scénarios différents selon le profil du lead;
- **la fidélisation** n'est pas en reste et un des projets de data marketing les plus en vogue dans les milieux bancaires est le calcul d'un «score d'attrition», prédisant la propension du client à

---

1. Anglicisme pour designer «canevas».
2. Procédé dit du «look alike audience». Nous reviendrons dessus plus en détail dans le chapitre 4.
3. Terme anglais fréquemment utilisé pour désigner un prospect intéressé par l'offre. Typiquement un internaute qui laisse ses coordonnées pour être rappelé est un «lead».

© Groupe Eyrolles

rompre son contrat. L'analyse sémantique des «verbatim»[1] clients au sein du service client ou sur les réseaux sociaux pour identifier des ambassadeurs de la marque est également une des applications phares de l'exploitation de la data à des fins marketing.

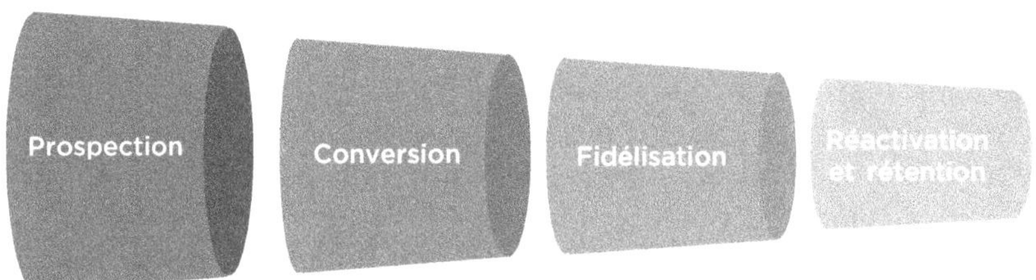

Figure 1 – La data peut être exploitée à tous les étages du tunnel marketing

Au-delà de l'optimisation de l'entonnoir marketing (en anglais, *funnel marketing*), le Graal du data marketing est de comprendre derrière l'achat le projet global du consommateur (exemple: ce consommateur achète une lampe, car il déménage; ce consommateur achète ce thé vert, car il suit une cure d'amaigrissement) pour réinventer la manière de communiquer avec ce consommateur. Cette ambition est devenue accessible en croisant ses données avec des données externes.

Calculer plus finement le ROI de chaque levier marketing ou monétiser sa donnée sont également des projets data marketing à forte valeur ajoutée rencontrés régulièrement sur le marché.

Afin de rendre davantage concrètes les possibilités offertes par l'utilisation de la donnée à des fins marketing, nous considérerons dans la suite de ce préambule les exemples d'un assureur et d'un site éditorial d'actualités.

SPÉCIFIQUE: QUEL EST LE BUT PRÉCIS POURSUIVI PAR LE PROJET?

Face au vaste choix des possibles, déterminer précisément des objectifs spécifiques est un des plus grands défis du professionnel

---

1. Mots et phrases employés par un consommateur lorsqu'il s'adresse directement à une entreprise (service client, réseaux sociaux, etc.).

du marketing. Les cinq règles d'or ci-dessous devraient aider à le relever.

Un objectif n'est pas un moyen

«Mieux comprendre mes clients», «segmenter ma base clients», «personnaliser mes e-mails», «faire du prédictif» sont des mauvais objectifs entendus en permanence dans la bouche de certains professionnels du marketing. Il s'agit en effet ici de moyens. C'est grâce aux analyses des bases de données, aux modélisations mathématiques ou à la personnalisation de la communication que seront atteints les véritables objectifs d'augmentation de la fréquence d'achat, d'augmentation du panier moyen, de baisse de l'attrition[1] de la base client, etc.

> *Une assurance souhaite réduire les ruptures de contrats. En analysant les départs à la concurrence, l'assurance constatera peut-être que dans 40 % des cas ces départs sont liés à un déménagement. Elle étudiera alors tous les cas de déménagement et arrivera à la conclusion que lors d'un déménagement, dans 75 % des cas le client rompt son contrat.*

Dans la même veine, mettre en place une «Data Management Platform» (DMP)[2] ou tout autre outil data marketing n'est pas un objectif data. Le véritable objectif business qui justifie le projet DMP pourra être, par exemple, «réduire mes coûts d'acquisition digitaux qui m'asphyxient».

> *Exemple de l'assurance: une DMP sera un moyen de détecter les gens qui déménagent grâce à des partenariats data[3] avec d'autres sites (fournisseurs d'énergie, seloger.com...).*

Un objectif n'est pas une finalité

L'autre écueil fréquent dans la conception d'un projet data est la confusion entre objectif et finalité. «Augmenter le CA», «augmenter le taux de conversion du site», «acquérir des clients» ou «mieux fidéliser» sont les conséquences d'un projet data bien

---

1. Perte de clientèle, à la suite, par exemple, de la résiliation d'un abonnement. Le terme anglais *«churn»* est également très souvent utilisé.
2. Plateforme technologique facilitant la collecte de données anonymes depuis plusieurs sources (navigation web, campagnes média, marketing direct, partenaires...), la construction d'audiences et l'activation de ces audiences, principalement sur l'écosystème publicitaire.
3. Partenariats dits «second party».

mené, mais ne peuvent constituer un objectif spécifique associé à un projet data. Il y a en effet des dizaines de façons d'augmenter la conversion ou de fidéliser les clients, chacune pouvant faire l'objet d'un projet à part entière.

Exemple de l'assurance: l'objectif spécifique du projet est de détecter parmi la base de clients ceux qui ont un fort risque de déménager et ainsi de les appeler pour faire le point sur leur situation. Ce passage d'un marketing proactif à un marketing réactif aura pour finalité une baisse du taux d'attrition.

Exemple d'un site éditorial d'actualités: un site d'actualités souhaite augmenter ses revenus publicitaires. L'objectif du projet data est d'augmenter le nombre moyen de pages vues par internaute lors d'une visite.

Un objectif doit être précédé d'un constat

Il s'agit d'une «best practice» dont il faut user et abuser pour asseoir la crédibilité du projet. Très souvent des projets data marketing sont lancés alors que rien ne le justifie vraiment! Du coup personne ne sait exactement ce qu'il faut attendre du projet et il y a toutes les chances que le projet ne dépasse pas le stade du «Proof of Concept» (POC).

Par exemple dans le cas de l'assurance souhaitant lutter contre l'attrition:

Mauvaise pratique: «En tant qu'assureur, on n'a pas le choix: puisque l'assurance est obligatoire, grandir signifie forcément "piquer" des clients à ses concurrents. Le projet vise à lutter contre l'attrition grâce à la donnée.»

Bonne pratique: «Quand un client déménage, dans 30 % des cas il part à la concurrence, ce qui représente pour nous une perte de trois millions d'euros par an. Nous souhaitons grâce à la donnée:

1. *déceler la probabilité de déménagement chez nos clients afin d'agir avant qu'il ne soit trop tard;*
2. *optimiser notre offre "déménagement" pour aboutir à celle évitant au maximum le départ du client.»*

© Groupe Eyrolles

Un objectif doit être simple à comprendre

Enfin, dernière règle d'or en matière d'objectif: être compréhensible par tous rapidement. Il est à cette fin essentiel de minimiser les termes que tout le monde ne pourrait pas comprendre.

Exemple de l'assurance: le mot anglais «churn» très utilisé en data marketing pour désigner l'attrition ne sera sans doute pas compris par tout le monde.

D'ailleurs même «attrition» est un vocabulaire déjà très spécialisé et il sera sans doute plus parlant d'utiliser une périphrase décrivant le phénomène. Afin de ne pas nourrir de confusion ou souffrir de plusieurs interprétations possibles, il sera même souhaitable dans cette périphrase de décrire les différents types d'attrition pris en compte dans le périmètre: résiliation d'un contrat (mais en laissant d'autres en cours), suppression de l'ensemble des contrats, radiation contrainte par l'assureur lui-même, etc.

Une méthode efficace pour déterminer un objectif spécifique: l'arbre d'équivalence

D'expérience il n'est pas toujours facile de transformer son objectif global en objectif spécifique. Devant une telle situation, il peut être utile de recourir à un outil très utilisé par les consultants: **l'arbre d'équivalence**. Le principe est de diviser chaque objectif en sous-objectifs jusqu'à atteindre des briques fondamentales. Appliquons cette méthode à notre exemple de site éditorial d'actualités se demandant comment augmenter ses revenus publicitaires grâce à la donnée.

Étape 1: décomposition des «revenus publicitaires» en «nombre d'impressions[1] publicitaires» multipliées par le «prix de vente moyen d'une impression[2]». Pour augmenter les revenus publicitaires, le site éditorial peut donc soit augmenter le nombre d'impressions, soit augmenter le gain moyen à chaque impression.

Étape 2: augmenter le nombre d'impressions» revient soit à «augmenter le trafic sur le site», soit à «augmenter le nombre d'impressions moyen par visiteur». Le gain moyen dépend de son côté

---

1. Terme utilisé pour désigner l'affichage de la publicité à un endroit donné du site.
2. En réalité, on parle plutôt de coût pour 1 000 impressions, désigné par l'abréviation CPM. Un emplacement publicitaire est ainsi vendu par exemple «3 € CPM».

© Groupe Eyrolles

de l'emplacement (premium ou non) et du mode de vente (aux enchères, en gré à gré, etc.).

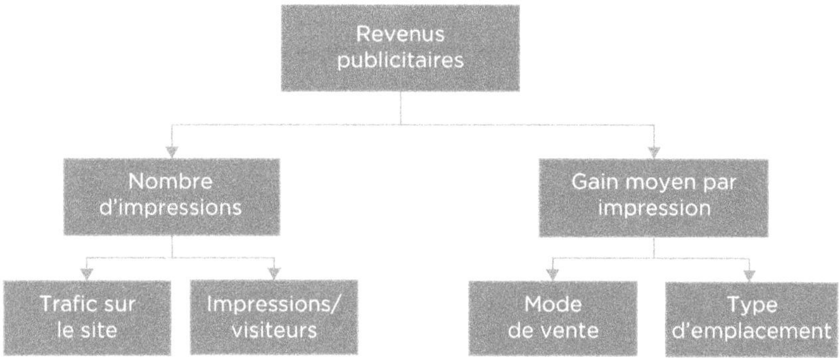

Figure 2 – L'arbre d'équivalence, un moyen puissant de rendre un objectif spécifique

Étape 3 : au final, le site éditorial ne va pas se lancer dans un projet pharaonique consistant à augmenter ses revenus publicitaires, mais va initier trois projets différents :

- un pour augmenter le trafic ;
- un autre pour augmenter le nombre de pages vues lors d'une session ;
- un troisième pour augmenter le prix de vente d'un emplacement publicitaire.

Chaque objectif mettra en jeu des leviers très différents et aboutira, par exemple, à la création de scénarios e-mails pour «driver» du trafic, à la mise en place d'un moteur de recommandations d'articles pour augmenter le nombre de pages vues et au recours à un moteur de «yield engine» optimisant le prix plancher lors de la vente d'espaces publicitaires aux enchères.

MESURABLE : AVEC QUELS INDICATEURS ÉVALUER LA RÉUSSITE DU PROJET ?

Il est impossible de mener à bien un projet et de réunir les financements nécessaires sans être capable de décrire à quoi ressemblera sa réussite et de pouvoir mesurer au fil de l'eau les progrès effectués. Dans le cas de l'exemple de l'assurance visant à réduire les

© Groupe Eyrolles

ruptures de contrat en cas de déménagement, il faudra ainsi être préparé à répondre à ces quatre questions:

- Quand un client déménage, arrive-t-on finalement à mieux le retenir qu'auparavant?
- Si oui, à quelles actions peut-on attribuer cette réussite?
- Le modèle qui prédit les déménagements est-il fiable?
- Le coût du projet justifie-t-il les gains?

Mesurer l'efficacité du projet: les KPI

Les KPI (pour Key Performance Indicators) sont la clé de voûte du programme de mesure. Combinés à des seuils, ce sont eux qui diront si oui ou non les initiatives mises en place sont efficaces.

Dans notre exemple, le KPI indispensable à mettre en place et à suivre serait naturellement le pourcentage de ruptures de contrat

Données	Indicateurs	Avant projet	Après projet
Nombre de contrats (A)		100 000	100 000
Nombre de clients qui rompent le contrat (B)		7 000	6 400
Nombre de clients qui déménagent (C)		4 000	4 000
Nombre de clients qui déménagent et rompent le contrat (D)		3 000	2 400
	% de ruptures de contrat chez les clients qui déménagent (D/C)	75 %	60 %
	% total de ruptures de contrat (B/A)	7 %	6,4 %
	% de ruptures de contrat dues à un déménagement (D/B)	43 %	38 %

Figure 3 – Déterminer les indicateurs de performance: une étape clé d'un projet data marketing

© Groupe Eyrolles

parmi les clients qui déménagent, ratio qui devrait diminuer grâce aux actions entreprises.

Des indicateurs complémentaires utiles pourraient être le suivi du pourcentage total de ruptures de contrat et le pourcentage de départs liés à un déménagement. Ces deux indicateurs devraient aussi en toute logique diminuer[1].

Il est nécessaire d'imaginer ces KPI très en amont du projet afin d'être certain de posséder les données nécessaires pour suivre ces indicateurs et être capable de les restituer facilement.

Déterminer les actions qui pèsent le plus : l'attribution

Une fois le risque de déménagement identifié, il s'agira de mettre en place plusieurs actions pour obtenir une souscription à l'offre spéciale déménagement: appels du service client, campagne courrier, campagne display... Chaque campagne a un coût et il est naturel d'évaluer la contribution de chacune dans l'atteinte de l'objectif. Cette méthode d'analyse de performance de chaque canal, basée sur son niveau de contribution à l'objectif, est appelé l'« attribution ».

Historiquement, dans le digital, la conversion est attribuée à 100 % au dernier canal ayant généré cette conversion: c'est la logique du last click. Bien que pratique, car simple à comprendre et à mettre en œuvre, l'attribution de la conversion au dernier clic a tendance à sous-estimer l'importance de certains canaux (exemple: le premier appel du service client) et à en surestimer d'autres (exemple: le retargeting[2] à la suite de l'abandon du formulaire de souscription), entraînant de fait des choix d'investissements erronés. Ces limites apparaissent clairement dans le parcours client ci-dessous:

1. un internaute lit sur son blog de mode préféré un article sur la tenue star de l'été. Il clique sur les sandales et arrive sur le site de Sarenza. Il parcourt le site et le quitte, se promettant d'acheter les sandales en question pendant les soldes;

2. quarante-huit heures plus tard, l'internaute navigue sur Facebook. Il découvre dans son fil d'actualités une publicité

---

1. Ces KPI ne sont toutefois pas autosuffisants, car ces pourcentages sont aussi dus à toutes les autres causes de départ non traitées par le projet.
2. Stratégie publicitaire consistant à cibler un individu déjà passé récemment sur le site web de l'annonceur ou sur certaines pages spécifiques.

pour les sandales désirées. Il clique et retourne sur le site de Sarenza les admirer. Patience, plus que quelques jours avant les soldes !

3. ça y est, les soldes ont débuté ! L'internaute tape dans Google « Sarenza ». Sans en avoir conscience[1], il clique sur le lien sponsorisé adwords. Il arrive sur le site et achète comme prévu les sandales.

Avec la logique du dernier clic, la conversion sera ici attribuée à la campagne adwords alors même que l'impact réel de ce lien payant sur le chiffre d'affaires généré est nul ! Effet collatéral, le blog ayant suscité l'intérêt pour les sandales et la publicité Facebook ayant ravivé le désir ne sont crédités d'aucun rôle dans la conversion. Pour faire un parallèle souvent utilisé quand on parle d'attribution, le *last click*, c'est attribuer le but uniquement au buteur en oubliant le milieu récupérateur et le passeur de génie !

Afin de rééquilibrer l'importance de chaque canal, il sera souvent plus judicieux de répartir le poids d'une conversion sur les diffé-rents points de contact ayant participé *in fine* à cette conversion. Par exemple, surpondérer le canal qui génère la première visite sur le formulaire de souscription est une façon de faire, connue sous le nom de « modèle en U ». Il existe en réalité un grand nombre de modèles, descriptifs ou algorithmiques, et nous invitons le lecteur à se rendre dans la bibliographie de ce préambule pour assouvir sa soif de connaissance sur ce sujet passionnant.

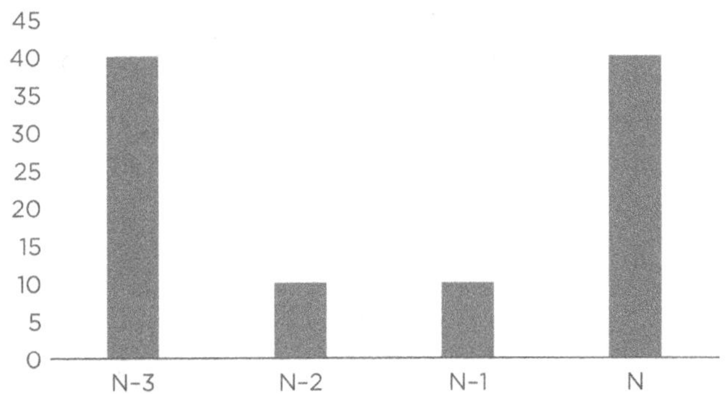

Figure 4 – Modèle en U : la première visite a un poids aussi fort que le dernier clic

---

1. Un adulte sur deux ne fait pas la différence entre un lien naturel et un lien spon-sorisé selon une récente étude de l'institut Ofcom (*Adult's use media and attitudes*, mai 2016).

ATTRIBUTION OU DÉDUPLICATION?

Il existe souvent une confusion entre l'attribution marketing et la déduplication des ventes. Il s'agit de deux concepts proches, mais avec des objectifs différents:

→ l'attribution marketing tente d'évaluer de manière juste le rôle de chaque levier marketing dans la conversion afin de mieux répartir les budgets marketing;

→ la déduplication s'appuie sur l'analyse d'attribution pour mieux répartir la rémunération des différents apporteurs d'affaires (et éviter de payer la commission plusieurs fois!). Par exemple un modèle en U permettra de diviser à parts égales la commission entre le blog affinitaire ayant fait découvrir le site à l'internaute et entre le site de couponing utilisé par l'internaute avant son achat.

Mesurer la pertinence d'un modèle : la matrice de confusion

Continuons sur l'exemple de l'assurance. La réussite du projet repose en grande partie sur la qualité du modèle détectant les déménagements. Il est donc essentiel de pouvoir restituer simplement l'efficacité de celui-ci. Une manière intuitive est de représenter les résultats du modèle dans une matrice dite de confusion, mettant en regard les résultats prédits avec les résultats observés[1].

		Résultats observés		
		A déménagé (+)	N'a pas déménagé (–)	Total
Prédictions	Client prédit comme allant déménager (+)	35 000 (VP)	5 000 (FP)	40 000
	Client prédit comme n'allant pas déménager (–)	1 500 (FN)	450 000 (VN)	451 500
	Total	36 500	455 000	491 500

Figure 5 – La matrice de confusion: une façon intuitive de mesurer l'efficacité d'un algorithme

© Groupe Eyrolles

---

1. Cette matrice dépend d'un seuil de décision «s»: à partir de quelle probabilité de déménagement le client est prédit comme allant déménager? Choisir un seuil à 80 ou 90 % changera potentiellement fortement le contenu de la matrice.

Remarque: VP, FP, FN et VN sont les terminologies souvent attribuées aux valeurs de la matrice, abréviations de *vrais positifs*, *faux positifs*, *faux négatifs* et *vrais négatifs*.

Cette matrice, inventée pendant la Seconde Guerre mondiale pour évaluer la pertinence du modèle de prédiction d'un bombardier allemand (par rapport à la taille de la tache sur le radar), permet de calculer un grand nombre d'indicateurs d'efficacité.

Parmi les indicateurs les plus fréquents[1]:

- le taux d'erreur = (FN + FP)/Total = 6 500 /491 500 = 1,3 %;
- la sensibilité = VP /(VP + FN) = 35 000/36 500 = 95,8 %;
- la précision = VP/(VP+FP) = 35 000/40 000 = 87,5 %.

Un modèle parfait aura une sensibilité de 100 % (prédit tous les clients qui vont déménager) et une précision de 100 % (ne fait aucune erreur dans ses prédictions). Dans la réalité aucun modèle n'atteint ce degré de perfection et il y a souvent une dimension à privilégier selon les impératifs business (ici, au vu des enjeux financiers, il est sans doute préférable d'augmenter encore la sensibilité quitte à perdre en précision).

Comparer les gains par rapport aux coûts: le ROI

Même si les actions mises en place sur les clients détectés comme allant déménager permettent de diminuer effectivement le taux d'attrition, le projet ne sera poursuivi que si les efforts effectués pour conserver les «partants potentiels détectés» ne reviennent pas plus cher que les quelques pourcents de clients conservés. C'est le fameux principe du retour sur investissement ou ROI.

Celui-ci est généralement déterminé à l'aide d'un groupe témoin sur lequel aucune action n'est réalisée, ce qui permet de quantifier l'impact incrémental du projet. Dans notre exemple d'attrition, le calcul du ROI pourrait ainsi être mené de la façon suivante[2]:

Étape 1: évaluer la perte occasionnée par un départ:

A	Coût d'acquisition d'un client	150 €
B	Rentabilité annuelle d'un client	450 €
C = A + B	*Perte occasionnée par un départ*	*600 €*

---

1. Le score F1 et la courbe ROC sont également très fréquemment calculés à partir d'une matrice de confusion, mais dépassent le cadre de chapitre (ils servent surtout à comparer des modèles entre eux, *cf. chapitre 7*).
2. Exemple inspiré par la méthodologie exposée par le statisticien Stéphane Tufféry dans son cours de data mining (data.mining.free.fr).

© Groupe Eyrolles

Étape 2 : évaluer le coût du projet de rétention des clients détectés comme allant déménager

D	Coût de rétention d'un déména-geur détecté	15 €
E	Nombre de clients détectés (à tort ou à raison) comme allant déménager	40 000
F	Un client détecté sur deux est affecté au hasard dans le groupe de test	20 000
G = DF	*Coût total du programme de rétention sur groupe test*	*300 000 €*

Étape 3 : déterminer les pertes évitées

H	Nombre de ruptures de contrat groupe témoin	9 000
I	Nombre de ruptures de contrat groupe test	6 600
J	Ruptures de contrat évitées	2 400
K = JD	*Pertes évitées*	*1 440 000 €*
L	*Gain Total Net*	*1 140 000 €*

Pour 1 € investi dans le programme de rétention, 4,8 € est économisé (1 440 000/300 000), soit un ROI de 380 %.

ATTEIGNABLE : PAR QUELS CAS D'USAGES ATTEINDRE SON OBJECTIF ?

L'objectif a été exprimé de façon spécifique et un plan de mesure du taux de départ après un déménagement est en place. Il reste désormais à démontrer par quels moyens concrets il sera effectivement possible de réduire le taux d'attrition : c'est le rôle des cas d'usages.

De la théorie…

On désigne communément par cas d'usage l'articulation des quatre briques suivantes.

Un objectif business : il s'agit ici de rappeler l'objectif spécifique auquel doit répondre le cas d'usage. Cet objectif est soutenu par

© Groupe Eyrolles

un constat quantitatif souligne en général également la cible du cas: les clients qui ont déclaré déménager prochainement, les clients qui ont un risque élevé de déménager, etc.

Un déclencheur: souvent dénommé «trigger» par les marketeux anglophones, cette brique correspond au signal déclenchant la suite d'événements.

Dans l'exemple de l'assurance développé dans ce préambule, il peut s'agir par exemple d'une visite sur la rubrique déménagement du site, d'une visite sur seloger.com...

Un message: cette brique répond à la question «que faites-vous concrètement une fois que le signal s'est déclenché?». Un message est généralement la combinaison d'un levier (un coupon promotionnel, un entretien avec un conseiller...) et d'un canal (e-mail, SMS, téléphone, commercial...).

Ici on pourrait par exemple imaginer que, à la suite de la visite de la rubrique déménagement du site, un e-mail se déclenche, invitant le client à un entretien téléphonique avec un conseiller pour faire le point sur sa situation.

Un KPI: chaque cas d'usage doit montrer sa pertinence et donc être suivi par un ou deux indicateurs.

Le taux de clic dans l'e-mail et le taux de prise de rendez-vous sont ici des indicateurs pertinents pour le cas d'usage que nous avons construit.

... à la pratique

À cette étape de la conception du projet, une bonne façon de procéder est d'appliquer le principe de «divergence-convergence» cher au «design thinking[1]» et aux innovateurs de la Silicon Valley.

La phase de divergence consistera en l'organisation d'ateliers de génération de cas d'usages, avec les différentes parties prenantes au projet. Il est important dans cette phase de faire fi des contraintes internes (techniques, projets en cours...) et de laisser libre cours à son imagination de marketeur. L'objectif de cette phase est la quantité, pas la qualité. Établir cette règle dès

---

1. Méthode de résolution de problèmes et de création de concepts née dans les années 1950 sous l'influence du publicitaire américain Alex Osborn.

© Groupe Eyrolles

le début de l'atelier permettra de libérer la créativité, d'encourager les idées audacieuses et d'éviter des critiques trop précoces quant à la faisabilité de certains cas d'usages. Être concret et visuel aidera également à maintenir l'attention : il est par exemple recommandé d'utiliser des Post-it de couleur (chaque couleur représentant une brique) qui seront disposés sur un mur blanc. À l'issue de cette phase créative, il est nécessaire de prendre le temps de décrire chaque cas dans une fiche descriptive au format normé.

La phase de convergence consistera à prioriser ces cas d'usages. Les critères dépendent du contexte, mais traditionnellement l'impact business estimé et le temps de déploiement sont deux bons filtres. Afin de rendre cette phase de priorisation visuelle, il est pertinent de représenter les cas d'usages sur cette matrice à deux dimensions :

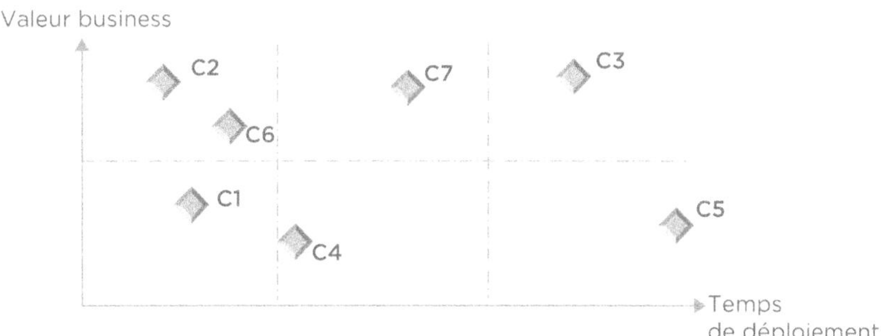

Figure 6 – Matrice de priorisation des cas d'usages

Les cas 2 et 6 rapides à mettre en place et à fort impact sont les cas prioritaires qui vont soutenir votre projet et asseoir sa crédibilité.

Les cas 3 et 7 vont donner une vision moyen et long terme à votre projet.

Les cas 1 et 4 vont maintenir la dynamique du projet en permettant de faire émerger régulièrement des actions concrètes. Un bon moyen de continuer à recevoir des financements pour les projets à plus long terme !

Le cas 5 est tout simplement à oublier !

Bon à savoir

Cet exercice de génération de cas d'usages est assez technique et il peut être utile de recourir à un cabinet spécialisé ayant l'expérience de ce type d'ateliers. Une liste indicative de cabinets conseils spécialisés en data marketing figure en annexe.

RÉALISABLE : QUELLES CONTRAINTES OPÉRATIONNELLES VONT SE DRESSER SUR VOTRE CHEMIN ?

Maintenant que le projet est bien délimité et accompagné d'un plan de mesure et de cas d'usages concrets, il va falloir le confronter à la réalité du quotidien de l'entreprise. Selon l'étude «Enjeux data des décideurs français[1]», 62 % des interrogés affirment ainsi que les données disponibles ne sont pas exploitées de manière systématique et stratégique, **faute de contraintes organisationnelles et opérationnelles**. Données, outils, organisation sont tous les trois sources de contraintes à anticiper dès la conception du projet pour en maximiser la faisabilité.

Les données en silo ralentissent les projets

À y regarder de plus près, le plan de mesure et les cas d'usages qui ont été bâtis font appel à différentes sources de données : service client, navigation sur le site, CRM, données média... Or rares sont les entreprises à disposer d'une donnée centralisée avec un identifiant unique et il y a fort à parier que les données nécessaires au projet soient éclatées aux quatre coins de l'entreprise ! Au mieux vous savez où sont physiquement les données et à qui vous adresser pour les récupérer. Au pire personne n'a une visibilité claire sur les flux de données et pour des raisons d'organisation ou de leadership, les différentes directions métier ne collaborent ni entre elles ni avec la direction informatique.

Selon le niveau de maturité data de l'entreprise, il sera peut-être nécessaire de réduire l'ambition du projet et en parallèle d'œuvrer pour une meilleure gouvernance des données. À défaut d'avoir «désiloté» les données, certaines entreprises ont ainsi fait l'effort de cartographier leurs données et d'assigner à chacune d'entre elles un responsable métier (la donnée telle qu'elle est vue par le business) et un responsable SI (la donnée technique dans les tables). Dès lors, chaque nouveau projet ne se traduit plus par une chasse aux données : il est beaucoup plus simple et rapide d'identifier les données clés et les parties prenantes. Collibra, outil dédié au data management et à la data gouvernance, a prouvé avec sa levée de fond de 20 M€ en septembre

---

1. Étude menée conjointement par l'agence iProspect et Les Echosmédias en septembre 2015 auprès de 600 décideurs français.

2015 que le sujet était d'importance! «La complexité des données ayant explosé ces dernières années, il est devenu essentiel pour les entreprises de trouver et d'identifier facilement des données [...] utiles dans leurs prises de décision», a précisé lors de cette levée de fonds le Chief Executive Officer (CEO) de cette solution prometteuse.

Les outils en place ne permettent pas la réalisation de tous les cas d'usages

Les cas d'usages incluent certainement des notions de personnalisation de contenu, de temps réel, de détection d'événements sur le site ou ailleurs sur le Web... L'écosystème d'outils à disposition dans l'entreprise permet-il de récupérer toutes les données et de les activer comme imaginé dans les cas d'usages? Avant de répondre à cette question, avez-vous seulement une vision précise des différents outils qui existent dans votre entreprise et de leurs potentialités? Il n'est en effet pas rare dans les grandes entreprises que chaque division utilise son propre jeu d'outils[1], aboutissant à un invraisemblable patchwork d'innombrables fournisseurs de solutions e-mail, mobiles, réseaux sociaux, etc. Souvent l'outil est encore malheureusement le point de départ des réflexions autour de la data et du marketing digital, avec pour conséquence une inadéquation aux véritables cas d'usage business à mettre en place.

Afin de valider la conception du projet, ce ne sera pas du temps perdu que de réaliser une cartographie de l'ensemble des outils dans l'entreprise et de les «mapper» avec les cas d'usages imaginés. La demande d'outils supplémentaires pour réaliser certains cas d'usages prioritaires n'en sera que plus convaincante.

> *Bon à savoir*
>
> **Vous trouverez sur le site de l'institut Gartner une cartographie particulièrement convaincante de l'ensemble des outils du digital et data marketing présents sur le marché.**

L'organisation de l'entreprise n'est pas centrée sur la donnée

Souvent à la source des deux premiers problèmes évoqués dans les deux paragraphes précédents, la culture et l'organisation de

---

1. Vous entendrez souvent le terme anglais *«stack»* d'outils, sûrement hérité du poker, le terme désignant alors le tapis.

© Groupe Eyrolles

l'entreprise jouent un rôle primordial dans la faisabilité d'un projet data. Adopter une organisation transversale permettant à des équipes qui n'ont pas les mêmes objectifs, les mêmes méthodes, ni le même vocabulaire[1] de travailler efficacement ensemble est en effet un défi d'une grande complexité. En particulier, il est fréquent d'observer des difficultés de compréhension entre le système d'information (SI), le légal et le métier : en forçant le trait, la SI accuse le métier d'être trop versatile et de mal formuler ses besoins tandis que le métier accuse la SI d'être trop conservatrice et sécuritaire. Les discussions entre métier et juridique sont également parfois source de tensions, la prise en compte des contraintes juridiques ayant naturellement tendance à ralentir les projets.

Au-delà de l'organisation en tant que telle, un autre frein à la transcription de la stratégie en réalité opérationnelle réside dans le manque de profils mixtes « business et technique » qui ont fait le succès des géants du Web. Parmi ces nouveaux métiers en plein boom, citons par exemple :

- **le data scientist** : qualifié en 2015 par la *Harvard Business Review* de « métier le plus sexy de l'année », le data scientist possède une triple compétence mathématique (créer un modèle), informatique (monter un cluster, implémenter un modèle) et business (vulgariser et raconter ce que disent les données). Même si sa compétence dans chacun de ces trois domaines peut être légèrement inférieure à celle d'un pur spécialiste, sa polyvalence en fait un atout très précieux pour les entreprises et une personne rare sur le marché ;

- **le Product Manager** a également un triple savoir-faire, business (vision marché et besoins clients), SI (sait parler à des développeurs), User Experience (maîtrise la notion de parcours client). Il est le garant du produit et de ses évolutions ;

- **le DevOps :** acronyme de « développement et opérations », le DevOps est le meilleur allié du Product Manager. Sensible au produit et à la satisfaction client, il répond au besoin du métier de réaliser en continu une multitude de petites modifications techniques pour coller aux exigences du client final, sans entraver la roadmap plus long terme de la SI ;

- **le Chief Marketing Technologist (CMT) :** dans un écosystème « martech » de plus en plus complexe, il est très difficile pour

---

1. Faites le test en demandant à différentes divisions de l'entreprise comment est défini un client, vous serez surpris des disparités !

© Groupe Eyrolles

les entreprises de discerner le vrai du faux et de choisir les partenaires techniques et éditeurs de solution les plus adaptés. Capable à la fois de maîtriser les cas d'usages métiers espérés et de challenger le prestataire sur le plan technique, le CMT fait le bonheur de plus en plus d'entreprises dépassées par la rapidité du développement des technologies et le camouflage de la réalité sous les buzzwords du moment;

- **le Chief Data Officer (CDO):** de plus en plus rattaché à l'exécutif, le CDO est traditionnellement en charge de l'intégrité de la donnée, de l'animation de la gouvernance de la donnée et de l'acculturation de l'entreprise. Il s'agit ici aussi d'un profil rare ayant une bonne connaissance des systèmes d'information, de solides notions mathématiques, mais possédant également une excellente vision business et des qualités de communication hors pair pour pouvoir mener le changement. L'institut d'études Gartner estime à 1 000 le nombre de postes de CDO en 2016[1], principalement dans les pays anglo-saxons.

Sans prétendre que la solution à tous les problèmes de data management se situe dans le recrutement de ces profils[2], identifier et multiplier les profils mixtes dans l'entreprise facilitera cependant la réalisation des projets data. Certaines entreprises l'ont bien compris et, à l'instar d'Axa, Pernod-Ricard, Engie[3] etc., commencent à mutualiser leurs compétences au sein de «data lab».

TEMPORELLEMENT DÉFINI : ET MAINTENANT PLACE À L'ACTION !

Savez-vous comment on mange un éléphant? «Une cuillère à la fois!» selon un proverbe africain. Appliquée à l'exemple de l'assurance, cette maxime signifie que diminuer le taux de départ des clients à la suite d'un déménagement ne va pas se faire en quelques jours. Pour faire du projet envisagé une réalité opérationnelle, il va être nécessaire de procéder par phasing et de construire ce qu'on appelle dans le jargon de la gestion de projet une «feuille de route».

---

1. «Selon le Gartner, 9 grandes entreprises sur 10 auront un Chief Data Officer», Virgile Juan, journaldunet.com, 26 janvier 2016.
2. De la même façon qu'il ne suffit pas d'accumuler des stars dans une équipe de foot pour gagner la Champions League!
3. «Étapes clés pour créer son data lab», Julie Le Bolzen, 9 juin 2016, business.lesechos.fr

© Groupe Eyrolles

Viser des livrables régulièrement…

Comment s'organiser pour atteindre l'objectif et avec quels moyens ? Ce sont les questions fondamentales auxquelles la feuille de route doit répondre. Plus précis qu'une trajectoire, moins granulaire qu'un planning, il s'agit d'un document de référence consistant à découper le projet en étapes successives (une étape ne devant pas durer plus de quelques semaines) auxquelles sont associées des personnes responsables et surtout des livrables concrets. Par exemple, le premier mois pourra être consacré à la réalisation d'un premier cas d'usage simple (exemple : la visite de la FAQ déménagement entraîne le déclenchement d'un pop-up pour faire le point avec un conseiller), le deuxième mois verra la naissance d'une première fonction de scoring basée sur un ensemble limité de sources de données, etc. Il ne s'agit pas d'avoir la base de données parfaite pour commencer à exploiter les données auxquelles l'entreprise a accès.

Parfois frustrante pour les puristes, la construction d'une feuille de route évite la construction d'une « usine à gaz » et permet d'être en mesure de fournir rapidement des résultats pour le business… et de célébrer régulièrement les avancées et la fin de chaque étape ! En matière de data marketing, « démarrer petit, agir vite, mesurer le gain, itérer[1] » est le credo des entreprises qui réussissent.

… et s'inspirer des start-ups !

Le propre des start-ups est de concevoir rapidement et efficacement des produits ou fonctionnalités ambitieuses. Les quelques philosophies qui suivent comptent parmi leurs secrets de réussite.

MVP : abréviation de Produit Minimum Viable, le MVP possède toutes les caractéristiques d'un produit fini, mais à un stade encore primaire. Chaque MVP est focalisé sur un but unique, dans une optique de test grandeur nature.

Test & learn, littéralement « apprendre en marchant », est une méthode visant à tester une idée à petite échelle, en tirer des conclusions et donc des améliorations avant de généraliser le test.

Méthode agile : méthode de développement reposant sur des cycles courts de développements itératifs appelés « sprints ». Elle

---

1. *Du marketing intuitif manuel au data marketing automatisé*, maxime extraite du livre blanc Converteo, 2015.

© Groupe Eyrolles

s'oppose aux plus traditionnels «cycles en V» qui nécessitent beaucoup de documentation et de spécifications techniques.

Scrum est la méthode agile la plus populaire. Signifiant littéralement «la mêlée», le canevas «Scrum» s'appuie notamment sur de courtes réunions matinales pendant lesquelles les participants au projet indiquent tour à tour les tâches qu'ils ont effectuées la veille, les difficultés rencontrées et enfin ce sur quoi ils vont poursuivre leur travail le jour suivant.

Efficaces quand elles sont bien maitrisées, ces méthodes ne sont pas à appliquer à la légère. En particulier attention à ne pas se cacher derrière ces buzzwords pour rester éternellement dans l'expérimentation ou changer de cap à tout-va!

 **À RETENIR DE CE PRÉAMBULE**

Un projet data marketing nécessite une excellente préparation. En particulier, il est indispensable de:
- commencer par un constat chiffré justifiant le projet;
- spécifier l'objectif, en ayant recours au besoin à un arbre d'équivalence;
- établir un plan de mesure de la réussite du projet;
- constituer une banque de cas d'usages en lien avec l'objectif spécifique;
- impliquer très tôt les différentes parties prenantes dans l'entreprise.

↗ À vous de jouer

- ✔ Évaluez la maturité data de votre entreprise en remplissant le questionnaire élaboré par le CIGREF: http://www.cigref.fr/rapport-cigref-enjeux-business-des-donnees

- ✔ Synthétisez votre projet data en une page grâce au *lean canvas* amplement utilisé par les start-ups du monde entier: http://bit.ly/1SZKSjL

- ✔ Appropriez-vous le framework SMART grâce à ce canevas fourni par *Hubspot*: http://offers.hubspot.com/how-to-determine-your-smart-marketing-goals

🗄 SOURCES

Pour moins culpabiliser face aux difficultés rencontrées par votre entreprise pour exploiter ses données, deux articles sans langue de bois :

- « Big Data + mauvaise méthode = big échec », Abed Ajraou, août 2015, disponible en ligne sur le blog de decideo.fr ;
- « Big Data : peu de projets, le plus souvent des échecs », Christophe Auffray, janvier 2015, zdnet.fr.

Pour approfondir les problèmes organisationnels que cristallise la data, deux articles pédagogiques :

- « Pourquoi ce dialogue de sourd entre SI et métiers ? », Pierre Fournier, accessible sur le blog du cabinet Artefact ;
- « Les projets Big Data réveillent les rivalités dans l'entreprise », 21 octobre 2013, La Revue du digital.

Concernant les modèles d'attribution, le cabinet Converteo propose un livre blanc très pédagogique :

- *Attribution Management : entre technologie, marketing et statistique, comment appliquer et tirer parti de l'attribution*, juillet 2015.

Enfin, quelques études de cas d'entreprises qui ont réussi (à petite ou grande échelle) à s'appuyer sur la data et qui auraient méritées d'être développées dans ce livre :

- « Quand Spontex fait de Twitter le meilleur ami de la ménagère (et du ménager) », novembre 2015, l'Usine digitale ;
- « Comment McCain Foods se prépare au Big Data », Rhida Lookil, décembre 2015, l'Usine digitale ;
- « Figaro Media lance ses offres Data sous le label FigData », janvier 2014, offremedia.com.

Collecter et stocker

Collecter et stocker

AUTODIAGNOSTIC

Avant de lire cwette première partie consacrée à la collecte et au stockage des données, faites le point sur vos connaissances (avant et après la lecture de la partie) en 10 questions clés!

**Question 1: pouvez-vous citer et expliciter les « cinq V »
définissant les Big Data ?**

....

....

....

Question 2: que désigne-t-on par first, second et third party data?

....

....

....

**Question 3: selon vous à quel volume de données correspond
un mois d'impressions display d'un grand groupe?**

....

....

....

**Question 4: à quel outil du data marketing est rattaché
la notion de datalayer?**

....

....

....

**Question 5: concrètement, comment expliqueriez-vous
ce qu'est un cookie et comment le tracking par cookie
fonctionne?**

....

© Groupe Eyrolles

....

....

**Question 6 : connaissez-vous la différence principale
entre un datawarehouse et un datalake ?**

....

....

....

**Question 7 : pouvez-vous citer deux différences majeures entre
une infrastructure big data et une infrastructure traditionnelle ?**

....

....

....

**Question 8 : comment appelle-t-on l'identifiant publicitaire
utilisé pour le marketing mobile ?**

....

....

....

**Question 9 : pouvez-vous citer trois façons de lier un cookie
à un e-mail ?**

....

....

....

**Question 10 : en une phrase, comment expliqueriez-vous
la différence entre un CRM 360 et une DMP ?**

....

....

....

Réponses p. 256

© Groupe Eyrolles

© Groupe Eyrolles

1

Faire connaissance avec ses données

Digitalisation des activités, évolution du parcours client qui est devenu ROPO[1] puis SOLOMO[2], mise à disposition des données des institutions publiques en «Open Data»... les données disponibles dans les entreprises ont bien changé de physionomie en quelques années. Cette première partie de l'ouvrage abordera les principes de collecte, de stockage et de réconciliation des données et s'attardera en particulier au chapitre 3 sur les outils structurants que sont le CRM 360 et la Data Management Platform (DMP) qui constituent les pierres angulaires de la plupart des projets data. Avant cela, arrêtons-nous l'espace d'un chapitre pour faire le point sur les différentes données manipulées le plus fréquemment en marketing et leurs caractéristiques. Ce grand inventaire sera réalisé à l'aide du célèbre canevas des «cinq V» du Big Data que sont la Variabilité, le Volume, la Véracité, la Vélocité et la Valeur.

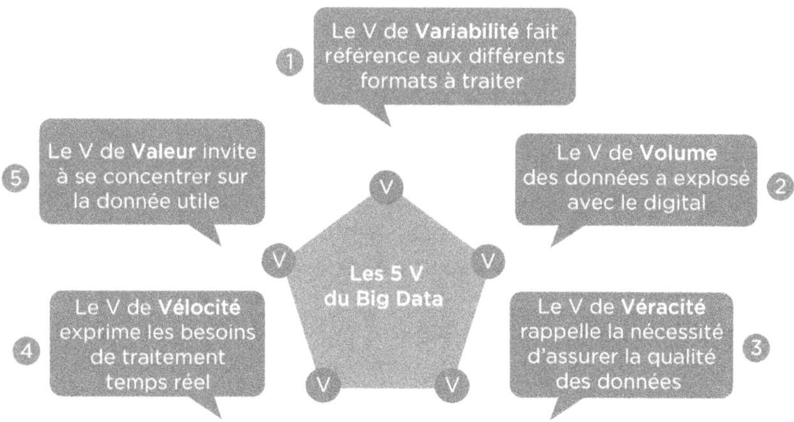

Figure 7 – Les 5 V du Big Data

---

1. Research Online, Purchase Offline.
2. Social, Local, Mobile.

COMMENT CLASSER SES DONNÉES COMPTE TENU DE LEUR VARIABILITÉ ?

Tout comme le botaniste identifie et classe les organismes vivants dans différents groupes selon certaines clés de détermination[1], le marketeur moderne doit aussi être capable de distinguer les différentes typologies de données à sa disposition. Mais contrairement à la biologie, ici pas de règles absolues: **à chaque métier sa manière préférée d'identifier et de classer les données!**

Les critères de classification utilisés par les «data scientists»

Si vous parlez de data marketing à un data scientist, il aura une tendance naturelle à segmenter les données entre **données structurées et données non structurées.** Mais que veut-il entendre par là? Et pourquoi cette classification est-elle importante pour lui?

On appelle «données structurées» les données qui sont rangées, organisées selon une logique prédéfinie. Il s'agit typiquement de données dans un tableur décrit par un ensemble de variables en colonnes (âge, marque préférée, chiffre d'affaires, etc.) ou de façon plus imagée, de couverts rangés par type au sein d'un tiroir à couverts! La grande majorité des outils d'analyses de données ou de gestion de campagnes ne peuvent manipuler que des données structurées et ce type de données régnaient en maître jusqu'à la fin du XXe siècle.

L'arrivée d'Internet a radicalement changé la donne. Désormais, les consommateurs s'expriment directement sur les réseaux sociaux, forums, sites des marques: les avis clients, les e-mails au service clients, les tweets, les images postées sur Facebook n'ont aucune organisation prédéfinie et constituent ce qu'on appelle les «données non structurées». Pour reprendre la métaphore précédente, les données non structurées sont plutôt une caisse de couverts empilés les uns sur les autres sur un marché le dimanche matin! Et comme souvent à la brocante quand on fouille un peu, ces données constituent une mine d'or: elles servent, par exemple, à écouter la voix du client, à identifier des buzz à venir ou à anticiper des évolutions de fond. «Au-delà des mots, la photo par exemple exprime de la façon la plus spon-

---

1. Le nom scientifique étant taxonomie.

tanée, sans médiation, ce que sont les gens, comment ils vivent, ce qu'ils pensent, ce qui les touche, quels sont leurs choix. Elle permet de connecter les décideurs à la vraie vie des gens, pour ne pas en être distancés», explique Martine Ghnassia[1] à la tête de l'entité InCapsule d'Ifop. L'image n'est plus uniquement un vecteur de communication, elle émet en plus de son sujet une multitude d'informations qu'il faut savoir dénicher. Concrètement une photo Facebook de vous en train de boire un Coca-Cola en dit beaucoup sur votre attirance pour la marque!

Types de données	Caractéristiques	Métaphore associée
Données structurées	Organisation logique Formats identiques Facilité de recherche Appréhendable par un ordinateur	Couverts rangés dans un tiroir à couvert
Données non structurées	Entassement sans logique Formats différents Difficulté de recherche Nécessite un traitement humain	Couverts entassés dans une caisse à une brocante

Figure 8 – Différence entre données structurées et non structurées

En pratique, pour les entreprises, la grande différence entre les deux types est que les données non structurées sont difficiles à appréhender, à requêter et à analyser. En fait, traiter des données non structurées change (presque) tout: les approches méthodologiques, les outils technologiques, les expertises nécessaires. Manque de chance avec l'explosion de YouTube, Facebook et autres Pinterest, 80 % des données disponibles sur Terre sont de type non structuré[2]! **Cette rupture fondamentale dans le squelette même des données est un des piliers du Big Data et c'est souvent cette distinction que recouvre le terme «Variabilité».**

© Groupe Eyrolles

1. «La picture prospective: quand la photo alimente la data», webzine Influencia, 20 octobre 2014.
2. IDC MarkessInt 2015.

Les critères de classification utilisés par les statisticiens

Si vous évoquez maintenant le data marketing devant un statisticien, il aura une tendance naturelle à segmenter les données en quatre typologies dont il est préférable de comprendre le sens et les enjeux.

■ Données continues vs données discrètes

Les données continues sont des données qui peuvent prendre n'importe quelle valeur, tandis que les données discrètes ne peuvent prendre que des valeurs prédéterminées (dans un sous-ensemble fini). Les variables discrètes sont généralement plus faciles à comprendre d'un coup d'œil.

Le CA est une donnée continue tandis que l'âge est une donnée discrète.

■ Données quantitatives vs données catégorielles

Les données quantitatives sont des données sur lesquelles on peut effectuer des opérations arithmétiques (addition, division...) et qui sont ordonnées (on peut les comparer par une relation de type «supérieur à» ou «inférieur à»). Les données catégorielles appelées aussi «données qualitatives» ne sont pas des quantités, mais peuvent tout de même quelquefois être numériques (exemple : le code postal) ou être ordonnées (exemple : «faible, moyen, fort»). Dans ce dernier cas, on parle de «données ordinales» qui sont souvent traitées comme des données discrètes.

Le nombre de produits acheté est une donnée quantitative tandis que la profession est une donnée catégorielle.

■ Données cibles vs données explicatives

La donnée «cible» est la donnée que l'on cherche à expliquer (exemple: l'achat). Les données «explicatives» sont les attributs des individus observés (exemples: le sexe, l'âge, la fréquence des visites...).

■ Données brutes vs données calculées

Les données brutes constituent les données originales telles que collectées (exemples: date de naissance, chiffre d'affaires de la

© Groupe Eyrolles

commande...). Les données calculées sont, comme leur nom l'indique, créées *a posteriori* (indicateurs, ratios, etc.)

Ces classifications sont très importantes pour les statisticiens, car les méthodes mathématiques d'analyses de données que nous allons voir dans la partie B ne traitent pas tous les formats de données. De ce fait, il est très fréquent de changer de format, par exemple en «binarisant» une variable (exemple : l'âge est transformé en deux données binaires – enfant et adulte)[1].

Les critères de classification utilisés par les responsables informatiques

La question qui préoccupe le plus le département SI (Système d'information) concerne généralement la provenance et la sécurité des données. Le responsable informatique aura donc une tendance à séparer les **données endogènes des données exogènes.**

Les données endogènes sont les données produites par l'entreprise. Elles sont stockées dans le système d'information de l'entreprise ou dans l'entreprise, mais hors du SI (fichier Excel par exemple).

Les données exogènes sont les données achetées ou récupérées à l'extérieur de l'entreprise (fournisseurs de données, open data...)

Les critères de classification utilisés en publicité

La notion de provenance est également un discriminant fort pour les acteurs de la publicité. Une agence média aura ainsi tendance à classer les données en trois catégories: first party, second party et third party.

■ Les first party data

Ce sont tout simplement les données qui appartiennent à l'annonceur, collectées à partir de son site web (données de navigation), de son CRM (e-mail, numéro de téléphone), de ses campagnes marketing et médias (ouvertures d'e-mails, impressions ou clics sur des publicités en ligne), etc.

---

1. Par exemple pour la régression logistique dans l'assurance: sur une variable de type «type_contrat_souscrit = 1,2, 3 ou 4», il sera nécessaire de la transformer en 4 variables binaires «type_contrat_souscrit = 1?», «type_contrat_souscrit = 2?»...

© Groupe Eyrolles

Les second party data

Ce sont les données first party d'une autre entreprise mises à disposition de l'annonceur dans le cadre d'un partenariat business. Par exemple, un partenariat classique souvent observé est celui entre une marque (Nutella, Lactalis, Babolat, etc.) qui n'a pas de lien direct avec le consommateur (pas de tickets d'achat, trafic sur le site généralement limité) avec des distributeurs (Carrefour, Decathlon, etc.). « Ces accords nécessitent tout de même une certaine « data-maturité » », rappelle Yseulys Costes[1], PDG et cofondatrice de l'agence 1000Mercis.

Les third party data

Ce sont des données tierces vendues par des fournisseurs de données. En général, ce sont des données assez génériques (sexe, catégories socio-démo, centres d'intérêt), permettant d'enrichir sa base client (exemple : recollement d'une adresse avec un type de CSP) ou plus fréquemment d'élargir l'audience d'une campagne publicitaire (exemple : cibler les seniors) ou, au contraire, d'exclure certaines catégories (exemple : exclusion des mineurs).

À cette classification, les agences marketing ajoutent souvent la distinction entre **données offline et données online.** Les données offlines désignent celles issues des médias classiques (points de vente, courriers, télémarketing...), tandis que les données online sont issues des médias numériques (navigation web, clics e-mail, ouvertures application mobile...)

Les critères de classification utilisés par le marketing

Si vous parlez data marketing avec la fonction marketing, il y a de fortes chances d'aboutir à une classification des données selon quatre catégories.

---

1. « Data Wars, les 7 tendances data & marketing pour 2016 », interview consacrée au webzine Petitweb.fr, 21 décembre 2015.

Les données sociodémographiques

Ce sont les données historiquement utilisées par le marketing pour construire des segments d'audience et des persona[1] marketing. Ces données concernent :

- les données personnelles : date de naissance, âge, genre, adresse e-mail, code postal, numéro de téléphone…
- la situation familiale : statut marital, nombre d'enfants et leur âge…
- la situation professionnelle : salaire, CSP, horaires de travail…
- la situation patrimoniale : propriétaire/locataire, valeur du logement…
- la situation géographique : code postale, données IRIS[2], ancienneté à l'adresse, type d'habitat…
- le géomarketing : niveau de concurrence, taux de chômage, taux de pénétration du produit… dans la zone d'habitation du client.

Les données transactionnelles

Issues principalement des achats, mais aussi par extension des micro-conversions (inscription newsletter, demande de devis, retour produit,…), ces données se décomposent généralement selon les axes suivants :

- « Combien ? » montant de la transaction, quantité achetée, nombre de produits différents achetés, utilisation d'un bon de réduction ;
- « Quand ? » date d'achat, fréquence des transactions, ancienneté du client, récence du dernier achat, date d'échéance prévue du contrat souscrit ou du produit acheté ;
- « Quoi » : marque du produit, style, catégorie, option garantie, etc. ;
- « Où ? » lieux des transactions (agence, site e-commerce, téléphone, etc.) ;
- « Comment ? » mode de paiement, délai de paiement.

---

1. Personne fictive qui représente un segment de client cible. Généralement une fiche est dédiée à chaque persona comportant un certain nombre d'attributs caractéristiques de la cible et une « user story ».
2. Îlots regroupés pour l'Information statistique mis en place par l'Insee pour faciliter le regroupement, soit un découpage du territoire en mailles de tailles homogènes.

Les données comportementales

Parfois assimilées aux données transactionnelles, les données comportementales sont pourtant moins centrées sur le produit et plus sur la relation et l'interaction avec le client. On parle parfois aussi de «données relationnelles». Sont typiquement inclues dans ces données:

- le comportement de navigation telles que visites de pages, clics, partages sur les réseaux sociaux, commentaires d'articles, «likes» Facebook, etc.;
- les canaux privilégiés pour prendre contact (e-mail, appel au standard), communiquer (courrier, agence...), commander (Internet, magasin...) ou se faire livrer (à domicile, en magasin...);
- les réactions aux e-mails, aux enquêtes de satisfaction, aux appels du service clientèle...

Les données contextuelles

Moins utilisées que les trois premières catégories, elles sont toutefois de plus en plus intégrées par les marketeurs dans leur réflexion et classification des données. Entrent dans cette catégorie les données liées au stock en temps réel, aux objets connectés, à la géolocalisation, à la météo, Nous verrons dans les parties B et C des façons concrètes d'exploiter la donnée météo et la donnée de géolocalisation.

Ce mode de classification est pratique, car ces quatre catégories sont directement activables pour du marketing relationnel et des relations personnalisées par e-mail, courrier, SMS, en magasin... *(cf. chapitre 9 consacré au marketing direct).*

Les critères de classification utilisés par les juristes

Terminons notre tour d'horizon des métiers avec un acteur qui prend de plus en plus d'importance en data marketing: le juriste. Pour lui la distinction entre les données s'opérera principalement de la manière suivante: **données nominatives *vs* données anonymes**[1]. Par exemple l'e-mail, le téléphone, l'identifiant Facebook

---

1. Certains juristes parlent aussi de données «directement identifiantes» *vs* «indirectement identifiantes».

sont des données nominatives tandis que le cookie ou le device ID[1] sont des données anonymes. Les données nominatives ou pouvant l'être appartiennent en effet aux données dites «personnelles» et relèvent de la loi «Informatique et Libertés» dont nous rappelons ici les trois principaux principes:

• le principe de finalité: c'est une notion centrale qui demande au responsable du traitement des données[2] de justifier pourquoi il collecte et conserve telle ou telle donnée personnelle. Par exemple, la date de la dernière visite d'un client sur son site e-commerce. Ce principe force l'entreprise à distinguer les données dont elle a absolument besoin de celles dont elle peut se passer ainsi que la durée de conservation dont elle aura besoin pour atteindre ses objectifs;

• le principe de transparence exige du responsable de traitement d'avoir le consentement spécifique de la personne concernée par le traitement. Par exemple, un commerçant doit informer un client qu'il conserve son adresse e-mail pour lui envoyer une newsletter;

• le principe de proportionnalité: c'est un corollaire au principe de finalité qui évalue la pertinence du dispositif de traitement vis-à-vis de l'objectif. Par exemple, dans le cas où le nom, prénom et l'adresse e-mail suffisent amplement au traitement envisagé, la collecte pour cette même finalité de l'adresse postale, la situation familiale et la situation financière serait jugée non proportionnelle et coupable d'une sanction.

COMBIEN VALENT VOS DONNÉES PERSONNELLES?

En parlant de données personnelles, connaissez-vous le prix que vaut chacune de vos «traces digitales»? Voici quelques chiffres utiles pour calculer la valeur d'un individu extraits de l'article «Quelle est votre valeur sur les réseaux sociaux?» paru dans le *Huffington Post* en février 2014.

➡ Le trio âge-sexe-adresse constitue une base dans ce milieu, évalué à 0,007 dollar.

➡ Si vous laissez des messages sur Facebook évoquant un prochain mariage, votre côte grimpe à 0,107 dollar.

---

1. Identifiant unique associé à un terminal mobile permettant la reconnaissance anonyme d'un utilisateur. Selon le système d'exploitation du terminal, on parlera d'IDFA (IOS) ou d'Advertising Id (Android).
2. Est considérée comme le responsable du traitement la personne physique ou morale qui détermine les finalités et les moyens de toute opération (collecte, enregistrement, modification...), appliquée à des données à caractère personnel. Il s'agit généralement du représentant légal de l'organisme pour lequel le traitement est effectué.

© Groupe Eyrolles

➡ Vous prenez la photo d'une échographie sur Instagram (sous-entendu vous allez avoir un enfant), votre prix atteint 0,187 dollar

➡ Enfin si vous faites des recherches sur Google en rapport avec une maladie du cœur, vous grimpez à 0,447 dollar.

Vous voulez savoir votre prix? Tapez dans votre moteur de recherche préféré «How much is your personal data worth? By Emily Steel», vous aurez accès à une simulation!

QUELLES DONNÉES OCCUPENT LE PLUS DE VOLUME?

350 milliards de posts Facebook chaque année, 4 milliards d'heures de vidéos regardées chaque mois sur YouTube, 400 millions de tweets envoyés chaque jour, 200 000 publications sur Instagram par minute... Du fait de la digitalisation massive des outils, les entreprises sont confrontées à l'explosion du volume de données produites en interne lors des interactions avec les consommateurs. En guise d'ordre de grandeur, voici approximativement le nombre de lignes générées en base de données pour une campagne publicitaire digitale (on parle de campagne «display»):

• stratégies d'une campagne display: 100;

• domaines d'une campagne RTB: 10 000;

• suivi des impressions d'une campagne display: 10 000 000;

• suivi des impressions de toutes les campagnes display d'une agence média: 10 000 000 000.

Alors qu'une base de données suffit pour traiter quelques campagnes, une plateforme big data devient absolument nécessaire quand le nombre de campagnes augmente!

À cela viennent s'ajouter toutes les sources de données potentielles de l'Open Data à intégrer également dans le système d'information. **Au final la plupart des entreprises aux États-Unis stockent ainsi 100 000 gigabytes de données**[1]. Une paille face aux 2,5 trillions[2] de gigabytes de données supplémentaires créées

> **Bon à savoir**
>
> L'adjectif «big» de «Big Data» n'est pas qu'un simple effet de mode. Chaque jour nous pouvons en effet remplir de data quatre tours Eiffel de disques Blu-ray (soit environ 10 millions de disques)!

---

1. Infographie IBM «The four V's of Big Data».
2. Le trillion est un très grand nombre. Un trillion de secondes = 31 546 années!

© Groupe Eyrolles

chaque jour! Nous verrons aux chapitres suivants comment la caractéristique «volume» change du tout au tout les méthodes de collecte, de stockage et d'analyse.

VOS DONNÉES SONT-ELLES UTILES?

95 % des entreprises jugent indispensable de transformer leurs données en informations[1]. Mais vos données le permettent-elles? Trois «V» supplémentaires par rapport aux deux précédents (Variété et Volume) caractérisent les données et leur utilité.

Fiabilité et qualité des données: le V de «véracité»

«Plus l'arbre est grand, plus il y a une chance d'avoir des fruits pourris», dit l'adage populaire. Cette maxime se vérifie aussi avec les Big Data: les très gros volumes de données, la multiplicité et l'hétérogénéité des sources et des formats amplifient les inexactitudes dans les bases de données[2]. Lignes vides, valeurs aberrantes, capteurs défectueux, fautes de frappe, hétérogénéité dans les noms des villes ou dans le format des codes postaux… les données sont souvent de piètre qualité et d'après une récente étude IBM cette problématique coûterait aux États-Unis 3,1 trillions de dollars par an[3]! Autre conséquence relevée par l'étude: un décideur sur trois ne ferait pas confiance aux données utilisées pour prendre les décisions. Face à cette problématique capitale, trois enjeux majeurs doivent être pris en compte pour développer la qualité des données: la collecte, l'organisation et l'humain.

Tout d'abord il est nécessaire de faire preuve d'une grande rigueur dans la collecte et le croisement des données. Par exemple, dans le cas de collecte de données via un formulaire, de bonnes pratiques opérationnelles peuvent être de:

- transformer les champs d'expression libre en champs à choix restreint;

© Groupe Eyrolles

---

1. *Qualité des données en 2015: vos données sont-elles suffisamment fiables pour être transformées en insights?*, livre blanc Experian, 2015.
2. Les entreprises françaises estiment que 23 % de leurs données sont inexactes selon l'étude Experian, *op. cit.*
3. Infographie «the four V's of Big Data», *op. cit.*

- mettre en place un système d'autocomplétion automatique, notamment pour les adresses.

En plus de sécuriser la donnée saisie, ces deux fonctionnalités font également gagner du temps à l'internaute.

Un deuxième levier tient plus de l'organisation: près de deux tiers des entreprises ont une approche en silo pour la gestion de la qualité des données[1], empêchant de fait toute uniformisation des traitements. Afin d'obtenir une donnée fiable, il faut réussir à briser les silos entre marketing, vente et SI. «Certaines organisations optent même pour la mise en place d'une business unit (BU) transverse chargée de coordonner les initiatives digitales et data entre les trois entités classiques», rappelle Clémentine Fournier du cabinet Artefact[2].

Enfin le troisième levier est d'ordre humain: pour assurer un suivi de la qualité de la donnée, certaines entreprises intègrent à leur conseil d'administration un Chief Data Officer, dont le rôle a déjà été précisé dans le chapitre précédent.

DON'T WORRY, BE HAPPY

La fiabilité des données est un enjeu primordial, c'est indiscutable. J'ai toutefois rencontré des décideurs tellement paralysés par l'inexactitude des données (clics frauduleux, robots, cookies effacés) qu'ils rejetaient toute forme de data marketing. Si vous êtes également anxieux à l'idée de prendre des décisions sur des données à la véracité discutable:

➡ tranquillisez-vous! Une donnée fiable à 100 % est une chimère: le digital est un univers trop complexe et trop mouvant;

➡ exercez votre esprit critique: il est possible de prendre de bonnes décisions même avec des données imparfaites, à condition de remettre en question certains résultats qui vous paraîtraient étranges;

➡ appliquez le principe de proportionnalité: selon l'importance de votre décision, modulez le degré de confiance nécessaire dans la qualité des données sur lesquelles vous allez appuyer votre jugement;

➡ segmentez vos données et identifiez les «zones sûres» et les zones «à risque»;

➡ et enfin n'oubliez pas qu'il est souvent plus profitable de lancer une campagne data driven imparfaite tout de suite qu'une campagne parfaite dans un an!

---

1. *Qualité des données en 2015: vos données sont-elles suffisamment fiables pour être transformées en insights? op. cit.*
2. Clémentine Fournier, «Comment bien collecter la donnée», Artefact, 3 juillet 2015.

© Groupe Eyrolles

Obsolescence et capacité à être mobilisé en temps réel : le V de « vélocité »

Parfois, trente secondes, c'est trop. De plus en plus d'applications marketing nécessitent une activation **temps réel** des données. Il suffit de songer à la vitesse à laquelle le risque de fraude est évalué lors d'une transaction, à la personnalisation de la page d'accueil d'un site e-commerce ou aux millisecondes accordées aux acheteurs médias pour enchérir sur un emplacement publicitaire[1].

L'adéquation entre les projets data driven[2] de l'entreprise et sa capacité à mobiliser en temps réel ses données sont des critères prépondérants dans l'audit de données et le choix des outils, connu sous le terme « vélocité »[3]

Exploitables à travers des cas d'usages : le V de « valeur »

Une récente étude menée par l'institut Morar révèle que 72 % des entreprises collectent des données qui ne leur servent pas. Un grand nombre d'entreprises ont en effet abordé le Big Data par les aspects techniques et ont accumulé un volume considérable de données avant même d'avoir identifié une finalité précise. Au lieu d'être un actif de l'entreprise et une source de revenus, les données sont au contraire un poste de coûts importants. Entre coûts de stockage et opportunités commerciales ratées faute de disposer à temps des bonnes informations, l'accumulation inutile de données représenterait ainsi une perte évaluée entre 3 et 30 millions d'euros par an selon une enquête du cabinet Pure Storage[4].

Pour ne pas faire partie des mauvais élèves, il est souvent nécessaire au démarrage de **construire la donnée utile.** Parfois s'installe le sentiment de rater une pépite indétectable par l'humain dès lors que toutes les données à disposition ne sont pas collectées et analysées par un algorithme tout puissant. En réalité, même les modèles prédictifs qui seront étudiés dans la partie suivante sont en grande majorité élaborés d'abord avec une poignée de données clés avant d'être

---

1. Ce cas d'usage de la donnée fera l'objet du chapitre 8 consacré à la publicité programmatique.
2. Anglicisme courant qu'on pourrait traduire par « projets pilotés par la donnée ».
3. Plus globalement, ce terme fait aussi référence à la vitesse croissante à laquelle les données sont créées, mises à jour et analysées.
4. « Ne pas avoir la bonne info au bon moment coûte très cher aux entreprises », usine-digitale.fr, décembre 2015.

améliorés petit à petit en prenant en compte l'influence d'autres données *a priori* moins significatives d'un point de vue métier.

Vous devriez procéder de même et ne penser à élargir le spectre de données que lorsque les quelques données clés de votre métier sont déjà exploitées pleinement à travers de multiples cas d'usages malins et à l'efficacité prouvée. En guise d'exemple, pour un fenêtrier, le fait d'être propriétaire de son appartement et l'ancienneté de l'habitation figurent sans doute parmi les données stratégiques. Dans un autre registre, le guide de l'Electronic Business Group (EBG) paru en 2015 donne l'exemple de ce voyagiste en ligne qui après avoir collecté des données à tort et à travers s'est recentré avec succès sur cinq données clés: ville de départ, destination, durée du voyage, date, budget!

Si vous avez le sentiment que vos données sont aujourd'hui sous-exploitées, mettez un point d'honneur à faire des choix pragmatiques et à construire la donnée utile, marche après marche. Vos données n'en auront que plus de valeur.

 **À RETENIR DE CE CHAPITRE**

Avoir une vue d'ensemble de ses données n'est pas une tâche aisée et il n'existe pas une classification qui fasse référence tant les enjeux des différents corps de métiers sont différents. Pour éviter de se perdre dans le labyrinthe des données, il est dès lors souvent profitable de se concentrer dans un premier temps sur la donnée utile, d'en assurer la qualité et l'accessibilité et de bâtir à partir de cette fondation des premiers cas d'usages marketing data driven.

À vous de jouer

- ✔ Allez discuter avec vos collègues des différentes divisions pour vérifier si leur façon de segmenter les données est proche de celle décrite dans ce livre!

- ✔ Renseignez-vous sur le coût que représente aujourd'hui la gestion de vos données (stockées en interne dans un CRM et/ou une DMP ou stockées en externe dans une agence CRM ou une agence média)

- ✔ Classez vos données sur une échelle de valeur métier, avec si possible des cas d'usages associés. C'est un excellent exercice pour favoriser des projets « step by step » maîtrisés

SOURCES

Une vaste littérature et un grand nombre d'infographies abordent les cinq V du Big Data:

- «Le Big Data au quotidien», infographie de vouchercloud https://www.vouchercloud.fr/ressources/big-data-infographie
- «The four V's of Big Data», infographie d'IBM http://www.ibmbigdatahub.com/infographic/four-vs-big-data

Concernant les différentes classifications évoquées, ces quelques articles pédagogiques vous permettront d'approfondir certaines notions clés évoquées dans ce chapitre:

- «Qu'appelle-t-on données first, second, third party?», 2015, Pierre Fournier, partner du cabinet Artefact;
- «Quels sont les enjeux de la maîtrise des données structurées et non structurées?», interview de Christophe Cousin, fondateur du cabinet Camp de Base;
- «Structure: A Better Way of Thinking about Data», mars 2015, Rachel Shadoan, article d'où est issue la métaphore des couverts;

Pour approfondir la thématique de la qualité des données:

- *Qualité des données en 2015: vos données sont-elles suffisamment fiables pour être transformées en insights?,* livre blanc publié par Experian;
- «Data Quality Sucks, Let's Just Get Over It», article plein de bon sens sur le blog d'Avinash Kaushik, data evangelist chez Google (en anglais et très orienté web analytics).

© Groupe Eyrolles

Boîte à outils pour passer de datas éparpillées à des données centralisées

À l'issue de l'audit des données présenté dans le chapitre précédent, une des trois situations suivantes se présentera nécessairement:

- situation 1: vos données sont de mauvaise qualité et vous devez mettre en œuvre un grand plan de nettoyage[1]. Approfondissez les pistes présentées au chapitre précédent et lisez les quelques techniques de nettoyage de données qui seront indiquées au début du chapitre 4;

- situation 2: vos données sont de qualité, reliées et accessibles. Bref, vous êtes mature sur le sujet et l'enjeu pour vous est désormais de trouver les bonnes analyses et les bons cas d'usages. Bondissez aux parties B et C;

- situation 3: vos bases de données sont séparées et vous devez mettre en œuvre un plan d'unification. C'est la situation la plus courante et l'objet de ce chapitre qui présente les meilleures pratiques pour rapatrier ses données dans un Référentiel Client Unique (RCU).

Collecte, stockage, identifiants uniques: le chapitre est assez technique et ardu, mais nécessaire pour bien comprendre les principales mécaniques sous-jacentes aux outils du data marketing. Accrochez bien votre ceinture, le grand voyage au cœur de la technique commence!

---

1. On parle dans le jargon de DQM pour *Data Quality Management*.

RAPATRIER SES DONNÉES : APERÇU DES PRINCIPALES MÉTHODES DE COLLECTE DE DONNÉES ET DE TRACKING

Une fois les données clés identifiées, il reste à les collecter. Bien qu'elles soient souvent entre les mains des développeurs, il est indispensable à l'heure du data marketing que chacun comprenne dans les grandes lignes les principales méthodes de collecte de données[1].

Le cookie, clé de voûte de la collecte de données web

Bien que controversé[2], le cookie est la star incontestée du tracking comportemental des internautes. Concrètement, un cookie est un petit fichier texte (4 ko maximum) comportant jusqu'à six attributs :

- le nom, appelé aussi parfois «identifiant», «valeur» ou paire «nom/valeur». Il s'agit ici d'une valeur alphanumérique qui permet d'identifier de manière unique un cookie, par exemple A1B2C3 ;
- le domaine : il s'agit du «propriétaire» du cookie (appelé aussi parfois «émetteur»), par exemple cdiscount.com ;
- la date d'expiration : théoriquement limitée à treize mois après la création du cookie ;
- le chemin : il s'agit des URL pour lesquels le cookie est valable. Le plus souvent cet attribut est renseigné par «/», le cookie sera alors valable sur toutes les URL du domaine ;
- le flag de sécurité : cet attribut booléen pouvant prendre les valeurs TRUE ou FALSE définit si le cookie est valable sur une URL non sécurisée ou bien si l'URL doit être sécurisée (https) ;
- un commentaire : l'émetteur du cookie peut préciser dans ce champ l'utilisation qui sera faite du cookie.

Seuls le nom et le domaine sont des attributs obligatoires, tous les autres sont optionnels.

---

1. En dehors de la collecte déclarative – e-mail en points de vente, formulaires sur un site web, enquêtes de satisfaction, etc. qui ne seront pas détaillés ici.
2. Unicité relative, durée de vie de plus en plus faible, respect de la vie privée…

Une fois la structure d'un cookie clarifiée[1], intéressons-nous maintenant à la cinématique autour du cookie. Comment et où est-il posé? Comment permet-il la personnalisation d'un site web ou d'une publicité?

La mécanique est simple et repose sur **le protocole de communication http** qui régit les échanges entre un navigateur web (appelé parfois «client http») et un serveur http. Le cookie n'est en effet rien d'autre qu'un paramètre transmis en tête de ces échanges.

Considérons le cas banal d'un internaute qui se rend sur un site internet, par exemple lemonde.fr. Le navigateur de l'internaute (Chrome, Internet Explorer, Mozilla, Safari, etc.) appelle le serveur http du site Lemonde pour afficher la page. Le serveur répond au navigateur avec le code de la page à afficher et lui indique à travers la fonction «setcookie()» de stocker un cookie pour le domaine lemonde.fr[2].

Figure 9 – Pose d'un cookie par le serveur
lors de l'affichage d'une page

Supposons maintenant que l'internaute a déjà un cookie ABC appartenant au domaine lemonde.fr sur son navigateur. Dans ce cas, lorsque le navigateur appelle le serveur via un protocole http pour afficher la page, le navigateur va indiquer en tête de l'appel la présence de ce cookie. Le serveur peut alors vérifier dans une base de données du *Monde* dans laquelle est stocké tout l'historique de navigation du cookie ABC, quels sont les centres d'intérêt de ABC et renvoyer au navigateur une page personnalisée (exemple: page ne comportant que des articles relatifs aux centres d'intérêt détectés, en lieu et place des articles par défaut). C'est également

1. En particulier un cookie ne contient aucune information personnelle, ne peut pas «lire» des informations dans l'ordinateur et autres idées reçues du même acabit!
2. Ce stockage par le navigateur se fait soit dans le disque dur, soit dans la mémoire RAM (pour l'attribut date d'expiration renseigné à 0). Le navigateur ne peut pas stocker plus de 20 cookies par domaine et un total de 300 cookies.

ce procédé qui permet à un site e-commerce d'afficher le contenu du panier tel qu'il a été laissé lors de la dernière connexion.

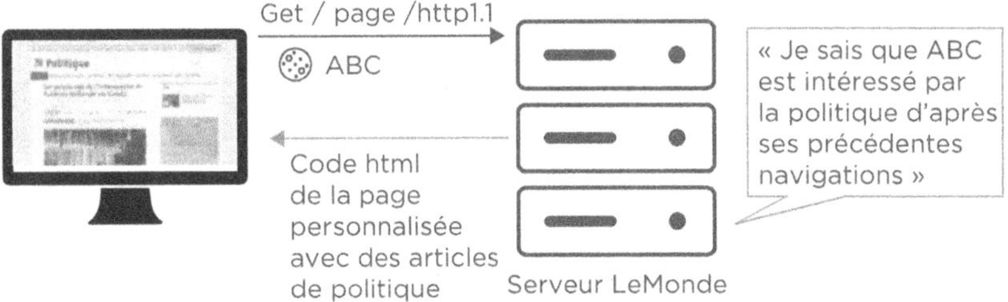

Figure 10 – Personnalisation d'une page web
grâce au cookie

Continuons à explorer les coulisses du cookie. Lorsque le navigateur web reçoit la page à afficher, son travail ne s'arrête pas là. En effet, derrière une page web, se cachent de nombreux autres serveurs http à appeler, car tout le contenu de la page n'est pas hébergé par le serveur du site:

- de nombreux sites font ainsi appel à des «Content Delivery Network» (CDN), prestataires louant des serveurs locaux sur lesquels sont stockées les images d'un site web, afin de réduire le temps de chargement. Le navigateur doit donc appeler le serveur du CDN, qui peut alors poser un cookie;

- la page contient des images de taille un pixel (donc invisibles à l'œil nu) appartenant à des prestataires tels que des régies publicitaires. Ces pixels «forcent» le navigateur à appeler le serveur d'acteurs publicitaires, par exemple Criteo. Grâce à cet appel http du navigateur, Criteo peut enrichir la connaissance qu'il a sur le cookie transmis en tête ou bien déposer un cookie dans sa réponse si aucun cookie n'a été transmis dans l'appel.

Il suffit d'installer un plug-in navigateur comme Ghostery pour se rendre compte de l'importance de ce phénomène! (et aussi bloquer cette mécanique grâce à des possibilités de blacklisting). Par défaut, un navigateur comme Safari ne stocke pas les cookies appartenant à des domaines autres que celui du site visité.

Et l'histoire ne s'arrête pas là! En effet dans sa réponse, Criteo pour reprendre cet exemple peut aussi demander au navigateur d'appeler un autre serveur «ami» qui n'aurait pas la chance d'être présent sur le site afin que celui-ci puisse aussi déposer un cookie. Cette partie de «ping-pong» informatique porte le doux nom de «piggybacking» (signifiant littéralement «porter quelqu'un à califourchon»). Il s'agit d'un procédé fondamental dans l'industrie publicitaire qui permet notamment à deux acteurs de construire une table de matching entre leurs cookies et donc par la suite de s'envoyer des audiences de cookies.

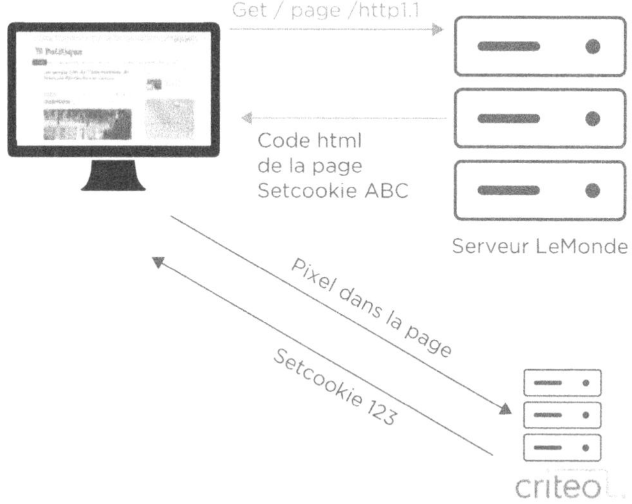

Figure 11 – Pose d'un cookie par un tiers

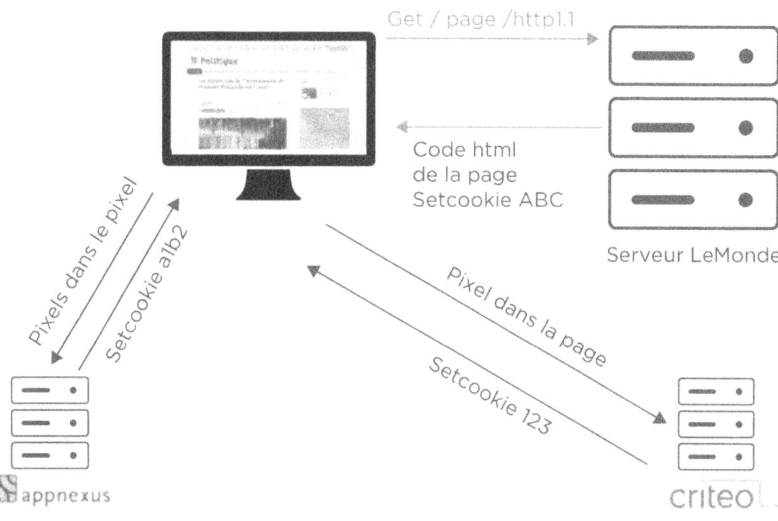

Figure 12 – Le piggybacking, clé de voûte
de l'écosystème publicitaire

© Groupe Eyrolles

COOKIE FIRST PARTY ET COOKIE THIRD PARTY

Si l'émetteur du cookie est le domaine tel qu'indiqué dans la barre d'adresse du navigateur, on parlera de cookie first party. Cette typologie de cookie est utilisée pour améliorer l'expérience utilisateur en se souvenant de son historique, à la manière d'un « marque-page ». La présence de ces cookies sur le navigateur permet, par exemple, à un site de conserver en mémoire le panier créé par l'internaute lors de sa précédente connexion ou de personnaliser la page d'accueil avec les derniers produits consultés. Les supprimer peut donc être dommageable pour l'internaute.

Si l'émetteur du cookie est un autre domaine que le site visité, on parle alors de cookie third party. L'objectif est ici tout autre: reconstituer le parcours web de l'internaute « cross sites », offrant ainsi une connaissance approfondie de ses habitudes de navigation et centres d'intérêt du moment. Ce type de cookie est notamment utilisé à des fins publicitaires.

Le Tag Management System (TMS), plus qu'un simple utilitaire

Nous avons vu dans le paragraphe précédent ce qu'était un pixel et son rôle primordial dans la pose d'un cookie. En réalité, le pixel image n'est qu'un cas particulier de ce qu'on appelle un « tag de tracking », petit bout de code qui « force » le navigateur à appeler un serveur à un moment précis. Le tag est le moyen technique le plus communément utilisé pour collecter des données de navigation, le principe général étant de suivre la réalisation de certains événements (visite d'une page, téléchargement d'un livre blanc, conversion...). À peu près tous les outils webmarketing (remarketing Adwords – connu sous l'abréviation RLSA –, *chat live,* conversion Facebook, solutions de test AB, etc.) vont demander la pose d'un ou de plusieurs tags pour assurer leur service.

Face à cette prolifération de balises sont nés il y a quelques années les TMS[1], Tag Management Systems, dont le principe est de fournir aux marketeurs un outil de gestion centralisé permettant d'ajouter, modifier, supprimer n'importe quel tag à travers une interface web intuitive. Mais surtout les TMS **gèrent dynamiquement la pose des balises à l'aide d'un moteur de règles** *(cf. encadré ci-après)* optimisant ainsi considérablement la maintenance du parc de tags et le temps de chargement des pages.

---

1. Les principaux sont Google Tag Manager, Tag Commander et Tealium.

© Groupe Eyrolles

GESTION DYNAMIQUE DES TAGS PAR UN TMS EN 5 ÉTAPES

1. Insérez sur toutes les pages du site le bout de code fourni par le TMS. Ce fragment de code va jouer le rôle de container pour tous les autres tags : c'est un master tag.

2. Renseignez toutes les balises de tracking dans le TMS.

3. Définissez des priorités dans l'ordre d'exécution des balises.

4. Établissez pour chaque balise des règles pilotant l'insertion dynamique dans les containers. Par exemple, vous pourriez souhaiter déclencher une balise de tracking uniquement sur les pages de remerciement, sur les pages dont l'URL contient l'origine adwords ou bien encore seulement si le formulaire a été rempli au moins à moitié. Plus génériquement, une règle s'articule autour d'une variable (liée aux pages, aux clics, aux formulaires, à l'appareil, etc.), d'un opérateur logique (égal, différent de, contient…) et d'une valeur cible.

5. À chaque événement, le TMS va évaluer la condition, c'est-à-dire comparer ce qui a été configuré à la situation en cours. Cela est effectué de manière asynchrone (i.e chargement en parallèle du contenu et des tags).

Aujourd'hui, les TMS ont dépassé ce rôle d'utilitaire dans la gestion des tags et s'imposent de plus en plus comme la colonne vertébrale de la gestion des données qui remontent du site, en mettant en place ce qu'on appelle un datalayer. Concrètement le datalayer est un « tableau » de variables qui structure la donnée autour de chaque événement, par exemple en décrivant la catégorie de la page, le style du produit[1], la méthode de paiement, etc. À chaque événement « traqué », ces données structurées viennent alimenter le TMS et les applications tierces connectées (outils d'analyse, régies publicitaires, DMP…).

L'« API », trois lettres et tellement de possibilités

Elles sont mises à contribution dans tous les projets data marketing et vous avez sans doute entendu ces trois lettres à de nombreuses reprises. Mais de quoi s'agit-il au juste ? Abréviation de « Application Programming Interfaces », les API sont donc des interfaces de programmation. Ce qui signifie **qu'elles permettent à deux logiciels de communiquer entre eux, de s'interconnecter.** Le principe des API existe depuis longtemps, mais elles étaient jusqu'à il y a quelques années conçues pour une utilisation bien précise déterminée à l'avance. Dorénavant, les API « s'ouvrent », partageant des ressources

---

1. Renseigner dans le datalayer le style des produits permet, par exemple, d'associer simplement un style de prédilection à un visiteur donné.

© Groupe Eyrolles

sans connaître l'usage qui va en être fait. Par exemple, à travers une API dédiée, Google Maps permet à de nombreuses applications d'utiliser son service de cartographie. Ainsi le service de proximité Yelp «discute» avec Google Maps pour afficher les restaurants du quartier sur une carte. Parfois, seules des données sont échangées: c'est par exemple le cas de l'API SNCF qui donne accès en libre-service aux horaires des trains en temps réel, autrement dit ouvre au monde extérieur une petite passerelle vers son système d'information.

En data marketing les API sont très utilisées et permettent aux éditeurs de solutions de s'interfacer avec les différents flux d'informations existants. Par exemple, une application de couponing va interroger par API l'ERP (Enterprise Resource Planning)[1] du client afin de récupérer les achats pour lesquels un coupon a été scanné. C'est un procédé de collecte qui présente en effet de nombreux avantages par rapport au transfert de fichiers CSV[2] traditionnel:

- industrialisation et automatisation des échanges de données;

- normalisation des échanges: les échanges doivent respecter un certain protocole (forme des requêtes, format des réponses, etc.). Les données sont ainsi le plus souvent transmises sous forme d'objets JSON[3], plus rarement XML[4];

- simplicité des échanges: grâce à des méthodes de type REST, POST ou DELETE, il est facile d'accéder et de manipuler la donnée, aussi simplement qu'un site web s'affiche quand vous tapez l'URL dans votre navigateur!

- rapidité: une API bien faite est généralement prise en main par un développeur en moins d'un quart d'heure!

- fiabilité des échanges: le fournisseur de données garde un contrôle sur les acteurs qui y accèdent (qui, quand, comment, combien de fois...).

---

1. Un ERP, en français PGI pour Progiciel de Gestion Intégré, est un système d'information qui permet de gérer et suivre au quotidien l'ensemble des informations et des services opérationnels d'une entreprise. Les principaux éditeurs sont SAP, Cegid, Cylande, etc.
2. Comma separated value, format informatique très utilisé pour échanger des données. Concrètement il s'agit d'un simple fichier texte ouvrable dans le bloc-notes et dans lequel les champs sont séparés par un délimiteur spécifique (virgule ou point-virgule, parfois tabulation selon la convention). De la data brute de chez brut!
3. Java Script Object Notation, format léger d'échanges de données.
4. eXtensible Markup Language, langage informatique très commun mais assez lourd à manipuler du fait d'un grand nombre de balises.

© Groupe Eyrolles

COMMENT STOCKER LA DONNÉE AINSI COLLECTÉE?

Ces données, pour être exploitables, doivent être centralisées, et donc hébergées dans une base de données. À ce stade deux philosophies coexistent: la philosophie ETL, qui structure la donnée avant de la stocker («Extract-Transform-Load», on parle aussi de «modélisation à l'écriture»), et la philosophie ELT, qui stocke la donnée brute avant de la structurer selon les besoins d'analyse («Extract-Load-Transform», on parle aussi «d'interprétation à lecture»). Bien qu'anecdotique à première vue, cette différence de démarche permet d'introduire quelques-unes des principales différences entre une architecture SI conventionnelle et une architecture Big Data! De façon plus pragmatique, comprendre ces deux philosophies permettra aussi de mieux appréhender certains buzzwords auxquels une direction marketing ou un comité de direction pourrait être confronté dans le cadre d'un projet data marketing d'envergure.

Structurer la donnée avant de la stocker: la façon «traditionnelle» de procéder

Cette approche est caractéristique des bases de données (BDD) relationnelles en «Structured Query Language» (SQL[1]), langage dont le principe sous-jacent est de structurer la donnée collectée dans des tables d'enregistrements au schéma fixe et explicité, qui peuvent avoir des relations entre elles par le biais d'un ou plusieurs identifiant(s) pivot(s). Typiquement pour un annonceur, la base de données va par exemple s'articuler autour:

- d'une table des profils: profil_id, prénom, nom, date_naissance...
- d'une table des produits: product_id, product_name, product_categorie, prix...
- d'une table de transactions: profil_id, product_id, date, heure...

Il est ainsi aisé d'accéder avec une requête à l'ensemble des achats pour un utilisateur donné ou bien à la liste de tous les consommateurs ayant dépensé plus de 1 000 € depuis 24 mois. De plus, lors des enregistrements en tables, ceux-ci sont soumis aux contraintes

---

1. Langage informatique permettant d'exécuter des requêtes dans une base de données structurée. Par extension SQL désigne les bases de données adaptées au langage SQL (bases de données relationnelles).

ACID (Atomicité – Cohérence – Isolation – Durabilité), ce qui signifie qu'un enregistrement incomplet ou incorrect ne sera pas enregistré en base. Par exemple impossible d'avoir un double débit de sa carte bancaire en SQL si le transaction_id est défini comme clé primaire.

Bon à savoir

La cartographie des différentes bases de données, des données qui y sont contenues, des outils qui déversent dans ces bases et des ponts existants entre chaque base est un livrable classique d'un audit de données.

Si concrètement toutes ces bases de données sont entreposées dans des serveurs localisés dans un ou plusieurs datacenters, on distingue généralement trois types de bases de données selon la vitesse d'écriture et la puissance de calcul nécessaires pour répondre aux requêtes des utilisateurs:

- les **bases de données opérationnelles**, «bases chaudes» absorbant un flux continu et régulier de données;
- les bases de données décisionnelles, «bases froides» stockant «ad vitam æternam» la donnée et délestant les bases de données opérationnelles. Ce sont les fameux «entrepôts de données» ou **datawarehouses**;
- les **datamarts**, sous ensemble de l'entrepôt de données, conçues pour répondre aux besoins précis d'un groupe particulier d'utilisateurs au sein de l'entreprise: le marketing, le RH, etc.

Cette démarche historique est rôdée, fiable, parfaite pour des données structurées qui ne dépassent pas 100 Go (quelques millions de lignes par BDD), pour des calculs de complexité moyenne et une rapidité d'accès aux données qui tolère des «longueurs».

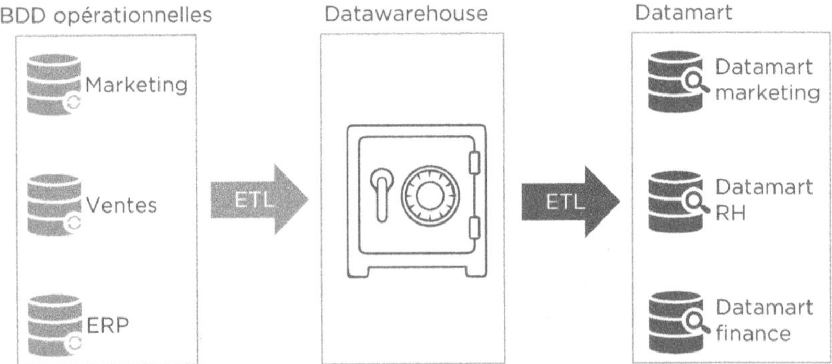

Figure 13 – Schéma simplifié d'une architecture SI conventionnelle

Stocker la donnée brute : plongeon dans le «lac de données»

Toutefois comme étudié au chapitre précédent, les données modernes sont de plus en plus souvent non structurées (images, commentaires…), de formats divers, de qualités variables et exigent fréquemment un traitement en temps réel. C'est pourquoi les géants du Web ont les premiers échangé la rigidité des entrepôts de données pour la flexibilité des «lacs de données», en anglais «datalake». Par opposition au datawarehouse, le **datalake** est une plateforme permettant de stocker la donnée sans avoir réfléchi en amont à sa structuration (on y réfléchira lors des analyses de données). Accueil de données extrêmement hétérogènes (capteurs offline, réseaux sociaux…), ingestion des flux en temps réel et possibilité de réaliser du datamining poussé sont les principaux avantages de cette démarche.

En revanche, d'un point de vue technique, quel chamboulement ! La souplesse du datalake nécessite en effet de s'appuyer sur des bases de données «**Not Only SQL**» (**NoSQL**) qui s'écartent du paradigme classique des bases relationnelles.

L'absence de structuration facilite la collecte et le stockage des données, en revanche elle implique des compromis avec les contraintes ACID et fragilise l'intégrité de la base. La façon dont sont abordés ces compromis est une des sources de différenciation des principales solutions du marché qui peuvent être regroupées en quatre familles :

- **bases clé/valeur :** comme son nom l'indique, la base stocke des couples {clé/valeur} et les requêtes se font uniquement sur les clés. Forme la plus simple des bases NoSQL, elles sont idéales pour gérer des millions d'entrées (telles que des logs de campagnes média) et assurent de bonnes performances en lecture/écriture.

  Exemple : Redis.

- **bases documents :** il s'agit d'une généralisation des bases clé/valeur puisque ici la valeur consiste en un document contenant lui même des paires clé/valeur !

  Exemple : MongoDB.

- **bases orientées colonnes :** ces bases stockent les différentes colonnes de la table dans des fichiers distincts, permettant

© Groupe Eyrolles

simultanément de réduire le volume de données à traiter et d'optimiser les temps de requêtes et la vitesse de calcul (pas de parsing de ligne, pas de sélection, etc.)

Exemple : HBase (Hadoop), Cassandra.

- **bases de type graphe :** ces bases s'appuient sur la théorie des graphes et respectent donc les notions de noeuds et de «voisins». Elles sont particulièrement adaptées lorsqu'il s'agit d'exploiter les relations entre données (réseaux sociaux, moteurs de recommandation...).

Exemple : Neo4j.

SQL vs NoSQL : l'arbre qui cache la forêt

À l'heure du Big Data, le débat SQL *vs* NoSQL est si courant dans la littérature qu'il est facile de s'en tenir à des conclusions hâtives ringardisant le SQL au profit du NoSQL «mieux adapté aux grosses volumétries». La réalité est plus nuancée. Au-delà de la dichotomie bases structurées/bases non structurées, deux autres paradigmes sont en effet clés pour répondre aux défis du Big Data : la mise en réseau des machines (**clusters**) et le morcellement des traitements (**calculs distribués**).

Il y a encore quelques années, lorsque les données devenaient volumineuses ou complexes à traiter, il suffisait d'acheter une machine deux ou trois fois plus puissante. Aujourd'hui, au vu de la volumétrie et de la complexité croissante des données, il faudrait une machine un million de fois plus puissante, changement d'échelle bien sûr impossible ! La solution à ce défi technologique a donc consisté à **éclater les données sur plusieurs machines et à synchroniser les machines entre elles** : certaines organisent et répartissent les tâches (les *schedulers* ou «nœuds masters»), d'autres réalisent les tâches précises qui leur sont assignées et dont elles doivent s'acquitter et rendre compte (les *workers* ou «nœuds esclaves»), d'autres enfin rassemblent les sous-résultats pour former le résultat final[1]. L'ensemble forme une architecture beaucoup plus rapide (de la même manière qu'il est plus rapide de

---

1. Pour rendre cette démarche possible, un nouvel écosystème logiciel a été créé, tel que le framework de calcul distribué Spark ou les langages Hive et Pig (qui rendent le framework utilisable par un humain).

© Groupe Eyrolles

ranger son garage à plusieurs, chacun étant en charge d'une partie du travail) et scalable (en cas de montée en charge, il suffit d'ajouter une machine au cluster), même si cette démarche soulève également de nouveaux problèmes, certains calculs étant intrinsèquement peu distribuables.

Travailler sur plusieurs serveurs conjointement et distribuer un calcul forment le socle du Big Data et sont des mécanismes pouvant s'appliquer aussi bien à des bases structurées que non structurées. Et même s'il est vrai que les bases NoSQL sont de manière générale mieux adaptées à ces nouvelles façons de traiter la donnée, il ne s'agit pas d'une caractéristique intrinsèque: à titre d'exemple, la solution Google BigQuery est un système de gestion de données structurées capable de gérer des centaines de milliards de lignes en calcul distribué hyper optimisé, rapide et scalable tandis que Neo4j est une base NoSQL qui n'offre pas une bonne scalabilité horizontale car les mécanismes de synchronisation des écritures sur des graphes nécessitent des opérations complexes.

> *Bon à savoir*
>
> **Les deux types de bases peuvent par ailleurs très bien cohabiter au sein d'un même logiciel. Par exemple, des données sensibles bien identifiées pourront être stockées dans une base de données relationnelle tandis que les données dont la structure change avec le temps seront mieux exploitées au sein d'une base NoSQL.**

AGRÉGER LES DONNÉES AUTOUR D'UN IDENTIFIANT UNIQUE

Une fois les données collectées et stockées, le grand défi est de pouvoir réconcilier les données entre elles. Comme élégamment raconté par Experian[1] lors d'un colloque sur le data marketing, le marketeur moderne souffre d'une crise d'identité… non pas une crise avec sa propre identité, mais une crise avec l'identité d'un consommateur multicanal qui n'arrête pas de changer de device[2] et d'identifiant. Le même individu peut en effet recevoir un coupon papier à son domicile, aller s'informer sur Internet depuis son mobile, partir tester anonymement le produit en magasin et enfin l'acheter sur le site e-commerce avec sa tablette. Qu'il s'agisse d'affiner son modèle d'attribution, de mieux estimer la pression

---

1. Acteur mondial dans le traitement de la donnée.
2. Anglicisme désignant le terminal de connexion: ordinateur, téléphone mobile, tablette…

marketing ou encore de créer une expérience client unifiée sans rupture de canal, **reconnaître un consommateur sur l'ensemble de ses devices et agréger les données autour d'un identifiant unique est aujourd'hui au cœur du data marketing.**

Un grand nombre d'identifiants se rapportent à un même utilisateur

Comment identifier un client tout au long de sa relation avec la marque? La complexité de cette question provient du fait que chaque point de contact est régi par un identifiant différent.

Sur Internet, le cookie est roi. Plus rarement l'internaute navigue «logué», l'identifiant est alors généralement un e-mail. L'adresse IP *(internet protocol)* qui permet de localiser la zone géographique de résidence pourrait également être utilisée, mais est considérée comme une donnée personnelle et donc soumis à un cadre réglementaire plus contraignant. De plus, elle n'est pas nécessairement statique, certains fournisseurs d'accès internet pouvant attribuer à leurs abonnés une adresse IP dynamique.

En cas de navigation mobile, deux configurations sont à distinguer: navigation sur des sites web mobiles ou au sein d'applications mobiles. Dans le premier cas, l'utilisation d'un cookie mobile est possible. En revanche, le cookie n'est pas compatible avec les applications mobiles. Lors de la navigation au sein d'applications mobiles, l'identifiant utilisé est alors le device Id, plus précisément l'Advertising Id dans le monde Google et l'IDFA (Identifiers for Advertizer) dans l'univers Apple. Ces deux identifiants sont très fiables, d'une part car les utilisateurs qui modifient leur device Id sont rares[1] et d'autre part car le device Id est indépendant du navigateur utilisé contrairement aux cookies.

En marketing direct, un client sera généralement identifié par son identité, son adresse, son e-mail et son numéro de téléphone. Ces identifiants peuvent être déclaratifs ou vérifiés par l'envoi d'un e-mail/SMS de confirmation ou code confidentiel par voie postale. Par exemple, les sites de paris sportifs possèdent une mine d'or de données sur leurs clients dans la mesure où l'identité a été vérifiée par l'envoi des papiers officiels et l'adresse vérifiée par un code coupon.

---

1. 18 % d'après une récente étude de la société Adjust spécialisée dans le tracking mobile.

En magasin enfin, plusieurs méthodes ont été déployées par les retailers pour reconnaître les visiteurs. La façon historique de procéder est d'identifier le client lors du passage en caisse grâce à sa carte de fidélité. L'identifiant collecté est alors généralement un e-mail. Avec l'essor du mobile, de nouvelles possibilités de tracking sont apparues : un réseau Wifi peut par exemple reconnaître de façon anonyme un téléphone identifié de façon unique par sa Mac address (Media Access Control Address) tandis que des balises Bluetooth sont également un moyen d'associer à un téléphone un identifiant unique et de suivre son parcours dans le magasin ainsi que la fréquence des visites. Nous reparlerons plus en détail au chapitre 10 d'un cas particulier de ces capteurs en magasin : le beacon.

Pour une vue d'ensemble, le schéma ci-dessous positionne ces différents identifiants selon deux axes : le type d'identification (tracking passif ou action utilisateur) et l'unicité de l'identifiant. Exception faite des device id et adresses mac, la relation est linéaire : plus l'identification est forte, plus celle-ci doit être à l'initiative de l'utilisateur.

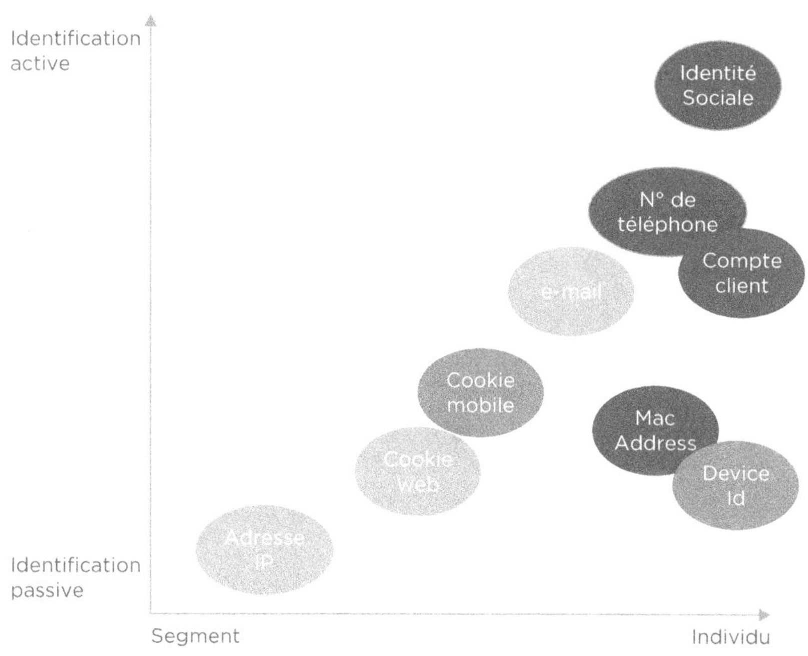

Figure 14 – De multiples identifiants pour une seule identité

Relier des identifiants entre eux : état de l'art en 2016

Deux philosophies de réconciliation sont aujourd'hui envisageables pour construire des profils uniques par individus: l'approche déterministe et l'approche probabiliste.

▣ L'école déterministe: un sans-faute, mais un volume restreint

La méthode de rapprochement déterministe se fonde sur des «clés de réconciliation» appelées aussi parfois «données pivots». Il s'agit généralement de l'e-mail, mais un numéro de téléphone ou un numéro de dossier peuvent aussi constituer de très bonnes clés de matching.

L'exemple typique est celui du log-in: si un individu avec un cookie A se logue sur le site pour accéder à son espace personnel, le cookie A peut en effet être associé à l'adresse e-mail. Quand l'individu revient sur le site, il sera alors identifié de manière personnelle même en étant non logué (et les données CRM relatives à son e-mail pourront par exemple être utilisées pour personnaliser le site web). Si ensuite le même individu se logue dans l'application mobile de la marque, une équivalence sera créée entre son adresse mail et son device Id, et donc *in fine* entre son e-mail, son cookie et son IDFA. Et ainsi de suite sur l'ensemble des devices.

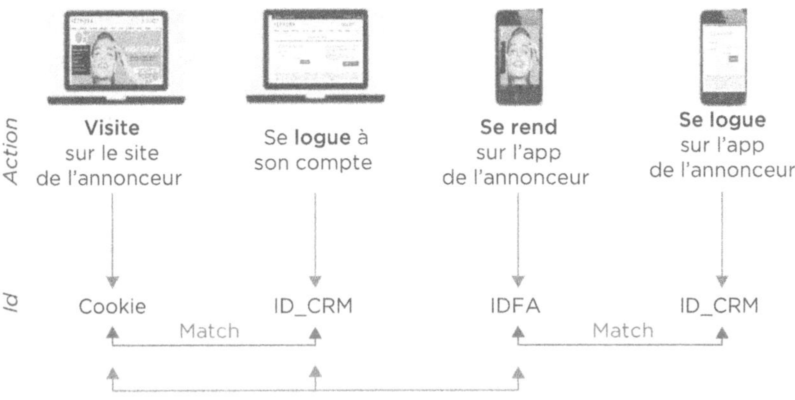

Figure 15 – Réconciliation déterministe des identifiants (méthode du pivot)

L'avantage de cette méthode est qu'elle est très fiable. L'inconvénient est que le taux de réconciliation reste généralement faible[1], à moins de s'appeler Google ou Facebook qui bénéficient eux d'une connexion quasi continue de leurs utilisateurs sur tous les devices. À charge donc pour la marque de multiplier les initiatives afin de récupérer l'e-mail à chaque point de contact, par exemple dans le monde offline en mettant en place un portail WiFi en magasin ou en équipant les vendeurs de tablettes. Dans l'univers online il s'agira, par exemple, de demander une identification pour accéder à un contenu à forte valeur ajoutée. Mais attention, cette demande permanente de «connexion» peut à la longue fatiguer le consommateur, surtout si le processus n'est pas vraiment justifié ou souffre d'une expérience utilisateur médiocre.

L'autre grand cas d'usage de la réconciliation déterministe est la pose d'un cookie lors de l'ouverture d'un e-mail[2]. L'avantage est d'être complètement «indolore» d'un point de vue expérience client. Cependant deux freins techniques limitent là encore la capacité de réconciliation : cette méthode ne fonctionne pas pour les individus qui ouvrent les e-mails depuis leurs mobiles et ne fonctionne pas avec le fournisseur Gmail…

L'école probabiliste : une approximation, mais un plus gros volume

Pour éviter de trop dépendre à l'avenir des géants du Web[3] en matière de réconciliation de données, certains acteurs raisonnent non plus en identifiants, mais en «appareils» et tentent de rapprocher les différents devices d'un individu de manière algorithmique. Conceptuellement, un mobile et une tablette peuvent ainsi être couplés avec un fort degré de confiance si on observe que ces deux appareils se connectent au même réseau et aux mêmes horaires plusieurs fois par semaine, avec qui plus est un comportement de navigation proche. Ici pas de données personnelles, mais une approche purement statistique basée sur une batterie de «signaux faibles» tels que le système d'exploitation, la langue de l'appareil, le fuseau horaire, la géolocalisation, l'adresse IP, le navigateur utilisé, les paramètres de connexion, etc. Ce processus probabiliste porte le nom de «fingerprinting». Bien que moins précise qu'une approche déterministe et plus complexe à mettre

---

1. Empiriquement entre 10 et 30 %.
2. Un pixel est déposé dans une image de l'e-mail, voir début du chapitre sur la cinématique de cookification.
3. Désigné aussi parfois par l'abréviation GAFA pour Google, Apple, Facebook, Amazon.

© Groupe Eyrolles

en œuvre, cette méthode atteint des taux de réconciliation plus élevés, est moins intrusive pour le client et offre une alternative au monopole des géants du Web.

En guise d'exemple, il est possible d'utiliser cette approche pour attribuer le téléchargement d'une application mobile à une publicité, comme expliqué sur le schéma ci-dessous. Cette façon de faire permet d'outrepasser la «zone d'ombre» dans le tracking que constitue l'Apple Store (puisque aucun tag de tracking n'est accepté par Apple).

Figure 16 – Réconciliation probabiliste par fingerprinting

▨ Un exemple concret de réconciliation : le CRM onboarding

Après «Big Data» en 2014 et «Data Management Plateform[1]» en 2015, «CRM onboarding» et «data onboarding» furent un des buzzwords de 2016. Cette pratique de plus en plus en vogue chez les annonceurs consiste à digitaliser sa base client offline (gestion classique de la relation client : carte de fidélité, club d'abonnés, etc.). En vulgarisant un peu le processus, il s'agit de transformer un e-mail ou une adresse postale en un identifiant digital, généralement un cookie ou un ID mobile. Cet identifiant sera ensuite activable et exploitable par les outils marketing online de l'annonceur (DMP, outils d'achats publicitaires, moteur de personnalisation du site...).

---

1. Nous étudierons la DMP plus en détail au chapitre suivant.

© Groupe Eyrolles

Cet engouement s'explique d'une part par **des perspectives marketing séduisantes**. Par exemple, pouvoir renouer contact via une bannière publicitaire personnalisée avec des clients dormants qui n'ouvrent plus leurs e-mails depuis des mois attire la sympathie de plus d'un responsable marketing. Exclure ses clients des campagnes digitales d'acquisition est également un des cas d'usages classiques rendus possibles par le CRM onboarding.

D'autre part, **contrairement à d'autres projets data, le CRM onboarding bénéficie d'un mode opératoire relativement simple et souple**. En pratique, trois façons d'onboarder leurs données s'offrent aux annonceurs pour briser les ponts entre monde offline et monde online :

- onboarder au fil de l'eau, à des moments clés tels que le login ou l'ouverture d'un e-mail ;
- utiliser les services d'onboarding proposés par Google ou Facebook ;
- transmettre sa base CRM à un prestataire d'onboarding.

L'onboarding au fil de l'eau correspond en tout point à la méthode du pivot exposée précédemment : un cookie est associé à un e-mail lors du login ou lors de l'ouverture d'un e-mail. Bien que très pratique, l'inconvénient majeur de cette méthode réside dans les délais assez longs pour « cookifier » une partie significative du CRM (surtout si le trafic digital de l'annonceur est limité ce qui est souvent le cas par exemple des produits de grande consommation)

Pour les plus pressés, **les outils publicitaires de Facebook et Google offrent des solutions faciles d'accès.** Facebook, par le biais de sa fonction « custom audience » permet par exemple très simplement de toucher ses clients offline sur le réseau social ainsi que sur Instagram. Il suffit de charger une base e-mail (via par exemple un fichier csv ou plusieurs fichiers si on souhaite différencier des segments de clients), Facebook associe alors directement l'Id Facebook correspondant. Depuis peu Google Adwords offre une fonctionnalité très similaire avec des taux de réconciliation entre 20 et 25 %.

Enfin pour ceux qui ne souhaitent pas confier leurs données à ces deux géants et activer tout de même rapidement leurs données offline sur leur réseau de diffusion habituel, ils peuvent se tourner vers **des spécialistes de l'onboarding** tels que le français Temelio ou l'américain LiveRamp[1]. Adossés à un réseau de partenaires com-

---

1. Racheté par Acxiom en 2014.

© Groupe Eyrolles

prenant des e-mailers, des sites éditoriaux ou des e-commerçants (et donc alimentés régulièrement en identifiants digitaux), ces acteurs ont constitué d'énormes bases de matching et se sont couplés à la plupart des outils de diffusions marketing (DSP, DMP...). Il suffit alors pour l'annonceur de réaliser un extrait de sa base clients (par exemple, les clients dormants), le prestataire d'onboarding se charge de matcher cette base avec la sienne selon les clés d'appariement disponibles (généralement l'e-mail, mais aussi le triptyque nom-prénom-adresse ainsi que le téléphone). En pratique, il est raisonnable de s'attendre à un taux de matching entre 20 et 40 %.

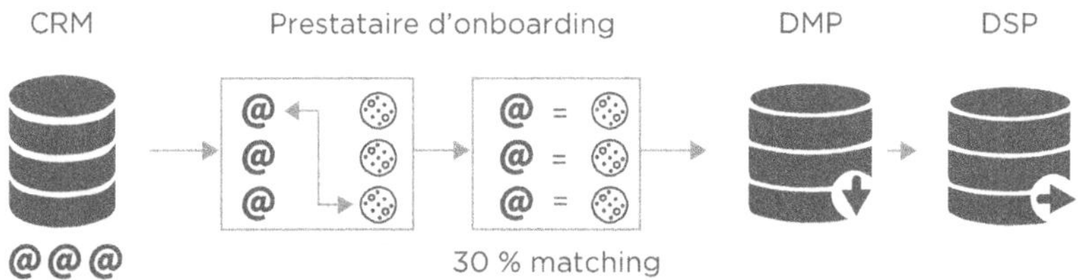

Source: d'après l'article «Onboarding: comment relier CRM et DMP» de Sarah Lion, paru le 15 mars 2016 sur le blog du cabinet Artefact.

Figure 17 – Principe du CRM onboarding

À RETENIR DE CE CHAPITRE

Les mécanismes de tracking utilisés à ce jour entraînent la situation courante suivante: une même personne a un cookie A sur son ordinateur, un IDFA B sur son mobile et un e-mail lié à son compte client! Relier ces identifiants entre eux pour construire une vision unifiée du consommateur est un des grands défis du data marketing.

À ce jour deux approches prévalent: l'approche déterministe basée sur une «méthode du pivot» entre les identifiants et l'approche probabiliste tentant de relier différents devices à un individu en écoutant des «signaux faibles».

Tout un ensemble de prestataires sont apparus autour de cette thématique, notamment les «CRM onboarders» capables de retrouver sur le Web des clients issus de bases de données offline.

© Groupe Eyrolles

↗ À vous de jouer

- ✓ Si vous n'êtes pas déjà équipé d'un « Tag Management System » (TMS), lancez une consultation tout de suite, il s'agit vraiment d'un outil structurant qui simplifie la vie du marketeur digital !

- ✓ Cartographiez vos données et les identifiants utilisés dans chaque base pour déceler des possibilités de réconciliation déterministes.

- ✓ Faites un premier « Proof of Concept » (POC) d'onboarding en utilisant la fonction custom audience de Facebook. Il s'agit d'un « quick win » (succès rapide) classique.

🗄 SOURCES

Pour aller plus loin sur le Tag Management et la datalayer :

- *Google Tag Manager V2: le guide francophone le plus complet,* Bruno Guyot, mai 2015. Le créateur de l'agence Chablais web détaille en quatre articles très accessibles le fonctionnement de Google Tag Manager ;

- *Unlock the Data Layer: A Non-Developer's Guide to Google Tag Manager,* Dorcas Alexander, octobre 2013.

- Concernant les choix d'architecture et les différences entre architecture IT conventionnelle et architecture Big Data, je recommande la lecture de l'ouvrage *Les Bases de données NoSQL et le Big Data*, Rudy Buchez, Eyrolles, 2015. Il existe également sur le web des ressources pertinentes :

- « Le datalake : outil incontournable d'une stratégie data ? », février 2016, Hervé Mignot, Chief scientist officer au sein du cabinet Equancy ;

- « Classification des systèmes de stockage NoSQL », billet présent sur le blog de la société Sogilis spécialisée en développement logiciel.

- « NoSQL : le choix difficile de la bonne base (et comment bien le faire) », Jack Vaughan, lemagit.fr

- *Comprendre les datalakes,* livre blanc du cabinet Converteo, avril 2016.

Enfin pour approfondir vos connaissances sur le CRM onboarding, je ne peux que vous conseiller la lecture de ces deux articles extrêmement pédagogiques :

- « Onboarding : comment relier CRM et DMP », Sarah Lion, mars 2016, accessible sur le blog du cabinet Artefact et d'où est tirée la figure 17 ;

- « CRM Onboarding : enfin la réconciliation des données offline/online ? », Caroline Verwaerde, accessible sur le blog du cabinet Converteo.

3

CRM et DMP: deux outils clés pour dompter la multitude de données

Après avoir étudié les grands principes de collecte, de stockage et de réconciliation des données, passons désormais à la pratique avec deux outils qui cristallisent l'attention des directions marketing et des budgets martech[1]: le CRM (Customer Relationship Management) et la DMP (Data Management Platform). Deux arbres qui cachent une forêt d'appellations et de variantes aussi différentes que CRM 360, datamart client, référentiel unique client (RCU), DMP marketing, DMP connecteurs, DMP média...

L'effervescence s'accompagne dès lors d'une fantastique confusion, entretenue à dessein ou non[2] par les nombreux éditeurs du marché qui en première lecture semblent tous promettre le même Eden: centraliser les données dans une base unique, améliorer la connaissance client et son ciblage, personnaliser les campagnes marketing et la relation client... Le tout conclu d'un sentencieux «toucher la bonne personne, au bon moment avec le bon message», phrase vidée aujourd'hui de toute substance tant elle a été utilisée pour décrire à peu près toutes les solutions marketing un tant soit peu «data driven»!

J'ai à de nombreuses reprises pu constater combien certains professionnels du marketing étaient déboussolés après avoir passé une journée entière dans un salon marketing à «essuyer» le même discours à chaque stand. Beaucoup m'ont raconté revenir de ces

---

1. Abréviation de «marketing technologique» très souvent utilisée.
2. À l'instar du «green washing» dans le secteur industriel, le «data washing» est très présent dans le marketing et certains éditeurs de solutions abusent ou utilisent à mauvais escient l'argument «data».

© Groupe Eyrolles

grands-messes du marketing digital avec plus de questions que de réponses, parmi lesquelles :

- « Finalement quelle est la différence entre un CRM 360 et une data management plateform ? »
- « J'ai déjà trop d'outils dans tous les sens… comment articuler CRM, DMP, analytics, voix du client…? »
- « Ai-je vraiment besoin d'une DMP ? »
- « Selon quels critères au juste choisir ma plateforme de management de données ? »

Autant de questions essentielles auxquelles nous tâcherons de donner une réponse aussi claire que possible dans ce chapitre !

LE CRM COLLECTE, STOCKE ET ACTIVE LES DONNÉES PERSONNELLES DANS UNE OPTIQUE DE FIDÉLISATION

Comme souvent, pour bien appréhender le présent, il faut comprendre le passé. Et en matière de relation client, il est nécessaire de remonter assez loin puisque les premiers CRM apparaissent vers la fin des années 1980 ! Il s'agit alors de softwares relativement basiques dont le rôle peut se résumer à centraliser les données personnelles des clients, autour de trois grandes thématiques : son identité (nom, prénom, adresse, numéro de téléphone, date de naissance, lieu de naissance…), des éléments descriptifs d'ordre sociodémographiques (sexe, âge, profession…) et enfin la raison pour laquelle cette personne est cliente (généralement un numéro de contrat). Au final, cette base de données joue plus le rôle de « mémoire » que d'outil marketing.

Ce n'est qu'en 1995 qu'apparaissent le mot CRM et la philosophie associée de « relation client »… mais dans un contexte non pas de marketing, mais de centre d'appels.

Un CRM peut en cacher un autre…

Là réside en effet toute la complexité du CRM : il en existe une multitude, quasiment un pour chaque silo de l'entreprise lié à la connaissance client !

Au milieu des années 1990, le CRM se déploie ainsi à vive allure dans les centres d'appels et services clients : le principe est de

© Groupe Eyrolles

créer une fiche client (identité-description-contrat) et d'y stocker l'historique des interactions avec le service client (ou verbatim clients) afin de faciliter le travail de l'opérateur et d'éviter au client de réexprimer sa situation à chaque nouvel appel.

Suivant le même principe de fiche client combiné à une gestion automatisée des flux d'information (ou workflow), le département des ventes équipe à son tour la force commerciale d'un CRM tandis que le marketing enrichit sa connaissance client d'un historique d'interactions (envoi de catalogues, commandes…). Chacun de ces CRM vit en silo sans réelle stratégie de connaissance client et les acteurs historiques tels que Siebel, Sage, Salesforce ou Coheris règnent en leaders sur ce marché plein de promesses.

L'arrivée du digital au début des années 2000 bouscule l'ordre établi en faisant exploser les canaux d'accès et la volumétrie de contacts entre une marque et son client. Les CRM historiques deviennent dès lors caduques, car souvent non dimensionnés pour absorber la création automatique de plusieurs dizaines de milliers de comptes clients la même journée ou un flot d'e-mails ininterrompus vers le service client. Pour remplacer ces systèmes apparaissent ainsi successivement d'autres types de CRM :

- l'e-CRM commence à associer à un client identifié un historique de navigation ou du moins certains éléments saillants (paniers abandonnés, remplissage formulaire…) et à gérer les e-mails sortants (via des solutions comme Eloqua ou Neolane) ;

- le social média CRM collecte les verbatim clients. Ces derniers ne sont plus en effet l'apanage du service client et sont désormais également enregistrés au sein d'agrégateurs d'avis clients et sur les réseaux sociaux. Les spécialistes de l'e-mail entrant (Akio, Eptica) investissent ce marché, tandis que de nouveaux acteurs se créent spécifiquement autour de ce besoin (Dimelo) ;

- le mobile CRM centralise les données liées à l'utilisation de l'application mobile de la marque et permet d'interagir avec ses clients via des notifications push.

Au final, la plupart des entreprises se retrouvent aujourd'hui avec une connaissance client éclatée dans pléthore de systèmes CRM différents, captant chacun une partie des données liées à un client (données personnelles et historiques de commandes, données liées à la navigation web, données liées à l'e-mail, données liées à l'application mobile, données liées au service client, données sociales). Une conséquence parmi d'autres de ce morcellement : plusieurs outils peuvent envoyer un e-mail au même client, créant des incohérences de sémantique («cher monsieur» pour le CRM du service client, «prénom du client» pour l'e-CRM), de process (un optout[1] à un outil non répercuté dans l'autre outil de campagne) ou de charte graphique!

Le constat est criant et chacun se demande comment faire communiquer toutes ces données clients entre elles.

Du CRM au CRM 360: le grand chantier de la connaissance client

Centraliser toutes **les données personnelles** de ses clients ou prospects dans une base de données unique est précisément le but d'un CRM 360, désigné aussi parfois par le terme RCU (référentiel client unique) ou datamart client, bien que ces dernières appellations soient plus en lien avec le système d'information qu'avec le marketing[2]. Le principe du CRM 360 est simple: il s'agit de connecter toutes les sources de données mentionnées précédemment et d'agréger de manière déterministe les différents attributs de connaissance, à partir des clés de réconciliation que sont généralement l'e-mail et le numéro de téléphone.

Concrètement dans un CRM 360 sont ainsi associés à chaque client plus d'une centaine d'indicateurs, issus des différentes sources de données, et par facilité d'assimilation généralement regroupés autour des thématiques suivantes[3]:

- **identité**: nom, prénom, adresse, e-mail, téléphone, date et lieu de naissance...
- **description**: sexe, âge, CSP, fumeur, nombre enfants...
- **données transactionnelles**: CA, nombre de commandes, nombre de produits achetés, (par année et par canal)
- **comportement et cycle de vie**: date premier/dernier achat, date dernière visite du site, date dernière ouverture e-mail, score RFM[4], a déjà retourné un produit...
- **préférences**: marque préférée, score d'appétence aux catégories de l'offre, canal de contact privilégié, canal de commande privilégié, sensibilité à la promo...

---

1. Terme anglais désignant une désinscription.
2. Par exemple, un datamart client ne permet pas en théorie l'envoi d'un e-mail.
3. Une autre façon assez maligne de classer les données clients et prospects est de les classer par cas d'usage (welcome pack, montée en gamme, lutte contre l'attrition...).
4. Score traditionnellement utilisé pour segmenter les clients selon leur Récence d'achat, leur Fréquence d'achat et leur Montant d'achat.

- **statut :** client VIP, optin et centre de préférence[1], score de satisfaction, score d'attrition...

Grosse tuyauterie branchée sur à peu près tous les points de contacts client, le CRM 360 est un outil indispensable pour animer sa relation client et fidéliser le client, dans une optique crosscanal. Le cas d'usage type du CRM 360 est l'e-mail personnalisé suite à un certain comportement sur le site[2].

D'un point de vue architecture fonctionnelle, ce référentiel client unique peut soit être directement porté par l'outil de marketing 360 (Marketo, Selligent, Splio, Exact Target, Eloqua,...), soit à part dans une base de données prestataire (Camp de Base, Publicis ETO, Probance, Actito,...) qui elle-même viendra alors se connecter aux différents outils de campagne.

Le schéma ci-dessous résume dans les grandes lignes le principe de fonctionnement d'un CRM 360.

Bon à savoir

Quand on parle de CRM 360, on parle souvent de données structurées, d'un volume raisonnable (quelques millions de lignes) et de mise à jour de la base en différée. Rien à voir donc avec les caractéristiques du Big Data présentées au chapitre 2. Data marketing et big data ne sont donc pas nécessairement synonymes !

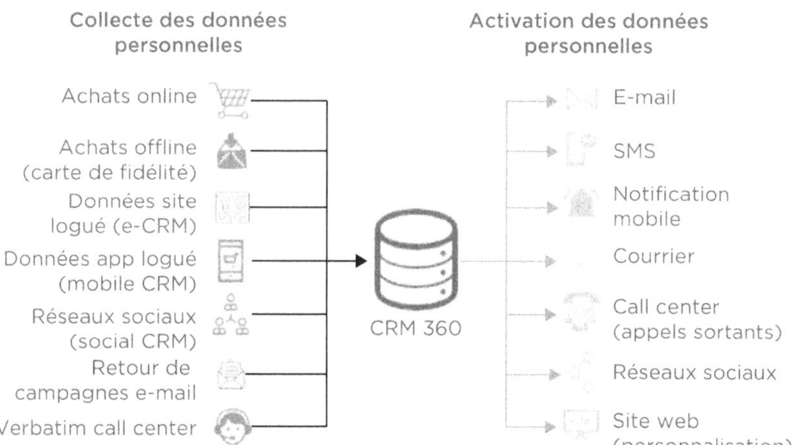

Figure 18 – Le CRM 360 agrège les données personnelles issues de différentes sources et alimente les outils de campagne marketing direct

---

1. Certaines marques mettent à disposition de leurs clients un centre de préférence leur permettant de sélectionner la fréquence des newsletters, la thématique de celles-ci, etc.
2. Cf. chapitre 9 pour plus de détails sur ce cas d'usage relevant du « trigger marketing ».

LA DMP COLLECTE, STOCKE ET ACTIVE LES DONNÉES ANONYMES DANS UNE OPTIQUE D'ACQUISITION

Contrairement au CRM 360 qui centralise les données personnelles, la Data Management Platform gère des données anonymes, à savoir principalement des cookies et dans une moindre mesure des identifiants mobiles (pour rappel: IDFA dans l'univers Apple; Advertising Id dans l'univers Android).

Six sources de données alimentent la DMP en cookies

Les données de navigation sur les actifs digitaux de l'annonceur (site e-commerce, sites événementiels...) constituent la première source d'information commune à l'ensemble des DMP. Cette donnée permet de créer des segments comportementaux très fins (exemple : les visiteurs qui ont abandonné le formulaire à la troisième question) qui seront valorisés de façon différenciée dans l'écosystème publicitaire.

L'autre foyer de données privilégié de la DMP correspond aux **données issues des campagnes média**, à savoir les impressions publicitaires auxquelles a été exposé un individu et les clics qu'il a éventuellement effectués sur ces impressions. Source de nouveaux cookies (si la création publicitaire comporte le pixel de la DMP, la DMP est en effet capable de poser un cookie sur chaque individu exposé à la publicité[1]), les campagnes média peuvent également être source de connaissance supplémentaire en se basant sur les logs techniques générés au moment de l'affichage de la publicité: heure et jour d'affichage, url du site, version du navigateur, etc. Bien retraitées, ces données médias permettent très vite à la DMP d'en apprendre beaucoup sur les habitudes de navigation et les préférences de consommation (publicités sur lesquelles l'individu a cliqué, vidéos vues et durée de vision...).

Les campagnes marketing direct (e-mail, SMS) sont également une source de

---

1. En pratique, les régies publicitaires sont peu disposées à poser le pixel de la DMP sur les créations. C'est pourquoi les DMP appartenant à une suite adtech (la DMP de Weborama, la DMP de Google) sont avantagées dans cet aspect de la collecte.

cookies privilégiée pour la DMP. En effet, en ouvrant un e-mail, le pixel de la DMP se déclenche lors du chargement des images et un cookie peut alors être déposé sur le navigateur du destinataire[1]. Dans le cadre de campagnes SMS, la cookification s'effectue généralement lors du clic sur le lien de la campagne et l'arrivée sur une landing page. Le ciblage de ces campagnes (exemple : campagne adressée aux clients VIP) apporte quant à lui de l'information sur le cookie ainsi déposé.

L'onboarding du CRM via un prestataire type Temelio ou Liveramp (pour rappel, prestataire qui dispose d'une grosse base de matching e-mail-cookie) complète la panoplie de sourcing en cookies à partir des données first party.

Outre ces données propriétaires, il est possible dans la plupart des DMP de compléter la base avec **des données second party** issues de partenaires business (par exemple, cookifier les visiteurs de seloger.com ou de la rubrique «Déménagement» d'EDF constitue un formidable axe d'économie pour un assureur, sachant que le déménagement est un facteur fort dans le changement d'assureur), ainsi que des **données third party** achetées à des fournisseurs type Exelate ou Acxiom. Nous reviendrons plus précisément sur ces deux types de données dans le chapitre 8 consacré à l'achat média programmatique.

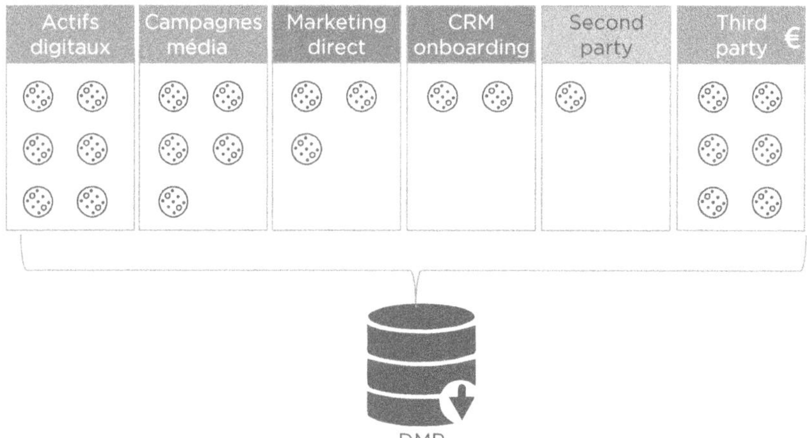

Figure 19 – Six sources de données alimentent la DMP en cookies

---

1. Comme évoqué lors du paragraphe sur le CRM onboarding, ce procédé souffre de nombreuses limites : ne fonctionne pas sur Gmail, via une app mobile e-mail...

© Groupe Eyrolles

En cumulant l'ensemble de ces sources dans la DMP, il est possible d'amasser assez rapidement plusieurs (dizaines de) millions de cookies, à chacun d'entre eux étant associé un petit ou très grand nombre d'événements[1] selon le nombre de fois que la DMP «a croisé ce cookie» sur les différentes sources que nous venons d'énumérer.

Comment organiser toute cette connaissance accumulée et comment la transformer en action constitue la suite des festivités!

Chaque minute, la DMP «classe» des milliers de cookies dans une vaste arborescence : la taxonomie

Bon à savoir

La taxonomie doit être maintenue à jour et évoluer: c'est un travail d'une grande rigueur, un peu technique et vite chronophage. Si vous envisagez d'investir dans une DMP, n'oubliez pas de prévoir une ressource pour cette tâche primordiale au cœur du dispositif!

À la manière d'une machine à trier le courrier[2], à chaque fois qu'un nouveau cookie entre dans son escarcelle ou que l'information sur un cookie déjà en base est mise à jour, la DMP range ce cookie dans une immense arborescence connue sous le nom de «taxonomie[3]». La logique de cette arborescence tout comme les règles métiers de classification[4] sont à l'appréciation de l'annonceur, toutefois il est usuel de retrouver à peu de choses près l'arborescence du site.

Pour un site de mobilier contemporain, la taxonomie pourrait par exemple s'articuler autour des niveaux hiérarchiques suivants:

- Niveau 1 – Sources: site, média, e-mail, CRM, second party;
- Niveau 2 – Catégories: meuble, luminaire, déco, jardin…;
- Niveau 3 – Sous-catégories: appliques, lampadaires, lampes de bureaux…;
- Niveau 4 – Marques et designers: Artemide, Flos, Martinelli Luce…;
- Niveau 5 – Fiches produits: produit A, produit B…;

---

1. En réalité dans l'interface d'une DMP, l'utilisateur ne dispose pas d'une vision «cookie centric» mais d'une vision «audience centric».
2. Merci à Élisabeth Marette du cabinet Artefact pour l'invention de cette métaphore!
3. Terme employé usuellement en biologie pour décrire le travail de classification des espèces animales ou végétales.
4. Règles basées par exemple sur l'URL visitée, à l'aide d'opérateurs logiques tels que *«is»*, *«is not»*, etc.

© Groupe Eyrolles

- Niveau transverse – Tunnel de commande: panier, livraison, paiement, page de confirmation.

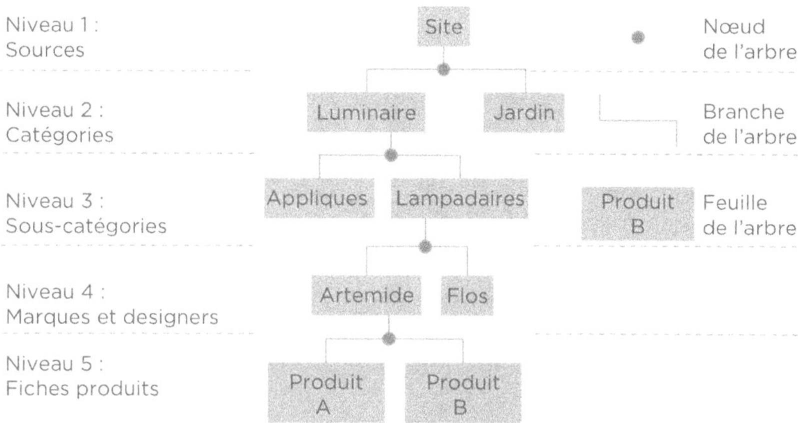

Figure 20 – La taxonomie est au cœur du fonctionnement d'une DMP

Ainsi si un individu visite la fiche du produit Pipistrello et la page catégorie des appliques, son cookie viendra peupler les chemins site ⇒ luminaire ⇒ lampes de bureaux ⇒ Martinelli Luce ⇒ Pipistrello et Site ⇒ luminaire ⇒ appliques.

La raison d'être d'une DMP est de créer des audiences…

La promesse de la DMP est de pouvoir construire facilement et rapidement des audiences répondant à des besoins très spécifiques. Vous souhaitez:

- retoucher par une publicité toutes les personnes qui ont abandonné leur panier dans les quinze derniers jours?
- cibler par une campagne vidéo uniquement les hommes avec des enfants pour le lancement d'un nouveau produit?
- cibler parmi vos clients ceux qui sont en train de déménager?

Rien de plus simple avec une DMP! Il suffit en effet d'assembler comme il faut les différents nœuds de la taxonomie, à l'aide des trois opérateurs logiques «Ou», «Et», «Exclusion»:

- l'opérateur «Ou» permet d'additionner des audiences: par exemple l'audience des clients pourra être définie à partir du CRM onboardé OU de la visite de la page de confirmation de commande;

© Groupe Eyrolles

- l'opérateur «Et» construit l'intersection de différentes audiences. «Les clients qui cherchent à déménager» équivaut ainsi à l'audience croisée des clients ET des visiteurs de la page déménagement;

- l'opérateur «Exclusion» définit une audience par négation: exclure les «clients» revient ainsi à considérer uniquement une audience de prospects.

La DMP permet ainsi en quelques clics de construire ces segments et d'en quantifier le volume (rien ne sert en effet de construire des audiences trop petites – *i.e.* taille inférieure à quelques milliers de cookies).

L'exemple ci-dessous illustre à partir de données third party la logique générale de création d'un segment de jeunes parents vivant en France et non adeptes de la tendance bio

Figure 21 – Mécanisme de création d'audience dans une DMP

© Groupe Eyrolles

La figure peut s'interpréter de la manière suivante :

Composition de l'audience (include)

L'audience se compose :

- de l'addition des catégories (opérateur « OR ») :

  - « New parents » : 100 millions de cookies d'individus nouvellement parents,

  - Babies & Kids : 300 millions de cookies d'individus ayant acheté des produits destinés aux jeunes enfants,

soit un total après déduplication[1] de 330 millions de cookies ;

- Ces 330 millions de cookies sont croisés (opérateur « AND ») avec les 200 millions de cookies d'individus résidant en France[2] : 3,5 millions sont en commun et constituent l'audience de jeunes parents vivant en France.

Exclusion d'audience (exclude)

L'audience exclue se compose de l'addition des deux catégories :

- « Green living »

- « Healthy living »,

soit 700 millions de cookies adeptes d'un mode de vie sain et bio.

Il y a des cookies en commun entre les 3,5 millions ciblés et les 700 millions exclues : au final la taille totale de l'audience désirée est de 900 000 cookies.

Une autre manière de créer une audience est de recourir au modèle dit de « look alike ». Au lieu de configurer à la main les segments en assemblant des catégories de la taxonomie, il s'agit ici de chercher algorithmiquement parmi tous les cookies de la DMP ceux qui « ressemblent » le plus à ses meilleurs clients. Le principe général est le suivant :

- cookification des clients (soit par un pixel sur la page de remerciement, soit par onboarding) ;

- enrichissement de ces cookies avec de la third party data, généralement des données sociodémographiques (sexe, âge, animal de compagnie...), plus rarement un historique de navigation ;

- identification d'un profil « type » d'acheteur ;

---

1. Des cookies sont en commun dans les deux catégories, il s'agit de ne les dénombrer qu'une seule fois.
2. Remarquons au passage qu'un individu a plus de trois cookies qui lui sont associés.

- recherche de profils similaires dans la base de cookies de la DMP et attribution à chaque cookie d'un «score de proximité» et d'une probabilité de conversion ;
- classement des cookies par probabilité de conversion et création de n «tranches de cookies» (généralement de 100 000 cookies) : la tranche 1 contient les 100 000 cookies les plus proches de la cible, la tranche n les 100 000 les plus éloignés.

LA COURBE DE LIFT (OU D'UPLIFT)

Si l'intérêt du look alike tombe sous le sens (dépenser le budget publicitaire sur les cookies qui ont le plus de probabilité de convertir), derrière cette idée générale se cache une grande variété de méthodologies, allant de l'algorithme le plus basique aux méthodes mathématiques les plus perfectionnées !

Une bonne façon de comparer les différents modèles est d'observer la courbe de (up)lift, qui indique pour les premières tranches de 100 000 cookies le gain de conversion auquel on peut s'attendre par rapport à une tranche aléatoire de 100 000 cookies. Dans le cadre d'une stratégie d'acquisition pure (i.e en ne s'autorisant pas à considérer des cookies ayant déjà visité le site), un modèle de look alike offrira en général un rapport de conversion entre deux et cinq entre la première tranche et une tranche aléatoire.

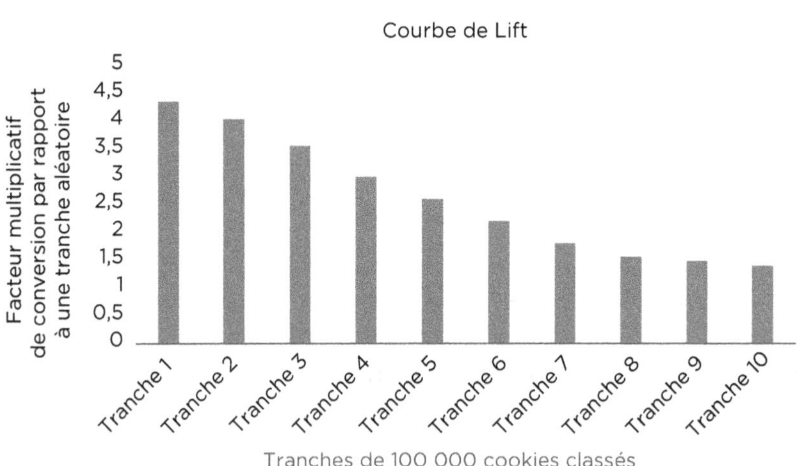

Figure 22 – La courbe de (up)lift permet de mesurer la qualité d'un modèle look alike

… et de les mettre à disposition des outils d'activation

En dehors de faciliter la collecte de cookies (notamment à partir des campagnes médias et de partenaires second party) et la création d'audiences très spécifiques (via la taxonomie ou un modèle look alike), la troisième et dernière proposition de valeur d'une DMP consiste à pouvoir transmettre ces audiences en un clic aux différents outils marketing et publicitaires.

Si, par exemple, un annonceur souhaite exclure ses clients fidèles des campagnes d'acquisition search (= liens sponsorisés à la suite d'une recherche dans Google) et display (= bannières publicitaires durant la navigation), il suffit de créer en un clic une audience de clients et de transmettre en un autre clic la liste des cookies concernés à Adwords, d'une part, et à l'outil d'achat média, d'autre part. Ce simple cas d'usage peut faire économiser jusqu'à 5 à 10 % du budget d'acquisition média, ce qui suffit parfois à rentabiliser la DMP ! Dans la même idée, accueillir de façon personnalisée sur le site e-commerce tous les visiteurs qui ont plus de 50 ans devient possible en envoyant cette audience basée sur le critère « âge » à l'outil de personnalisation du site web. Transférer une audience n'est généralement pas plus compliqué que sélectionner l'audience et choisir la destination souhaitée, comme indiqué dans la figure ci-dessous :

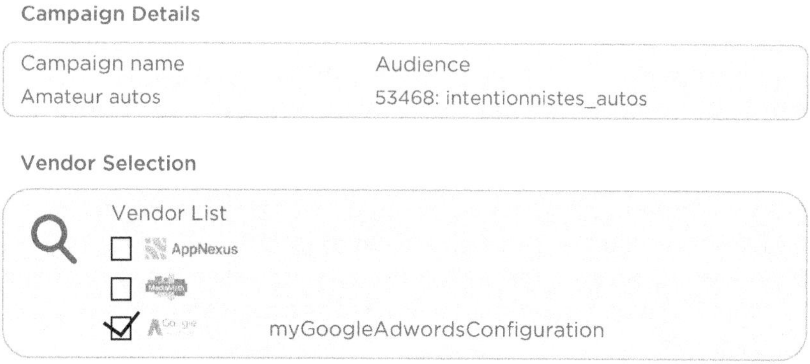
Campaign Details
Campaign name
Audience
Amateur autos
53468: intentionnistes_autos
Vendor Selection
Vendor List
AppNexus
myGoogleAdwordsConfiguration

Figure 23 – Principe général d'envoi d'une audience à Adwords à partir d'une DMP

L'envoi d'audience en un clic aux outils d'activation est une fonctionnalité clé de la DMP. Il existe pour cela deux manières de pro-

© Groupe Eyrolles

céder: l'intégration «pixel to server» (P2S) et l'intégration «server to server (S2S)».

L'intégration P2S signifie qu'à chaque fois que la DMP revoit un cookie du segment à transmettre, elle demande au navigateur une redirection vers le serveur du partenaire afin que celui-ci puisse poser son cookie. Au fil de l'eau, l'audience se reconstruit chez le partenaire. Très simple à mettre en œuvre, ce procédé souffre tout de même de nombreuses limitations comme le besoin de revoir le cookie que l'on souhaite envoyer (pas de rétroactivité) ou le délai nécessaire de reconstitution de l'audience.

L'intégration S2S est plus avancée: pas besoin de revoir le cookie, l'audience de la DMP est directement envoyée telle quelle au partenaire. Plus souple, plus rapide, plus fiable il s'agit toutefois d'une opération technique plus lourde qui demande la création et l'entretien d'une base de matching et seules les DMP majeures ont pu nouer ce type de partenariats avec les outils d'activation média.

Pas une solution miracle: les limites de la DMP

«Une grosse base de données et pis c'est tout»: c'est sans doute dans ces termes que s'exprimerait la marionnette de Philippe Lucas[1] des «Guignols» si elle devait donner son avis sur le phénomène DMP! En effet, malgré les cas d'usages «data driven» qui peuvent en découler, **«la DMP est avant tout une gigantesque base de données dont l'intelligence est limitée»,** explique Paul Colas, un des plus grands spécialistes français de la DMP dans son article «Enfin comprendre à quoi sert une DMP», publié le 14 avril 2015 sur le blog du cabinet Artefact. Comprendre par là que si la DMP est très appropriée pour automatiser et rationaliser les flux de collecte de données anonymes, les plateformes de data management ne sont pas (encore) très performantes en matière d'analyse de données. En particulier pour ceux qui souhaitent mener des analyses évoluées[2], il sera nécessaire d'extraire les données (ou de les déverser dans un datalake) pour les retraiter dans un logiciel de statistiques.

---

1. Ancien entraîneur de natation de la championne Laure Manaudou.
2. Quelques-unes seront présentées dans la partie suivante consacrée au data mining et au machine learning.

© Groupe Eyrolles

L'autre limite majeure des DMP à ce jour est la gestion du canal mobile et du crosscanal. Conçues historiquement autour du cookie, les DMP sont naturellement moins bien armées pour appréhender l'univers de la publicité mobile[1]. Elles peuvent bien sûr collecter l'identifiant mobile du mobinaute (pour rappel le device ID – IDFA sur Apple, Advertising Id sur Android) à l'aide d'un Software Development Kit (SDK) installé dans l'application mobile, mais il reste difficile de réconcilier l'identifiant mobile d'un individu avec les cookies qui lui sont rattachés. Sans aller jusqu'au Graal de la réconciliation crosscanal, gérer les cookies des différents navigateurs sur lesquels surfent un internaute – Chrome, IE, Mozilla – représente d'ailleurs déjà un défi à part entière! Bref, on est encore bien loin du «super identifiant unique», même si cela risque d'évoluer dans les années à venir, les DMP étant de plus en plus nombreuses à intégrer nativement ou par le biais de partenariats des technologies de cross device.

Enfin **le volume de cibles réellement activées par la DMP sera certainement plus petit que ce qui aura été modélisé en phase d'avant-vente**. Tout d'abord deux évidences sont souvent oubliées:

- 20 % des Français et 60 % de la population mondiale n'a pas accès à Internet: la DMP ne pourra donc jamais atteindre ces potentiels clients par cookie;

- un cookie a une durée de vie dépassant rarement 30 jours, souvent de quelques jours à peine: quand la DMP cite 40 millions de cookies en base pour un client, il y a en réalité de grandes chances qu'une partie significative soit obsolète et inactivable.

Outre ces deux faits, des «pertes» sont inévitables lors de la connexion de la DMP à l'écosystème de l'annonceur, en particulier:

- la «cookification» du CRM est loin d'être intégrale, en général 20 à 50 %, avec une cookification plus ou moins rapide selon la méthode employée *(cf. chapitre précédent, paragraphe consacré au data onboarding)*. La DMP ne verra donc qu'une partie des profils embasés dans le CRM;

- il faut faire correspondre les cookies de la DMP avec les cookies des outils d'achat média publicitaire[2]: c'est le principe dit du «cookie matching», abordé au chapitre précédent dans le paragraphe concernant les cookies. C'est un point sur lequel il faut

---

1. Les applications mobiles ne tolèrent pas les cookies et en ce qui concerne la navigation mobile (hors application), les cookies third party sont souvent rejetés par les navigateurs mobiles tels que Safari.
2. La DSP (Demand Side Platform), qui sera étudiée au chapitre 8.

être particulièrement attentif dans le choix de la DMP, certaines plateformes de data management étant meilleures que d'autres à ce petit jeu-là.

Enfin, il est à noter que les cookies third party des DMP ne sont pas toujours bien acceptés par tous les navigateurs, en particulier Safari, d'où une différence de volume[1] à prévoir entre le trafic indiqué par la DMP et celui indiqué par l'outil de web-analyse.

Petite grille d'évaluation pratique pour choisir sa DMP

Après avoir clarifié le rôle, mais aussi les limites de la DMP, comment à présent choisir en pratique sa DMP? Sans être un canevas immuable, les six critères d'évaluation présentés ci-dessous sont particulièrement utiles pour challenger les différents éditeurs de solution.

La faisabilité des cas d'usages

Ce doit être le critère de choix numéro un. Cela présuppose d'avoir imaginé et priorisé en amont de l'appel d'offres un ensemble de cas d'usages, ce qui malheureusement est rarement fait avec la rigueur nécessaire. Pourtant seule la bonne maîtrise de ses quatre ou cinq cas d'usages cibles permet de poser les bonnes questions aux différents éditeurs et de les distinguer, par exemple:

- quelle méthode est utilisée pour l'onboarding CRM et dans combien de temps pouvons-nous espérer que nos clients dormants seront «cookifiés»?

- pour quels types de clients votre modèle de «look alike» est-il le plus adapté? Quelle est la taille minimale de l'échantillon à fournir pour pouvoir appliquer le modèle?

- comment gérez-vous les problématiques de cookie matching avec les différents prestataires avec lesquels vous travaillez?

L'ergonomie

C'est un critère de choix souvent sous-évalué. Pourtant, pour être utilisé à son plein potentiel, un outil marketing doit être «user-friendly». Vitesse d'exploration de la taxonomie, affichage temps

---

1. On parle souvent de «discrepancy». 5 à 10 % de différence peut être considéré comme «normal».

réel du volume de cookies dans les nœuds, logique de création des règles alimentant la taxonomie, simplicité à modifier une audience, qualité du reporting sont, parmi d'autres, des éléments importants à comparer entre les différentes plateformes. Cette exploration de l'ergonomie de la plateforme et notamment de la fonctionnalité de «transfert d'audience en un clic» peut également avoir une autre vertu : vérifier avec quels acteurs est connectée nativement la DMP et plus globalement comment est intégrée la DMP dans l'écosystème média !

Le respect de la vie privée

La conformité aux principes de la CNIL est un critère de plus en plus important, dans un contexte de durcissement des lois à l'échelle européenne. Deux points sont particulièrement à examiner :

- l'opt-out : un internaute peut-il facilement s'exclure de l'affichage des bannières publicitaires ? Cette exclusion est-elle automatiquement répercutée sur l'ensemble des navigateurs ?
- la non-réversibilité du processus d'anonymisation : il est nécessaire de s'assurer qu'à partir des cookies de la DMP, il n'est pas possible de remonter aux coordonnées de l'internaute.

La qualité du support proposé par l'éditeur

Voici un autre point à ne pas négliger. En effet, mettre en place une DMP engendre une certaine complexité technique, du fait des nombreux flux à normaliser et centraliser. Et même une fois en place et utilisée au jour le jour, de nombreux soucis techniques ou opérationnels vont venir «gripper» la belle mécanique de création et d'envoi d'audiences. Dans ce contexte, un support compétent en France peut, par exemple, apporter un vrai plus par rapport à un support aux USA (décalage horaire, langue non native…).

La roadmap

Bien que non crucial, ce point est important à vérifier. Un projet DMP est un projet lourd sur lequel un annonceur capitalise pendant des années. Un éditeur de solutions instable ou dont l'évolution de son produit DMP ne serait plus au cœur de ses priorités est un risque qu'il est préférable de ne pas prendre.

▨ **Le coût**

Enfin, *« last but not least »,* comme disent nos amis anglais, le coût, bien sûr ! Mettre en place une DMP constitue un budget conséquent de l'ordre de quelques centaines de milliers d'euros par an (minimum 50 k€ de frais d'installation puis une redevance logicielle de quelques milliers d'euros mensuels minimum, dépendant généralement du volume de cookies activés par la DMP et de l'achat de données tierces), sans compter plusieurs mois d'investissement humain. De fait, il est primordial d'estimer en amont le ROI attendu. La méthode la plus rigoureuse est de se concentrer sur les quatre ou cinq cas d'usages phares qui seront mis en place grâce à la DMP et de réaliser une analyse de sensibilité du ROI de ces cas d'usages en croisant webanalyse, taux de reach et benchmark externe. Par exemple, exclure ses clients et ses visiteurs récurrents déjà appétants à la marque des campagnes de prospection permet, en général, d'économiser entre 5 et 10 % du budget de prospection pour une performance équivalente. Ces économies peuvent vite représenter une somme importante pour un annonceur ayant l'habitude de dépenser beaucoup d'argent pour acheter un « lead » ou un client (ce qui est le cas des secteurs bancaires, de l'assurance, du BtoB... pour lesquels la valeur d'un client est importante sur son cycle de vie).

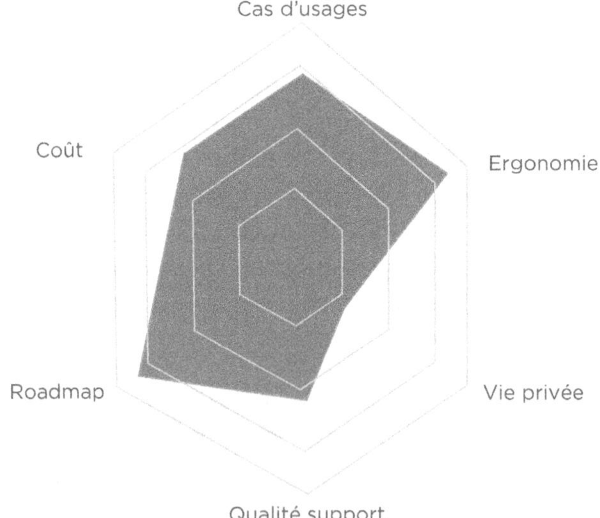

Figure 24 – Radar d'évaluation d'une DMP

S'ORGANISER DANS SES DONNÉES PAS À PAS

Nous voilà déjà parvenus à la fin de la première partie de cet ouvrage. Avant de continuer notre voyage vers le datamining et le marketing programmatique, faisons le point sur ces trois premiers chapitres sous la forme d'une feuille de route macroscopique qui s'appliquera à un grand nombre de situations, sans être bien entendu une vérité absolue, chaque annonceur possédant ses propres particularités.

Étape 0 : dresser une cartographie de l'existant

Difficile d'aller de l'avant sans une vision claire des innombrables outils marketing au sein de l'entreprise en lien avec la connaissance client (fournisseurs e-mails, mobile, réseaux sociaux, service client...) ainsi qu'une vision détaillée de l'ensemble des données éparpillées dans l'entreprise ou chez des prestataires.

Étape 1 : instaurer un référentiel client unique

Avoir une vision 360 des différents points de contact qu'ont les clients avec la marque est un stade de maturité encore trop rarement atteint par les annonceurs. Mettre en place l'ensemble des cas d'usages associés à un CRM 360 (personnalisation site web, personnalisation e-mails, crosscanal...) ainsi qu'une politique d'optimisation continue de ces cas d'usages est une nécessité à l'heure du data marketing.

Étape 2 : mettre en place une DMP

Si l'entreprise exploite pleinement les données personnelles et utilise beaucoup le levier du display notamment en acquisition, il est temps de se frotter aux données anonymes en s'équipant d'une DMP. Après une phase un peu technique de taxonomie, il s'agira de commencer par des cas d'usages simples et heuristiques (exemple : retargeting abandon formulaire) avant de mettre en œuvre des cas d'usages statistiques et d'optimiser.

Étape 3 : relier le CRM à la DMP

L'onboarding du CRM dans la DMP est un chantier qui apportera beaucoup de valeur à l'ensemble de l'écosystème data de

© Groupe Eyrolles

l'entreprise, notamment en permettant le ciblage par bannières des clients dormants qui n'ouvrent même plus les e-mails et la constitution de profils jumeaux aux meilleurs clients (look alike audience)

Étape 4 : déverser le tout dans un datalake

Arrivé à ce stade de maturité, une dernière étape à forte valeur ajoutée consiste à déverser le CRM 360, la DMP et toutes les autres données non structurées (verbatim réseaux sociaux, images Pinterest…) dans un gigantesque lac de données. Cette centralisation des données rendra notamment possible des analyses poussées (datamining), dont les résultats pourront à leur tour alimenter le CRM 360 et la DMP.

Le schéma ci-dessous, beaucoup relayé sur les réseaux sociaux professionnels (LinkedIn, Twitter), résume l'ensemble de ces étapes et l'écosystème simplifié qu'une entreprise peut cibler afin d'organiser et exploiter au mieux ses données.

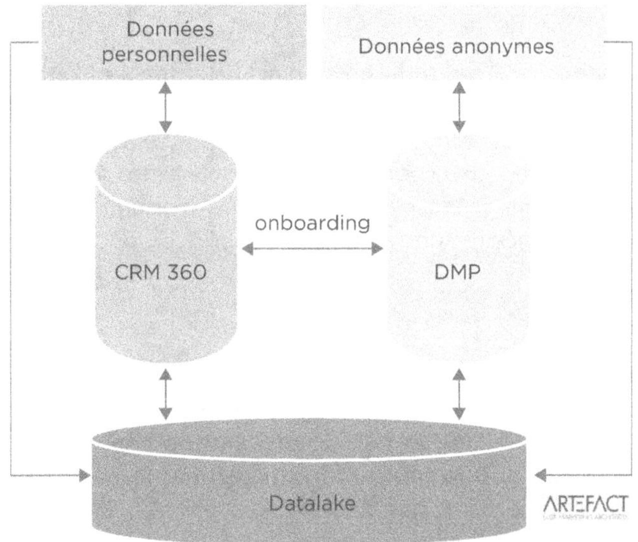

*Source : Pierre Fournier, « Comment se parlent CRM, DMP et Datalake »,
Artefact, janvier 2016.*

Figure 25 – Écosystème data cible

© Groupe Eyrolles

À RETENIR DE CE CHAPITRE

Le CRM 360 et la DMP sont les deux piliers d'un écosystème d'outils «data driven».

Le CRM 360 centralise les données personnelles éparpillées dans l'entreprise (ventes, service client, app mobile, etc.) et les active au sein d'outils du marketing direct (e-mailing, push notification…)

La DMP centralise les données anonymes et sert principalement à optimiser le média. Rien de «magique» dans une DMP, mais un très grand nombre de critères de segmentation et une automatisation des processus de collecte, d'extraction et d'activation en font un outil d'une grande praticité et des arguments suffisants pour les 70 % de décideurs qui ont le projet d'installer une DMP en 2017!

À vous de jouer

- ✔ Accrochez au mur l'infographie suivante particulièrement didactique: http://datamanagement-le-blog.com/wp-content/uploads/2015/12/Convergence-DMP–Digital-et-CRM.jpeg
- ✔ Construisez trois cas d'usages rendus possibles par une DMP.
- ✔ Testez la fonctionnalité look alike audience de Facebook pour effectuer en quelques clics votre premier look alike!

SOURCES

Concernant la chronologie de l'évolution du CRM, elle a été inspirée de l'infographie réalisée par Compare Business Products: http://www.actionco.fr/Thematique/marketing-outils-de-vente-1022/crm-10100/Breves/L-histoire-du-CRM-en-image-53877.htm

Pour approfondir vos connaissances sur la DMP, le blog du cabinet Artefact (qui a accompagné de nombreux annonceurs tels que Danone ou Air France dans la mise en place de cet outil) regorge de ressources très pédagogiques, par exemple:

- «Comment se parlent CRM, DMP et Datalake», Pierre Fournier, janvier 2016 d'où est issu le schéma simplifié de ce à quoi peut ressembler un écosystème data cible.
- «Enfin comprendre ce qu'est une DMP», Paul Colas, avril 2015.

© Groupe Eyrolles

- « 6 critères avancés pour choisir une DMP », Vincent Luciani, septembre 2015.

Le cabinet Converteo a quant à lui publié un livre blanc sur la question, comportant notamment une tentative de classification des différents éditeurs de solutions DMP :

- « Comprendre les Data Management Platforms », Thomas Faivre-Duboz, Pierre-Éric Beneteau, Romain Creteur, Sarah Chenna, juin 2015.

Enfin pour apporter davantage de concret à cet examen théorique, vous trouverez des captures d'écran de la DMP Bluekai (un des leaders du marché) sur https://docs.oracle.com/cloud/latest/daasmarketing_gs/DSMKT/GUID-901DB32A-4404-4924-A65D-A178C75C48F5.htm#DSMKT4296

Extraire de l'information des données

AUTODIAGNOSTIC

Marketing et mathématiques ont une relation ambivalente, entre ignorance et admiration. Ces deux réactions sont des comportements dangereux qu'il convient de remplacer par une connaissance des bases mathématiques qui pénètrent de plus en plus le marketing. Et vous, où en êtes-vous dans votre relation à la data science? Faites le test (avant et après la lecture de cette partie) pour le savoir!

Question 1: percevez-vous la différence entre statistiques, analyses de données et datamining?

....

....

Question 2: comment expliqueriez-vous la différence entre segmentation et clustering?

....

....

Question 3: que représente un corrélogramme?

....

....

Question 4: connaissez-vous et utilisez-vous les sparklines?

....

....

Question 5: en quoi consiste l'analyse dite en «composantes principales»?

....

....

Question 6 : pouvez-vous expliquer la différence entre les
algorithmes de régression et les algorithmes de classification ?

....

....

Question 7 : que désigne en data science le feature engineering ?

....

....

Question 8 : en analyse de données, comment appelle-t-on
une valeur extrême ? Quelle représentation graphique les met
particulièrement en évidence ?

....

....

Question 9 : pouvez-vous citer trois critères pour comparer deux
modèles prédictifs entre eux ?

....

....

Question 10 : que désigne « vulgairement » une régression
linéaire simple ?

....

....

© Groupe Eyrolles

Réponses p. 258

© Groupe Eyrolles

Analyse : à la découverte de tendances et de schémas dominants

Être capable de s'organiser dans ses datas et de stocker au fil de l'eau des datas uniformisées de qualité est déjà un grand pas. Toutefois, le travail ne fait que commencer et rentabiliser les investissements réalisés jusqu'ici passe par une phase d'intelligence des données : l'analyse, la visualisation et la modélisation.

La bonne nouvelle si vous êtes responsable marketing est que vous avez certainement une équipe en charge de ces analyses de données. Cependant, pour pouvoir challenger leurs propositions et maximiser l'impact dans l'entreprise d'une telle équipe de « data analysts », il est nécessaire de « parler la même langue ». À cette fin, cette deuxième partie introduit les bases et les concepts généraux de l'analyse de données et de la data science mis en œuvre pour découvrir des informations à valeur ajoutée dans un jeu de données (appelé aussi « dataset »).

En particulier ce chapitre aborde un ensemble d'analyses standards et de statistiques descriptives d'un jeu de données permettant de maximiser les chances de découverte de résultats pouvant avoir un impact sur le business.

Le cheminement habituel s'articule autour de quatre séquences :

1. découvrir et nettoyer le dataset ;
2. décrire les données ;
3. comparer les données ;
4. établir une ou plusieurs segmentations.

Toutes les analyses et méthodologies présentées ici sont facilement exécutables avec Excel si le jeu de données n'est pas trop volumineux (Excel commence à perdre en maniabilité au-delà de 100 000 lignes) ou préférablement « R », « SAS » ou tout autre outil statistique puissant et utilisé dans le microcosme de l'analyse de données.

ÉTAPE 1 – DÉCOUVRIR ET NETTOYER LE DATASET

Qu'on dispose d'un simple Excel ou d'un logiciel puissant, le point de départ de toute analyse de données est toujours le même: un tableau d'observations[1]. Comme tout tableau, l'analyste est donc en présence de lignes et de colonnes.

En ligne sont représentés les individus observés. En marketing, il s'agira généralement d'un identifiant client, mais un individu peut aussi dans ce contexte désigner un point de vente, une machine, etc.

En colonne sont représentés les attributs (appelés aussi «variables») associés à chaque individu : typiquement l'âge, le sexe, le nombre de jours écoulés depuis le dernier achat...

Id client	Acheteur en 2016	Âge	Région	Sexe	Nombre d'achats en 2015	CA 2015	...	Variable m
1	Oui	25	75	F	1	93	...	...
2	Non	33	67	F	1	51	...	...
...	Non	27	75	M	0	0	...	...
...	Oui	49	75	F	5	678	...	...
K	Oui	41	55	M	0	0	...	...
...	Non	31	13	M	4	134	...	...
10 000	Oui	23	75	F	0	0	...	...
...	Oui	38	63	F	2	29	...	...

Figure 26 – Exemple de dataset typique en data marketing: en ligne les clients, en colonne les variables

Cette matrice est fondamentale, car c'est sur elle que seront appliquées les analyses statistiques et les méthodes mathématiques décrites dans les chapitres de cette partie B. Mais avant d'en arriver là, deux obstacles se dressent sur le chemin de l'analyste!

Le premier écueil est **de s'assurer de disposer de la meilleure matrice de données possible**. En pratique, les données clients

---

1. En pratique il faut parfois déjà beaucoup d'effort pour atteindre ce stade du tableau d'observations!

sont en effet éparpillées dans des dizaines de matrices différentes, chacune apportant son lot d'informations. Un premier gros travail consiste à consolider l'ensemble de ces données dans une matrice unique. Il s'agit généralement de réaliser des jointures entre fichiers, sur la base de «clés pivots» (exemple : l'identifiant du client qui se retrouve dans plusieurs fichiers).

Le deuxième obstacle est **la qualité des données**. Rares sont les fichiers «nickel chrome» comme dans les livres! Au contraire, travailler sur des données réelles apporte son lot d'erreurs, en particulier des **erreurs syntaxiques** (exemple : adresse e-mail sans @, codes postaux à 6 chiffres...), des **valeurs aberrantes**[1] (un âge renseigné à 250 ans) et des **valeurs manquantes**. Un travail conséquent de nettoyage des données est généralement à prévoir, avec des choix parfois cornéliens, notamment sur les valeurs manquantes particulièrement problématiques[2]: ne conserver que les lignes qui ne comportent aucune donnée manquante? Remplacer la valeur manquante par une valeur plausible (règle métier, moyenne, valeur prédite...)? Pour ceux qui s'intéressent à ces problématiques, une référence en bibliographie traite des différentes méthodes «d'imputation» (*i.e.* par quoi remplacer une valeur manquante).

Bien entendu, ces deux obstacles sont de plus en plus handicapants à mesure que la taille de la matrice augmente et que les manipulations à effectuer deviennent longues. En guise d'ordre de grandeur, en data marketing, il n'est pas rare que le dataset dépasse le million de lignes et des centaines de colonnes!

ÉTAPE 2 – DÉCRIRE LES DONNÉES

Que signifie «décrire les données» quand on est en présence de milliers de lignes et de colonnes? Cette phase descriptive peut se résumer en deux types d'analyses: analyse des grandes masses et analyses des grandes tendances (on emploiera en statistique les termes «distribution» et «évolution»).

---

1. Souvent désignées par le terme anglais *«outlier»*.
2. La plupart des algorithmes fonctionnent mal dans une matrice «à trous».

Analyser les grandes masses

Reprenons un des exemples entrevus dans la première partie: un site éditorial d'actualités possède un grand nombre de sites web et applications mobiles thématiques et cherche à optimiser ses revenus publicitaires. Le responsable du site a identifié trois sous-objectifs (augmentation du trafic, augmentation du CPM[1] et augmentation du ratio de publicités vu par internaute) et a à cette fin:

- lancé un plan de collecte de données relatives aux impressions sur chaque site:
  - en ligne les emplacements publicitaires identifiés par un numéro d'emplacement,
  - en colonne un ensemble de variables décrivant pour chaque jour depuis un an le montant généré par l'emplacement, le nombre d'impressions, le nombre d'impressions par mode d'achat, etc.;
- transformé les «logs[2]» techniques en une belle matrice de données, avec pour chaque site:
  - en ligne les individus identifiés par un cookie;
  - en colonne un ensemble de variables telles que le nombre de visites, le nombre de pages vues, etc.

Comment faire désormais pour apporter un peu de clarté et répondre aux objectifs?

Quatre outils sont particulièrement utiles pour «dégrossir le terrain» et dégager «ce qui pèse» dans le jeu de données:

- le diagramme de Pareto;
- le diagramme de Tukey;
- le tableau de fréquence;
- le Top/Flop.

■ Le diagramme de Pareto

Il fait appel au «principe de Pareto» du nom du célèbre économiste italien pointant du doigt que dans tous les pays 80 % des

---

1. Pour rappel coût pour mille impressions, modèle économique fréquemment utilisé dans la publicité digitale. Un annonceur paiera ainsi 5 € du CPM ou 5 € CPM.
2. Abréviation de *log file*, littéralement journal de bord, terme informatique désignant le fichier contenant les enregistrements séquentiels résultant de la réalisation d'un processus informatique.

richesses étaient détenus par 20 % de la population. Ce phénomène s'applique en réalité dans un grand nombre de domaines où 20 % des causes sont responsables de 80 % des effets. Cette situation est tellement fréquente que le «loi du 80-20» est d'ailleurs quasiment passée dans le langage courant! Dans l'exemple qui nous intéresse, on pourrait ainsi certainement remarquer que:

- 20 % des espaces publicitaires génèrent 80 % du revenu publicitaire;

- 20 % des heures de la journée génèrent 80 % du revenu publicitaire;

- 20 % des annonceurs génèrent 80 % du revenu publicitaire;

- 20 % des lecteurs génèrent 80 % des impressions.

Si personne ne tombe des nues en découvrant ce type d'analyse, l'analyse de Pareto a l'immense mérite de pouvoir resserrer le champ d'étude: au lieu de collecter toutes les données de tous les sites peut-être est-il préférable dans un premier temps de se concentrer uniquement sur les principaux. Au lieu de vouloir mettre en place un programme de fidélité personnalisé sur toute la base client, peut-être est-il plus judicieux de se concentrer sur les 20 % de clients qui génèrent 80 % du chiffre d'affaires. Et pour ceux qui se disent (à juste titre) qu'il y a peut-être des pépites dans les 20 % restants que nous aurions tort d'évacuer ainsi, rassurez-vous nous verrons dans l'étape 3 de l'analyse une méthode élégante pour identifier ces «pépites».

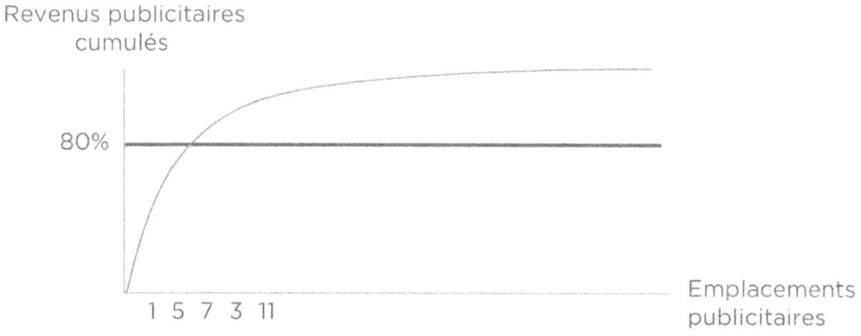

Figure 27 – Loi de Pareto: une minorité d'emplacements publicitaires génère la majorité du revenu

© Groupe Eyrolles

Le diagramme de Tukey

Le deuxième outil très prisé de l'analyste pour décrire comment se comporte une variable est le diagramme de Tukey, plus connu du grand public sous le nom de «boîte à moustaches». Ces diagrammes résument en effet à peu près tout ce qu'il faut savoir sur la distribution d'une variable[1], à savoir :

- sa moyenne, indicateur qu'il n'est sans doute pas nécessaire d'expliciter ici ;

- sa médiane qui pour rappel est la valeur qui sépare la série en deux : 80 € est la médiane du panier moyen si 50 % des clients ont dépensé moins de 80 € et 50 % plus de 80 € ;

- les extremums, à savoir la valeur minimum et la valeur maximum ;

- les quartiles qu'on peut concevoir comme les points de passage à 25 % (premier quartile) et 75 % (troisième quartile)[2]. Sur l'exemple précédent, 30 € est le premier quartile si 25 % des clients ont dépensé moins de 30 € et 75 % ont dépensé plus de 30 €.

Concernant l'exemple du site éditorial d'actualités et de ses trois axes de croissance, il serait par exemple judicieux de réaliser la boîte à moustaches du CPM auquel ont été vendues les impressions publicitaires d'un inventaire défini[3].

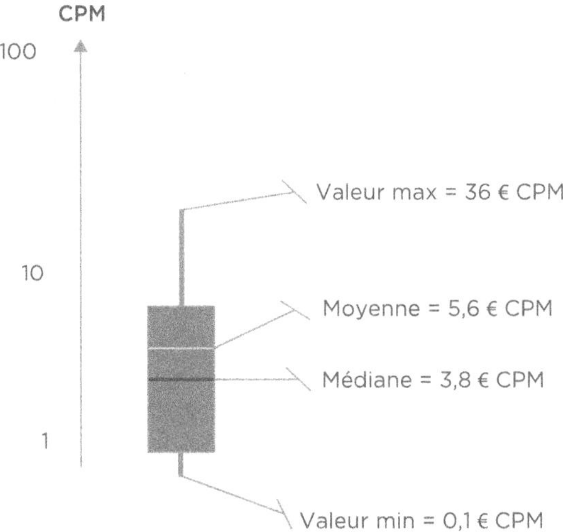

Figure 28 – Analyse de la dispersion des CPM
à travers une boîte à moustaches

---

1. À l'exception de l'écart type qui mesure l'homogénéité de la population : plus l'écart type est petit, plus la population est homogène.
2. Bien que cela soit plus indigeste, vous lirez aussi parfois que le premier quartile se définit comme la médiane entre le minimum et la médiane, et le troisième quartile comme la médiane entre la médiane et le maximum.
3. Nombreux tutoriels disponibles sur Internet pour réaliser ce type de diagramme dans Excel ou «R».

© Groupe Eyrolles

Sur cet exemple, on comprend instantanément que 50 % des impressions publicitaires ont été vendues à plus de 3,8 € CPM, le prix de vente maximal atteint étant de 36 € CPM.

Très pratiques pour les distributions continues (*i.e.* l'observation peut prendre n'importe quelle valeur dans un intervalle), les quartiles et la boîte à moustaches sont moins pratiques à manier dans le cas de distributions discrètes dans lesquelles l'observation ne peut prendre qu'un ensemble fini de valeurs. Par exemple si le site éditorial s'intéresse au ratio du nombre de pages vues par internaute chaque jour, il sera plus pratique de travailler avec des seuils et de recourir à un tableau de fréquence.

▦ Le tableau de fréquence

Le tableau de fréquence se présente ainsi :

Nombre de pages vues par internaute chaque jour	% du total
1	44,1 %
2	24,2 %
3	12,5 %
4	7,6 %
5	3,8 %
6	2,4 %
7	5,3 %

(1 + 2 + 3 : 81 %)

Figure 29 – Tableau de fréquence

Un tableau de fréquence très utile et s'appliquant à de nombreux business est celui représentant le nombre de jours écoulés entre la première visite et l'achat ou de façon plus globale le nombre de jours écoulés entre deux « micro-conversions »[1].

▦ Le Top/Flop

Enfin dernier canevas d'analyse très simple pour décrire efficacement une série de données : isoler les valeurs les plus grandes ou les plus petites dans un tableau enrichi par des éléments de

---

1. On appelle « micro-conversion » tout acte de conversion autre qu'un achat (inscription newsletter, téléchargement de la liste des prix…).

contexte. Très simples à réaliser (à l'aide de la fonction «rang» sur Excel par exemple), ces Top/Flop plaisent souvent aux directions générales, car ils apportent beaucoup de concret. Pour le PDG du site éditorial, savoir qu'il a réussi à vendre une fois une impression d'un inventaire non premium à 100 € du CPM peut lui faire prendre davantage conscience du potentiel du Real Time Bidding (RTB – mode d'achat d'espace publicitaire mettant en compétition les annonceurs par le biais d'une enchère[1]) et de la nécessité d'investiguer plus en profondeur ce terrain que n'importe quelle présentation PowerPoint!

Rang	Id Impression	Prix vendu (au CPM)	Inventaire	Mode d'achat	Donnée géolocalisation fournie
1	1000766	103 €	Premium	RTB ouvert	Oui
2	1861008	88 €	Indirect	RTB ouvert	Oui
3	1434987	63 €	Premium	RTB ouvert	Oui
4	1615593	58 €	Premium	privatemarketplace	Oui
5	1726735	58 €	Premium	privatemarketplace	Oui
6	1953319	58 €	Premium	RTB ouvert	Oui
7	1125341	58 €	Premium	privatemarketplace	Oui
8	1266588	58 €	Premium	RTB ouvert	Oui
9	1561753	58 €	Premium	privatemarketplace	Oui
10	1319312	57 €	Indirect	RTB ouvert	Oui
MOY MOYENNE		3,6 €			

Figure 30 – Top des impressions vendues du mois

Alors que ces quelques impressions vendues à prix d'or passeraient inaperçues dans une analyse de Pareto ou même une boîte à moustaches (pourtant le maximum y figure, mais le décideur y prête moins attention), elles occupent ici une place déterminante. «Dans quelles conditions s'est réalisée cette vente?» et «Pourrions-nous reproduire ces conditions?» seront immanquablement les questions qui suivront et auxquelles il faudra répondre. Dans l'exemple ci-dessus, la discussion se concentrera vraisemblablement rapidement autour de la donnée de géolocalisation: «Quelle est la moyenne du CPM quand la donnée de géolocalisation est fournie?», «Combien de pourcentage

Bon à savoir

Si vous adoptez l'analyse Top/Flop, vérifiez par deux fois que ces extrêmes ne sont pas des valeurs aberrantes. Vous risqueriez autrement de doucher l'enthousiasme de vos supérieurs ainsi que votre crédibilité d'analyste en même temps que vos espoirs d'augmentation!

---

1. Nous étudierons en détail le RTB au chapitre 8.

d'impressions a été acheté connaissant la donnée de géolocalisation du lecteur de l'article ? », etc.

L'analyste pourra alors itérer les analyses de « Pareto » et de « Tukey », mais cette fois-ci avec un périmètre d'étude beaucoup plus restreint et enrichir la restitution de ces nouvelles analyses.

Analyser les évolutions

Analyser l'évolution dans le temps d'une variable est un grand classique de la description d'un jeu de données. Pour le site éditorial qui s'interroge sur la manière d'augmenter ses revenus publicitaires, l'analyse de l'évolution de la valeur du CPM moyen dans le temps ou du volume de trafic est une étape quasi obligatoire pour faire un état des lieux de la situation.

Malheureusement, la plupart de ces analyses d'évolution se limitent à une simple courbe temporelle (temps sur l'axe des X, dimension étudiée sur l'axe des Y). Ce sont des analyses assez pauvres, car elles ne permettent de visualiser qu'une seule dimension en dehors du temps. De plus, elles permettent difficilement de détecter des saisonnalités « fines » :

- un marchand de glace constatera des pics en été dans l'analyse de son chiffre d'affaires sur trois ans, mais une boutique aura du mal avec ce type d'analyse à mettre en évidence la différence d'activité entre les lundis et les samedis ou entre deux tranches horaires !

- si pour un vendeur d'articles de bricolage, les différences entre hiver et été ne sont pas très marquées, il se peut qu'un simple graphique temporel ne fasse pas ressortir une saisonnalité pourtant bien réelle.

Pour remédier à ces limites, attardons-nous sur trois techniques d'analyse d'évolution d'une variable avec le temps souvent plus riches en matière d'informations :

- la matrice temporelle ;
- les cycles temporels ;
- la moyenne mobile.

La matrice temporelle

La matrice temporelle est un outil d'analyse très pratique pour identifier la présence de saisonnalité. Son principe est simple : au lieu de représenter le temps « en ligne » sur l'axe des abscisses, il s'agit ici de décomposer le temps sur deux dimensions, par exemple les mois en abscisse et les années en ordonnée (cette technique fonctionne bien sûr aussi en considérant les jours en abscisse et les semaines en ordonné, c'est le contexte qui va dicter le bon choix). En considérant un historique de plusieurs années, la matrice temporelle du chiffre d'affaires généré par la vente des espaces publicitaires pourrait par exemple ressembler au schéma ci-dessous faisant apparaître distinctement les pics récurrents en décembre et les mois traditionnellement faibles en juillet et février.

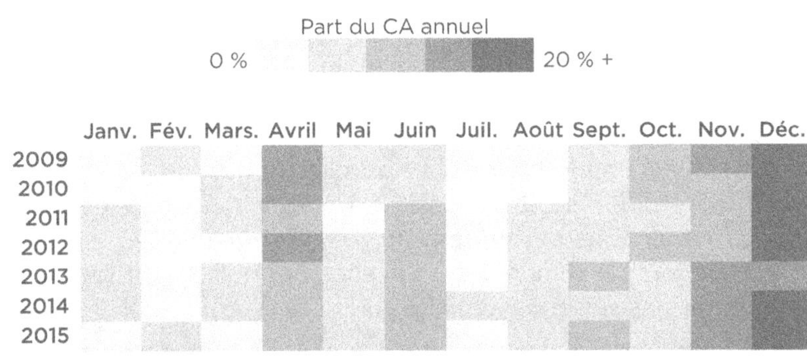

Figure 31 – La matrice temporelle met en évidence les saisonnalités

▪ Les cycles temporels

Le cycle temporel[1] est une manière ingénieuse de mettre en perspective simultanément une courbe d'évolution et une analyse de saisonnalité. Le principe s'appuie une nouvelle fois sur la récursivité du temps et consiste à répartir les données dans autant de séries que de jours (lundi, mardi...) ou de mois (janvier, février, etc.). Avec ce type d'analyse, il n'est pas rare de mettre en évidence des schémas et des tendances qui autrement resteraient noyés dans la masse d'un suivi temporel continu. Pour le site éditorial qui chercherait à mieux comprendre le trafic de son site, une telle analyse pourrait par exemple conduire au graphique ci-après, faisant apparaître des évolutions très différentes selon les jours de la semaine.

---

1. Découvert dans l'excellente trilogie de Bernard Lebelle concernant la réalisation de tableaux de bord ultra-performants voir « Sources » à la fin de ce chapitre.

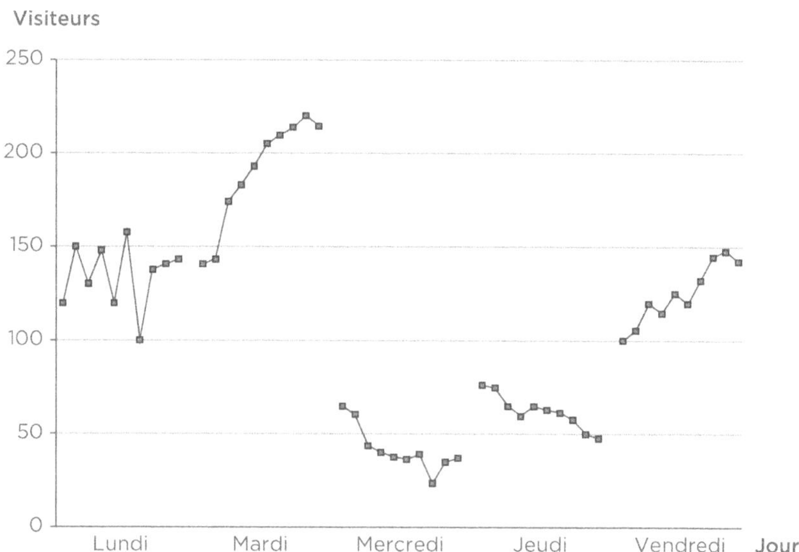

*Source: d'après une idée originale de Bernard Lebelle,
Convaincre avec des graphiques efficaces, Eyrolles, 2012.*

Figure 32 – Les cycles temporels, une technique d'analyse puissante

La moyenne mobile

Après avoir vu comment mettre en évidence une saisonnalité en
«découpant le temps», comment faire pour neutraliser ce facteur
d'analyse? Le suivi de **la moyenne «mobile» ou «glissante»** est
une approche souvent efficace. Dans notre exemple d'analyse de
l'évolution des CPM auxquels sont vendues les publicités, au lieu
de considérer mois après mois le CPM moyen du mois, il s'agira ici
de regrouper les valeurs du mois en cours et des 11 mois précédents. Cela revient à construire le tableau ci-dessous:

	Jan.	Fév.	Mars	Avril	Mai	Juin	Juillet	Août	Sept.	Oct.	Nov.	Déc.
CPM Moyen	3,1	3,3	2,6	4,4	2,2	2,4	2,9	2,7	3,9	3,8	5,5	7,3
Moyenne mobile	2,8	2,9	3	3,1	3,1	3,2	3,2	3,3	3,4	3,5	3,6	3,6

Figure 33 – L'usage de la moyenne mobile change
la perspective de l'analyse

Par rapport au suivi brut de la variable dans le temps, la moyenne
mobile va dégager la tendance de fond de l'évolution de la variable,

© Groupe Eyrolles

ici la progression régulière du CPM moyen auquel sont vendues les publicités.

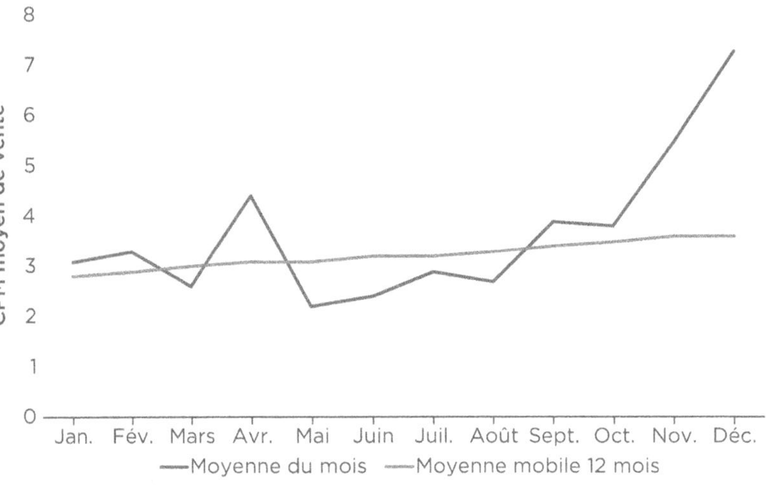

Figure 34 – La moyenne mobile, une approche pour mesurer les tendances de fond

ÉTAPE 3 – COMPARER LES DONNÉES

Nous nous sommes jusqu'à présent concentrés sur une seule variable à la fois et en avons étudié sa distribution et son évolution dans le temps. Dans cette troisième étape, intéressons-nous simultanément à plusieurs variables, à travers deux cas d'usages particulièrement fréquents en data marketing : la comparaison de deux moyennes et la comparaison multidimensionnelle.

Comparaison de deux moyennes (ou deux pourcentages)

Les femmes génèrent-elles plus de chiffre d'affaires que les hommes ? La tranche d'âge des 20-30 ans est-elle plus performante que celle des 30-40 ? Ce formulaire d'inscription A convertit-il vraiment mieux que ce formulaire d'inscription B ? Ces questions sont omniprésentes dans une entreprise data driven, que ce soit dans le cadre d'une réflexion de fond sur les cibles marketing ou dans le contexte de l'analyse des résultats d'un test A/B.

Comment être certain que la différence de performance entre les deux populations comparées est suffisamment importante pour ne pas être la conséquence du hasard ? Il existe pour répondre à cette question cruciale[1] un outil d'aide à la décision très pratique bien que peu connu de la plupart des directions marketing : **les tests statistiques dits « du t de Student » et du « chi-2 ».** Sans entrer dans la théorie statistique sous-jacente et notamment les conditions de validité de leur application, le principe de ces tests est d'évaluer la part de hasard qui pourrait expliquer la différence constatée entre deux moyennes ou deux pourcentages *(cf. encadré ci-dessous).*

LA P-VALEUR, NOTION CLÉ DES STATISTIQUES

La probabilité que le hasard puisse expliquer à lui tout seul une différence au moins aussi importante que celle qui est observée est appelée la **« p-valeur ».** Ainsi, une p-valeur de 0,22 signifie qu'il y a 22 % de chance que la différence observée soit simplement due au hasard. Prendriez-vous une décision sachant qu'elle a 22 % de chance de reposer sur une conclusion aléatoire ? Certainement non. Bien que la décision vous soit toute personnelle, il existe un consensus autour d'une p-valeur de 5 % comme seuil de décision acceptable.

La p-valeur est une notion clé à comprendre. D'une part, elle permet de bien quantifier l'incertitude, ce qui est certainement un des buts du data marketing. D'autre part, il s'agit tout simplement de l'output affiché par les logiciels de statistiques et il est donc préférable de comprendre ce qu'il signifie.

Pour mieux appréhender cette notion, considérons un exemple qui illustre l'utilisation d'un test statistique en pratique tout en démontrant merveilleusement comment instaurer une culture data driven dans son entreprise.

Deux collègues (que nous appellerons Béatrice et Alain) se « chamaillaient » à propos de l'objet de la newsletter de la semaine. Béatrice insistait pour faire figurer dans l'objet de l'e-mail le terme gratuit, Alain trouvait cela trop racoleur. Le directeur général passant à côté s'arrêta et proposa un petit pari : on allait faire un test en envoyant simultanément l'e-mail que proposait Béatrice à 200 personnes de la base d'abonnés et l'e-mail que proposait Alain à 200 autres abonnés, ces 400 consommateurs étant tirés au hasard dans la base e-mail. Le perdant offrirait une bière au gagnant.

---

1. La différence de performance entre deux segments de clients peut entraîner un rebasculement des budgets marketing.

Quelques heures plus tard, les résultats du test furent les suivants :

Résultat campagne Béatrice
Taux d'ouverture de l'e-mail = 40 %

Résultat campagne Alain
Taux d'ouverture de l'e-mail = 30 %

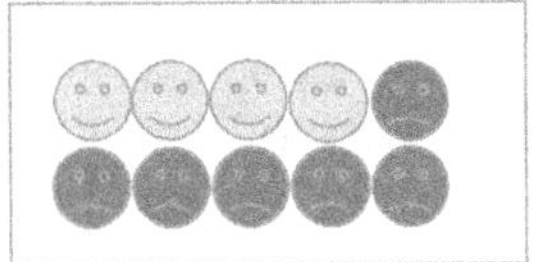

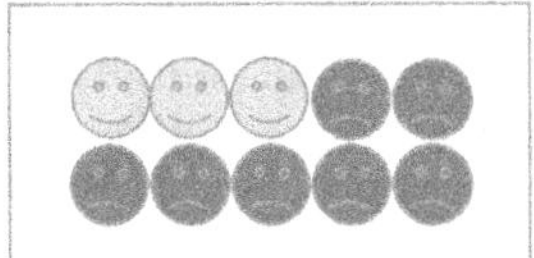

Figure 35 – L'objet de la newsletter de Béatrice est-il vraiment meilleur que celui choisi par Alain ?

« Hourra ! » criait Béatrice en commençant à narguer gentiment Alain. « Pas si vite », s'interposa un data scientist que l'histoire amusait et qui avait été désigné comme arbitre. Peut-être n'est-ce que le fruit du hasard ? Il sortit alors son PC portable, ouvrit le logiciel de statistiques « R », et tapa les lignes suivantes, incompréhensibles pour les profanes...

```
exemple <- read.csv2
(« C:/Users/test_statistique.csv »)
chisq.test (exemple $ Objet.A,exemple $
Objet.B,correct=FALSE)
```

... et s'exclama : « p-valeur de 3,6 %. Au seuil de 5 % le hasard peut être exclu et je déclare donc Béatrice gagnante ! »

L'histoire ne dit pas en revanche si Alain offrit à Béatrice une bière de la même couleur que ses cheveux...

Comparaisons multidimensionnelles

Parfois, comparer les variables entre elles dépasse la simple comparaison de deux valeurs et il faut croiser plusieurs données pour conférer du sens à l'analyse. Par exemple, imaginons que vous souhaitiez comparer les départements entre eux pour identifier ceux pour lesquels il serait judicieux d'accentuer vos actions marketing. Comment s'y prendre ? Le premier réflexe serait peut-être de représenter sur une carte de France les départements avec une couleur différente selon le chiffre d'affaires (CA) qui y est généré. Mais savoir que Paris génère plus de CA que la Creuse a-t-il vraiment un quelconque intérêt opérationnel ? Il pourrait également être tentant d'appliquer la méthodologie précédente en comparant le chiffre d'affaires moyen par client selon les départements.

Cependant, le nombre de binômes {CA moyen département «i»/CA moyen département «j»} à constituer et à analyser rendrait cette approche peu appropriée. De plus, la comparaison des chiffres d'affaires moyens par individu n'est pas la seule composante intéressante à étudier: le nombre de clients par département est également un axe de comparaison qui fait sens.

Lorsqu'un grand nombre de binômes sont à comparer selon plusieurs axes d'analyse, il existe un canevas d'analyse particulièrement adapté: **la matrice à quatre quadrants.** Le principe est très simple et s'effectue en deux étapes:

> **Bon à savoir**
>
> Cette étude comparative pourrait être enrichie d'une dimension d'analyse supplémentaire, à savoir le nombre d'habitants par département. Il suffirait pour cela d'introduire un code couleur représentant pour chaque département le ratio nombre de clients dans le département/nombre d'habitants total dans le département.

- projeter le nuage de points selon deux axes d'analyse: dans notre exemple, chaque point de la matrice ci-dessous représente un département, identifié par son numéro;
- repositionner les axes au niveau des médianes de chaque série de données.

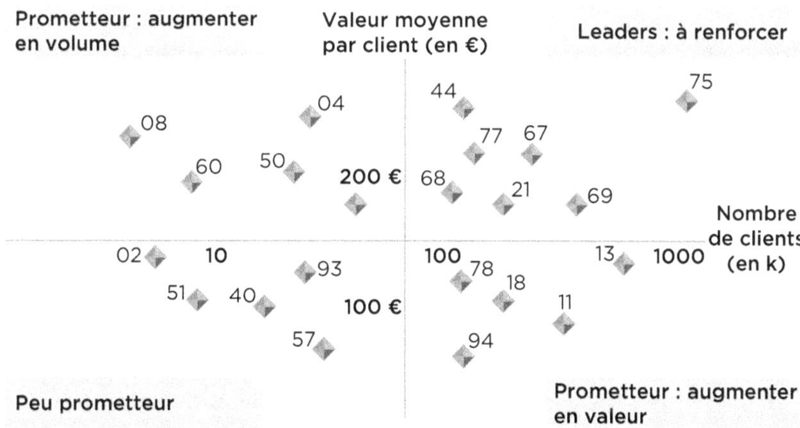

Figure 36 – La matrice à 4 quadrants permet d'identifier rapidement des opportunités

De la sorte les départements à analyser se situent dans quatre quadrants différents facilement interprétables. L'exemple ci-dessus a été réalisé avec une projection sur les axes «x=nombre de clients et y = valeur moyenne par client». Il apparait assez distinctement que le quadrant en haut à gauche regroupe des départements à potentiels qu'il serait sans doute bon de cibler davantage sur Adwords ou toute autre campagne[1].

ÉTAPE 4 – ÉTABLIR UNE OU PLUSIEURS SEGMENTATIONS

Une fois les différences significatives entre deux typologies de clients observées, il est naturel de vouloir «séparer» la base des clients en groupes distincts. Aussi terminons ce chapitre consacré à la comparaison et au croisement des données avec un monument du (data) marketing : la segmentation.

Segmenter ses clients est fondamental pour la réussite de l'entreprise, à peu près tout un chacun s'accordera sur ce point. **Selon quels critères segmenter sa base clients, voilà en revanche une question qui déchaîne les passions !**

Le tableau ci-après recense des critères de segmentations classiquement utilisés dans les directions marketing et digitale et donne une petite idée de l'étendue des possibles en matière de segmentation[2].

En dehors du très grand nombre de segmentations possibles à partir d'un nombre limité de critères, ce tableau met également le doigt sur d'autres aspects importants de la segmentation :

- **il n'est pas difficile de segmenter ses données.** La plupart du temps, il suffit de définir un seuil sur l'une des variables, ce qui est finalement à la portée du premier venu. Quand un éditeur de solution marketing parle dans sa brochure de «segmentation fine des données clients», cela ne signifie donc en réalité pas grand-chose en tant que tel ;
- **les segmentations sont plus ou moins statiques.** Alors que le sexe est stable et que la tranche d'âge évolue très lentement, les segments basés sur un cycle de vie ou un comportement sont des «tonneaux» qui se vident aussi vite qu'ils se remplissent ;
- **les volumes des différents segments peuvent énormément varier.**

---

1. Avant d'augmenter le budget marketing pour ces départements, il est judicieux de vérifier à l'aide d'un test statistique la significativité de la valeur moyenne dans le département par rapport à la valeur moyenne d'un client tous départements confondus.
2. La formule $C = n! / ([n - p]! \times p!)$ où $n!$ désigne la factorielle de n permet de calculer de combien de façons on peut choisir p éléments dans un ensemble à n éléments, soit ici des millions de segmentations possibles.

Socio-démo-graphie	Cycle de vie	Comporte-ment	Objectifs de conversion	Centres d'Intérêt	Canaux
Sexe	Date de dernière visite/achat > 100 jours	Nombre de jours moyens entre deux achats/ conversions	A dépensé plus de 1 000 €	Catégories de produits	Social Follower
Tranche d'âge	Nombre de visites > 5 sur les 7 derniers jours	Est resté sur le site plus de 5 secondes	A déjà fait une commande 50 % plus élevée que la moyenne des commandes	Typologies de produits (bio, haut de gamme, etc.)	E-mail Clicker
Revenus & CSP	Processus de commande entamé mais abandonné	Est entré sur le site par la home page	A téléchargé la version d'essai	Marques préférées	Visiteurs Adwords avec longue traîne
Géographie	A ajouté un produit à sa wish list	A navigué sur plus de 3 pages	A partagé un article		Visite en magasin

Figure 37 – Des millions de segmentations sont possibles avec seulement quelques dizaines de critères de segmentation

À la lumière de ces éléments, comment faire pour segmenter efficacement sa base de données clients ? En réalité, il n'existe pas de segmentation idéale. D'expérience, une bonne segmentation doit toutefois répondre aux quatre contraintes suivantes :

- coller à un objectif ;
- avoir un fort pouvoir discriminant ;
- avoir un sens métier ;
- pouvoir être exploité facilement par le marketing.

Coller à un objectif est primordial quand on cherche à effectuer une segmentation. Que voulez-vous que les gens fassent sur votre site/dans votre magasin/sur les réseaux sociaux ? Y a-t-il des personnes qui ont le comportement attendu ? Par exemple, si l'objectif est d'augmenter la fréquentation du site web, le critère « date de dernière visite » aura certainement un grand intérêt. Il sera beaucoup moindre si le but est que les clients remplissent davantage leurs paniers.

© Groupe Eyrolles

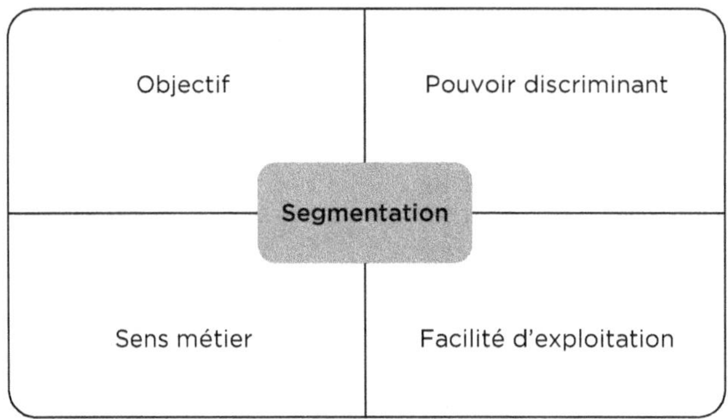

Figure 38 – Une bonne segmentation est la combinaison
de quatre enjeux majeurs

Le pouvoir discriminant d'une variable repose sur l'évaluation du «gain d'informations» apporté par la variable dans l'explication d'un phénomène. Par exemple, si le test statistique a montré une différence significative d'abandon panier entre les hommes et les femmes, le sexe de l'individu apporte sans aucun doute un «gain d'information» appréciable pour suivre la diminution de l'abandon panier[1]. En revanche, cette distinction sur le sexe n'apportera peut-être pas d'informations pour expliquer le phénomène du manque de réactivité aux campagnes e-mail. Pour chaque critère de segmentation proposé, il est toujours nécessaire de se demander en quoi ce critère est impactant par rapport à la problématique[2].

Avoir un sens métier repose sur la capacité du métier à s'approprier la segmentation. Cette capacité dépend naturellement du degré de maturité de l'entreprise en matière de data marketing. Deux signes indiquent en général une bonne appropriation par le métier de la segmentation proposée: l'envie d'investiguer davantage les différents segments (quelles sont les autres caractéristiques des clients du segment? Quelles campagnes ont le meilleur impact sur eux?) et la faculté à y apposer un petit nom («potential lovers», par exemple, pour les prospects qui ont visité plus de trois pages ces trente derniers jours)

Être facilement exploitable par le marketing fait référence aux nombres de cas d'usages simples à mettre en place grâce à la segmentation. Une segmentation aussi basique que vrais prospects/faux

---

1. Le chapitre 7 présentera une méthode pour quantifier le gain d'information.
2. La question *«And so what?»* («et alors?») est généralement un très bon estimateur du gain d'information apporté par une variable!

© Groupe Eyrolles

prospects (basée, par exemple, sur un temps de visite de plus de cinq secondes) peut déjà faire économiser beaucoup d'argent en évitant de relancer les faux prospects. De même en excluant les clients réguliers des campagnes (segmentation clients réguliers/clients «one shot»), des économies substantielles peuvent être réalisées.

À titre d'exemple, la célèbre segmentation RFM (Récence-Fréquence-Montant) est une bonne illustration d'un dosage efficace de ces différents éléments :

- les notions de récence, de fréquence et de montant sont utiles pour la plupart des objectifs business ;

- bien que non optimale d'un point de vue mathématique, dans la plupart des cas au moins un de ces trois éléments aura un pouvoir discriminant significatif ;

- le métier s'approprie assez aisément ces trois notions. Surtout si RFM est présenté à l'aide d'un schéma ;

- Le marketing y puise de nombreux cas d'usages (exemples : relancer les clients qui ne sont plus venus sur le site/dans le magasin depuis longtemps ou «être aux petits soins» des clients ayant dépensé de gros montants).

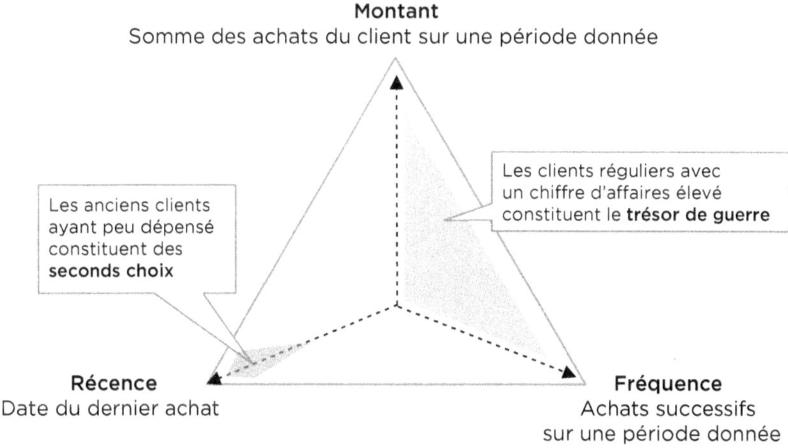

Figure 39 – RFM : la plus célèbre des segmentations marketing

Selon une logique similaire, une banque pourra ainsi, par exemple, segmenter ses clients selon les axes {patrimoine ; revenus} :

- les clients VIP à choyer sont en effet ceux présentant un patrimoine élevé et un revenu annuel substantiel ;

© Groupe Eyrolles

- les jeunes cadres à fort potentiel ont généralement un faible patrimoine mais des revenus au-dessus de la moyenne.

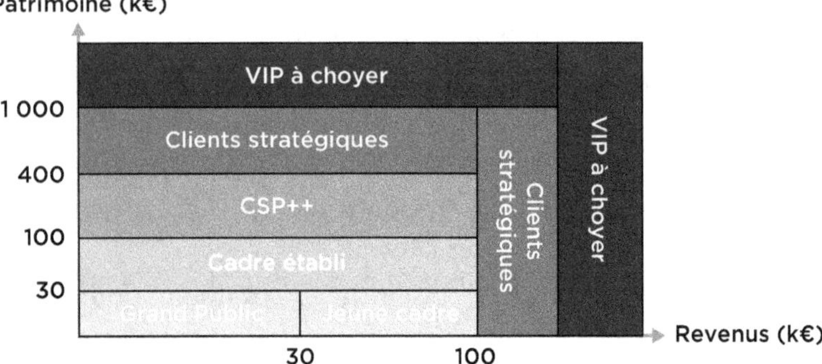

Figure 40 – Segmenter les clients d'une banque
selon leur épargne et leurs revenus annuels

Cette démarche atteint toutefois rapidement ses limites et il n'est pas toujours simple de trouver la segmentation optimale quand on traite des centaines de variables! Patience: dans quelques pages nous verrons une méthode algorithmique capable de faire un premier tri automatique.

 ## À RETENIR DE CE CHAPITRE

L'analyse de données est un premier niveau de traitement de données dont l'objectif principal est de valider/invalider rapidement des hypothèses, à l'aide notamment de canevas très pratiques que sont la matrice à quatre quadrants, le diagramme de Pareto, la boîte à moustaches, etc. En particulier, le concept de «p-valeur» est fondamental pour déterminer la part de hasard dans la différence observée entre deux moyennes ou deux pourcentages. Toutes ces analyses aboutissent généralement à la proposition argumentée d'une segmentation de la base clients.

© Groupe Eyrolles

⬈ À vous de jouer

- ✓ Affichez dans la pièce commune le diagramme de Pareto indiquant le poids en chiffre d'affaires des meilleurs clients (top 20 %, top 10, etc.). Dans une entreprise « data driven » toute l'équipe doit avoir conscience que le CA tient finalement à une petite partie de clients qu'il faut « chouchouter » !

- ✓ Comparez la différence de chiffre d'affaires entre les hommes et les femmes et vérifiez si cette différence a vraiment un sens statistique ou bien est le fruit du hasard.

- ✓ Trouvez deux critères de segmentation pertinents pour votre métier et découpez vos clients en quadrants (sur le modèle RFM ou de la banque).

▤ SOURCES

Concernant les données manquantes et le nettoyage des données :

- M. Berchtold A., « Imputation des données manquantes : comparaison de différentes approches », 42e Journées de statistiques de Marseille, 2010.

Texte disponible en pdf sur le lien suivant : https://hal.inria.fr/inria-00494698/document

Pour approfondir vos connaissances en statistiques décisionnelles, je ne peux que vous conseiller le blog de Jean Yves Baudot http://www.jybaudot.fr/ qui met à la portée de tous les principaux concepts statistiques utilisés en entreprise.

Enfin, pour transformer vos études statistiques en tableau de bord élégant et actionnable, la lecture de l'ouvrage de Bernard Lebelle *Construire un tableau de bord pertinent sous Excel* (Eyrolles, 2013) sera d'une aide précieuse.

5

Analyse exploratoire : identifier les liens entre les données

Avec ce chapitre, on quitte le domaine dit des « statistiques descriptives » pour aborder celui du datamining (littéralement « forage des données ») et des statistiques dites « exploratoires » (le terme « analyse factorielle » est également fréquemment employé). Moins pompeusement, il s'agit ici d'identifier les liens entre les données : quelles sont les variables les plus discriminantes ? Y a-t-il des variables qui « fonctionnent ensemble » ? Bien que l'analyse factorielle soit un domaine très vaste, nous traiterons seulement ici trois grands classiques du data marketing dont un directeur marketing « data friendly » devrait idéalement avoir un minimum de notions : la matrice de corrélation, l'analyse en composante principale (ACP) et le clustering.

LA MATRICE DE CORRÉLATION IDENTIFIE LES VARIABLES RELIÉES ENTRE ELLES

Pour comprendre cet outil, considérons un exemple factice. Imaginez que vous êtes responsable d'une place de marché e-commerce commercialisant quatre types de produits : produits de jardinage, produits de décoration, produits pour la cuisine et produits pour le bricolage. Vous aimeriez augmenter le cross-sell[1] entre ces différentes catégories de produits et dans ce contexte souhaitez savoir si pour les clients « jardinage » il est préférable d'élargir la découverte du catalogue vers le bricolage, la cuisine ou

---

1. Littéralement « ventes croisées », il s'agit d'une stratégie marketing consistant à proposer au client d'autres produits auxquels il pourrait être appétant à la suite de ses derniers achats.

© Groupe Eyrolles

la décoration. Le débat fait en effet rage dans votre société : 55 % des clients du jardinage sont des femmes et les préjugés sexistes vont bon train quant au type de produit à recommander !

Un peu de théorie

Souhaitant dépasser les *a priori,* vous vous intéressez au nombre de produits cliqués par catégorie et par individu. Votre espoir est de constater que les personnes cliquant sur les produits de jardinage ont également tendance à cliquer sur les produits d'une autre catégorie. Vous vous retrouvez avec le tableau ci-dessous, indiquant pour chaque identifiant client le nombre de clics dans chaque catégorie du site :

Identifiant	Jardinage	Bricolage	Cuisine	Décoration
1	6	6	5	5
2	8	8	8	8
3	6	7	11	9
4	14	14	15	15
5	14	14	12	12
6	11	10	5	7
7	5	7	14	11
8	13	12	8	9
9	9	9	12	12

Figure 41 – Nombre de produits cliqués par individus et par catégories

Consciencieusement, vous avez réalisé l'étude descriptive des variables avec les méthodes présentées au chapitre précédent et remarqué la grande homogénéité des moyennes, des extremums et des écarts-types (on laissera le soin au lecteur de calculer ces valeurs). Bref, pas facile à ce stade de conclure !

Comment continuer l'étude ? Un lointain souvenir de lycée remonte à votre bon souvenir : **le coefficient de corrélation linéaire**. Pour ceux qui auraient enfoui leurs souvenirs d'adolescence, le coefficient de corrélation linéaire (de son nom scientifique coefficient de Pearson) exprime la qualité de la régression linéaire simple entre deux variables. La régression linéaire simple peut se définir comme l'approximation d'un nuage de points par une droite.

© Groupe Eyrolles

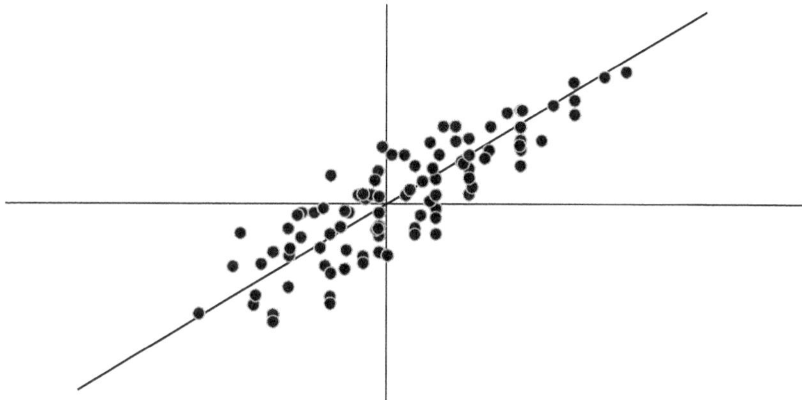

Figure 42 – La régression linéaire simple est l'approximation
d'un nuage de points par une droite

Dans notre cas de figure, la représentation dans Excel de la variable
« bricolage » en fonction de la variable « jardinage » aboutit au graphique ci-dessous :

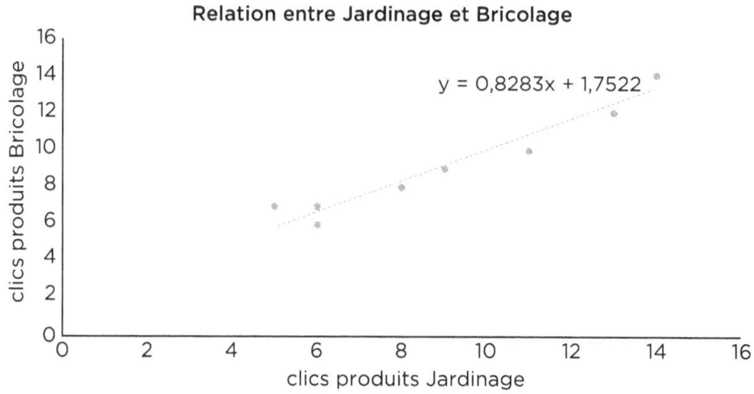

Figure 43 – Relation entre les clics sur la catégorie Bricolage et les clics
sur la catégorie Jardinage

La liaison entre les deux catégories peut être approximée par la
droite d'équation y = 0,8283x + 1,7522 (obtenue sur Excel en ajou-
tant une « courbe de tendance linéaire »)

La fonction COEFFICIENT.CORRELATION estime ensuite la « qualité » de l'approximation, représentée en mathématique par la
lettre « r ». Dans notre exemple : r = 0,973.

Comment interpréter cette valeur ?

Le signe de r indique le sens de la liaison entre les variables: un signe positif traduit une corrélation positive (*i.e* quand une variable augmente, l'autre aussi), un signe négatif une corrélation négative (*i.e.* quand une variable augmente, l'autre diminue).

La valeur absolue de r indique l'intensité de la liaison: plus r est proche de 1 ou -1 (1 et -1 représentant les valeurs extrêmes possibles du coefficient de corrélation r), plus les variables sont corrélées entre elles. Petite subtilité toutefois: la significativité statistique de la corrélation dépend du nombre d'observations, comme indiqué dans le tableau ci-dessous. Remarquez comment la valeur seuil décroît très vite avec le nombre d'observations, un coefficient aussi «faible» que 0,14 exprime une corrélation déjà statistiquement significative pour un tableau de 200 observations.

n	Valeur limite de r	n	Valeur limite de r	n	Valeur limite de r
10	0,6319	60	0,2542	150	0,1603
20	0,4438	70	0,2352	160	0,1552
30	0,3610	80	0,2199	170	0,1506
40	0,3120	90	0,2072	180	0,1463
50	0,2787	100	0,1966	200	0,1388

Figure 44 – La significativité du coefficient de corrélation dépend du nombre d'observations

Ces notions étant établies, **la matrice de corrélation est une table contenant les coefficients de corrélation entre chaque variable,** permettant d'évaluer simultanément la dépendance entre plusieurs variables.

Dans notre exemple, en itérant le processus réalisé sur le couple {jardinage-bricolage} à l'ensemble des couples possibles, la matrice de corrélation prendrait ainsi la forme du tableau ci-dessous:

Coefficient de corrélation r	Jardinage	Bricolage	Cuisine	Décoration
Jardinage	1	0,97	0,14	0,49
Bricolage	0,97	1	0,35	0,64
Cuisine	0,14	0,35	1	0,92
Décoration	0,49	0,64	0,92	1

Figure 45 – Matrice de corrélation entre quatre catégories de produits

La catégorie Jardinage est corrélée positivement à toutes les autres catégories. En revanche, seule la corrélation avec la catégorie «bricolage» est statistiquement significative (pour 10 observations, il faut que le coefficient r soit au moins supérieur à 0,63 et on considère ici 9 observations). Par rapport au problème exposé en début de chapitre, il est donc préférable de recommander aux acheteurs de jardinage les produits bricolage plutôt que les produits cuisine ou décoration.

Et pour ceux qui pensent que le sexe de l'acheteur peut influencer cette décision, le même travail peut bien sûr être effectué en séparant dans l'étude les hommes et les femmes.

Rendre la matrice de corrélation « sexy », c'est possible !

Bien entendu, la réalité est un brin différente de l'exemple fictif que nous venons de détailler. En particulier les coefficients de corrélation employés seront ceux de Pearson, Spearman ou Kendall selon la distribution des variables et certaines conditions de validité que nous ne développerons pas ici.

D'autres part, les volumes[1] importants à considérer rendent caduque l'utilisation d'un tableur pour calculer le coefficient de corrélation deux à deux et remplir ainsi la matrice de corrélation. Heureusement, la plupart des logiciels de statistiques génèrent la matrice de corrélation en une seule ligne de commande. Sur le logiciel de statistiques «R», il suffit par exemple d'utiliser la fonction *cor ()*.

Enfin quand on travaille sur un grand nombre de variables, la lecture et l'interprétation de la matrice devient laborieuse. C'est pourquoi vous trouverez souvent la matrice de corrélation représentée sous une des trois formes suivantes, bien plus agréables à l'œil.

▓ Le treillis matriciel

Le principe consiste à représenter les nuages de points pour lire le signe (pente ascendante ou descendante) et à lire l'intensité grâce à la couleur affectée automatiquement selon des valeurs seuils paramétrables : ici, en gris foncé, les corrélations les plus fortes ; en blanc les corrélations les moins significatives. Ce treillis s'obtient très facilement sur le logiciel de statistiques «R» en appelant la fonction *pairs*.

---

1. La matrice de corrélation est en effet souvent utilisée pour identifier des corrélations entre plusieurs dizaines de marques : «Les clients qui ont acheté telle marque seront aussi intéressés par telle ou telle autre marque.»

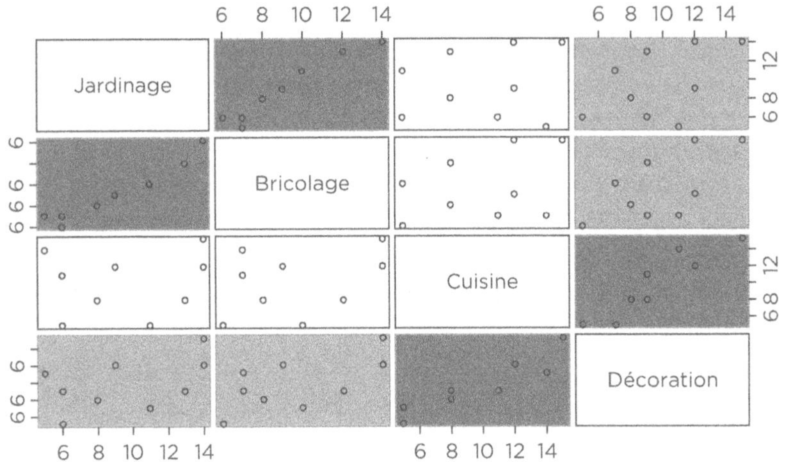

Figure 46 – Le treillis matriciel, une façon efficace de représenter la matrice de corrélation

Le corrélogramme

Derrière ce nom abscons se cache une représentation belle et habile d'une matrice de corrélation.

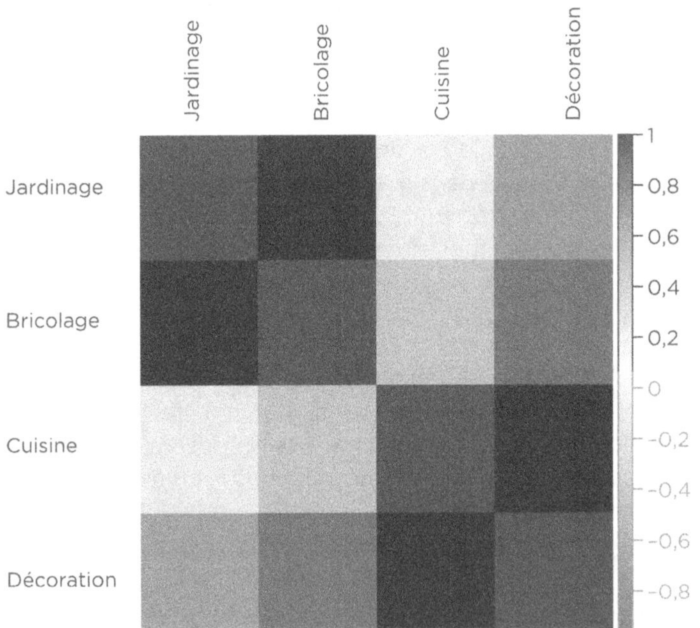

Figure 47 – Le corrélogramme, la façon standard de représenter la matrice de corrélation

Les corrélations positives sont affichées en gris et les corrélations négatives en bleu. L'intensité de la couleur est proportionnelle aux coefficients de corrélation. Cette représentation s'obtient très facilement sur R en chargeant la librairie *corrplot* et il est bien sûr possible de personnaliser les couleurs à sa guise.

Le cercle de corrélations

C'est la méthode la plus appropriée pour visualiser un grand nombre de variables. Les corrélations s'interprètent avec le cosinus de l'angle entre deux variables[1] X1 et X2 :

- si les points sont très proches : cos (angle)=1 donc X1 et X2 sont fortement corrélés positivement. C'est bien le cas des variables jardinage et bricolage et dans une moindre mesure décoration et cuisine ;

- si angle 90° cos = 0 alors pas de corrélation linéaire entre X1 et X2. C'est le cas de jardinage avec décoration ou cuisine ;

- si les points sont opposés, angle = 180° cos = -1 : X1 et X2 sont très fortement corrélés négativement.

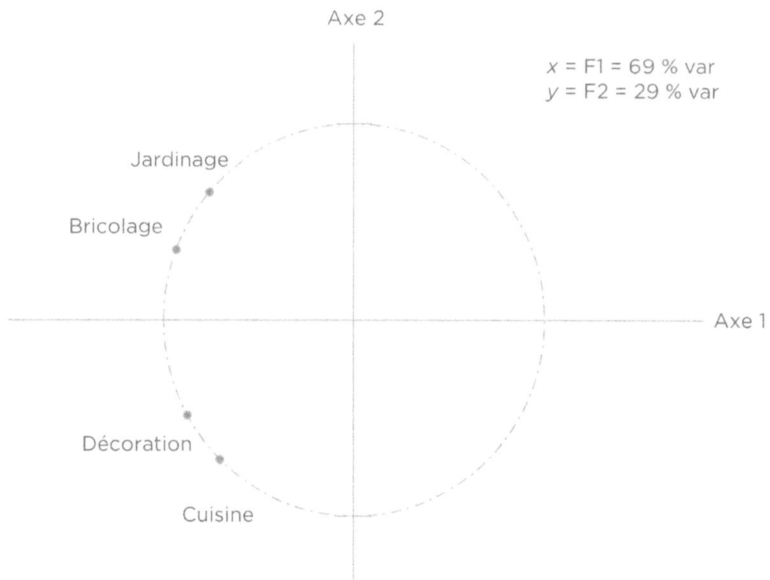

Figure 48 – Cercle des corrélations

---

1. Attention, on ne peut interpréter de cette façon que les variables situées au bord du cercle.

© Groupe Eyrolles

Application pratique : étude des corrélations entre ventes et météo

Il ne fait aucun doute que parmi les variables qui influencent les comportements des consommateurs, les conditions météo jouent un rôle significatif. Plusieurs études sur les liens comportement – météo ont ainsi été menées par les marques ces dernières années. En voici, parmi d'autres, trois particulièrement instructives et inspirantes relayées par la presse professionnelle.

Walmart, acteur majeur de la grande distribution qui utilise déjà les données météo depuis quelques années pour anticiper les besoins de merchandising, a franchi un nouveau cap dans l'exploitation des données météo en mettant à jour des corrélations statistiques pour le moins… inattendues. « Nous ne savions pas, par exemple, que les faibles vents avaient un impact sur la consommation de fruits rouges. Il se trouve qu'elle est plus élevée quand le vent souffle faiblement et qu'il fait moins de 25 °C[1] », raconte le directeur marketing. Conséquence directe de ces études, Walmart adapte les affichages physiques et les publicités digitales dans les régions où ces conditions existent avec des gains de 18 à 300 % sur les ventes de ce produit « météo-sensible ».

PriceMinister, l'Amazon français, s'est, lui, intéressé à l'influence de la météo sur ses ventes croisée avec une segmentation par région. L'étude indique ainsi que la pluie affecte assez peu les habitudes d'achat sur Internet des Parisiens (+ 2,36 % de CA les jours de pluie). En revanche, elle affecte nettement plus les Marseillais qui achètent 15 % d'articles supplémentaires et dépensent en moyenne 10 % de plus quand le baromètre est maussade ! Résultat : quand de la pluie est prévue dans le sud de la France, PriceMinister déclenche une campagne e-mail spécifique pour ce segment d'audience[2].

Easyjet et McDonald's enfin se sont penchés sur l'influence de la chaleur sur les taux d'ouverture et de clic des e-mails. Le taux d'ouverture des e-mailings Easyjet est ainsi directement proportionnel à l'augmentation de la température (on peut supposer qu'en cas de beau temps, les Français sont plus inspirés par le voyage) alors que celui de McDonald's est très peu influencé[3].

---

1. Benjamin Adler, « La météo désormais incontournable pour le marketing », Influencia. net, 2015.

2. Source : Serge-Henri Saint-Michel, « Ecommerce : la pluie fait vendre », Marketing-professionnel.fr, 17 septembre 2013.

3. Plus de détails sur cette étude menée par Return Path dans l'article « Soleil, pluie, température : Quels indicateurs météo influencent le plus les performances e-mailing » paru sur journaldunet.com, 21 juillet 2015.

L'ANALYSE EN COMPOSANTE PRINCIPALE (ACP) RÉDUIT LE NOMBRE DE VARIABLES

L'ACP est le prolongement de la matrice de corrélation. Un petit tour de passe-passe mathématiques permet en effet de créer à partir de celle-ci de nouvelles variables porteuses de plus d'information que les variables initiales[1]. En vulgarisant grandement, on peut dire que la matrice de corrélation identifie les variables liées «qui font doublon» et l'ACP regroupe ces variables doublon en une seule méta-variable plus discriminante des individus. L'objectif du processus est de pouvoir *in fine* représenter les données dans un espace de dimension plus petite et donc de simplifier grandement les analyses *(cf. encadré ci-dessous)*.

Tout cela est un peu abstrait. Reprenons notre exemple précédent de bricolage pour illustrer les principales étapes de l'ACP et livrables que vous pourriez rencontrer si vous mandatez une société de data mining ou recrutez des data scientists pour analyser vos données.

PROBLÈMES POSÉS PAR LES ESPACES DE GRANDE DIMENSION

En data science, il est de très loin préférable d'avoir un fichier de données avec beaucoup de lignes (les individus) que beaucoup de colonnes (les variables, leur nombre constituant la dimension du problème). En fait le nombre d'observations nécessaires à une étude statistique de qualité augmente exponentiellement avec le nombre de colonnes! C'est ce qu'on appelle dans le milieu «la malédiction de la dimension». D'autres problèmes surgissent quand le nombre de variables est important, notamment sur la stabilité des modèles prédictifs que nous verrons au chapitre 7. Enfin, l'esprit humain a du mal à interpréter plus de trois dimensions et réduire le nombre de dimensions permet donc de donner plus facilement du sens aux données. Au final, l'ACP, c'est votre chef qui voyant votre matrice de données vous dit d'un ton péremptoire: «Il y a trop de colonnes, simplifie-moi tout ça!»

Étape 1 – Création des nouvelles variables

Les nouvelles variables créées, appelées «composantes principales» ou «axes factoriels» sont obtenues en une simple ligne de commande sur le logiciel de statistiques «R» via les fonctions *princomp* et *summary*.

---

1. Pour les férus de mathématiques : les composantes principales sont déterminées en calculant les valeurs propres de la matrice de corrélation.

```
Importance of components:
          Comp.1      Comp.2      Comp.3        Comp.4
Standard  5.1701451 3.5800285 0.442765216 0.1002044695
deviation
Proportion 0.6724107 0.3224053 0.004931467 0.0002525825
of Variance
Cumulative 0.6724107 0.9948160 0.999747417 1.0000000000
Proportion
```

Ce qui peut être réécrit de façon plus lisible dans un tableau comme celui-ci-dessous :

Axe	Valeur propre	Inertie	Inertie cumulée
1	5,17	67,24 %	67,24 %
2	3,58	32,24 %	99,48 %
3	0,44	0,005 %	99,97 %
4	0,1	0,000 %	100 %

Figure 49 – Tableau des valeurs propres obtenues suite à une analyse en composante principale

L'inertie indique la quantité d'information contenue dans chaque axe. On remarque que les deux premiers axes restituent à eux seuls la quasi-totalité de l'information, ce qui permet de négliger les deux autres. Par conséquent, l'espace initial de dimension quatre peut être résumé efficacement par un espace de dimension deux : l'objectif de conserver le maximum de l'information contenue dans les données avec un minimum de variables est atteint.

Reste désormais à interpréter d'un point de vue métier ces deux nouvelles « méta-variables » qui viennent remplacer les anciennes. C'est le rôle de l'étape 2.

Bon à savoir

Au lieu de se baser sur l'inertie cumulée, d'autres méthodes sont fréquemment employées pour déterminer les axes factoriels : le « principe de Kayser » consiste à choisir les axes dont la valeur propre est supérieure à un ; le « principe du coude » consiste à tracer le graphique des valeurs propres en fonction des axes (graphique ci-après appelé « scree plot ») et à sélectionner les axes se situant avant l'« éboulement » des valeurs propres.

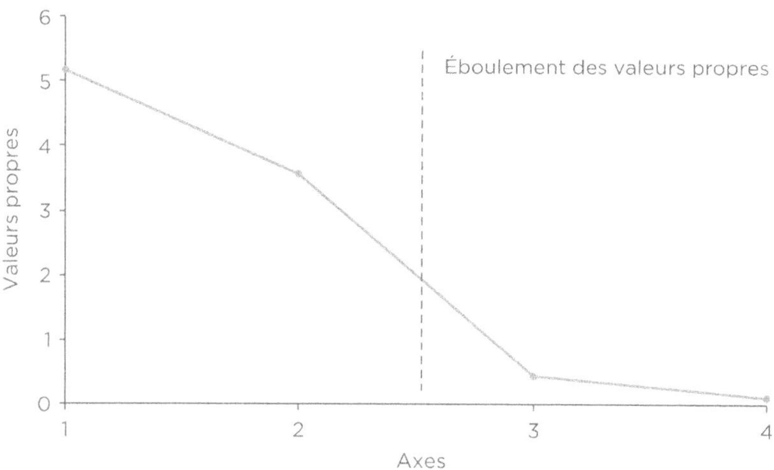

Figure 50 – Le scree plot permet de déterminer les axes factoriels
selon le principe du coude

Étape 2 – Interprétation des axes factoriels

Un des résultats fondamentaux de l'ACP est le tableau des corrélations entre les anciennes variables et les axes factoriels. Dans notre exemple nous obtenons :

Anciennes variables	Axe 1	Axe 2
Jardinage	−0,80	0,60
Bricolage	−0,90	0,43
Cuisine	−0,71	−0,70
Décoration	−0,91	−0,40

Figure 51 – Corrélation des anciennes variables
avec les axes factoriels

C'est ce tableau qui permet de tracer les axes factoriels puis de les interpréter.

Avant de tenter une interprétation des axes, remarquons que la configuration des axes n'est pas sans rappeler le cercle des corrélations introduit un peu plus tôt : les axes factoriels sont ni plus ni moins les axes (x, y) du cercle des corrélations (tracé en pointillé).

L'axe 2 est facilement interprétable. L'axe oppose en effet, d'une part, la cuisine et la décoration (corrélations négatives) et, d'autre part, le jardinage et le bricolage (corrélations positives). L'axe peut donc être interprété d'un point de vue métier comme un axe d'opposition entre centres d'intérêt principalement travaux manuels d'extérieur et décoration d'intérieur.

L'axe 1 (axe des x) est en revanche à ce stade encore assez obscur. Certes les quatre variables contribuent négativement à l'axe 1, mais ce point est assez difficilement interprétable. Il va falloir projeter les individus selon les axes[1] afin de découvrir ce que peut bien représenter cet axe.

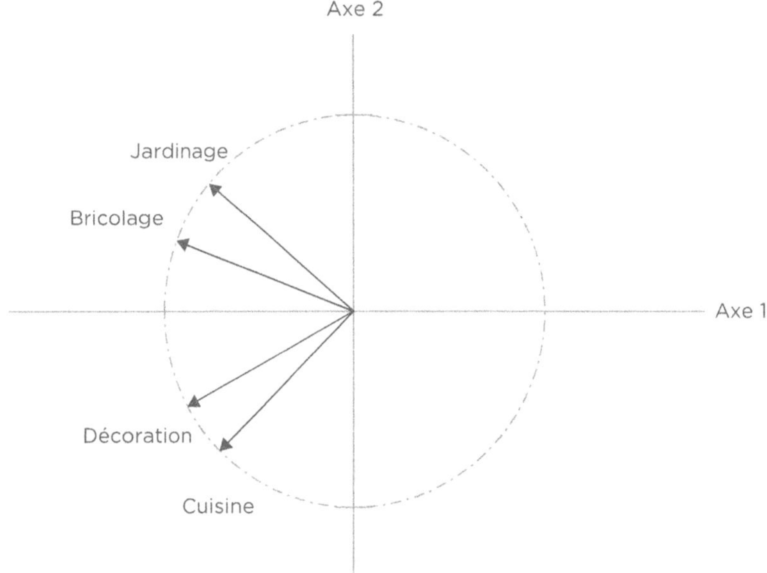

Figure 52 – Les axes factoriels se déduisent des 4 axes initiaux

Étape 3 – Projection des individus

La projection des individus dans le plan factoriel aboutit au graphique ci-après, chaque individu étant représenté par son identifiant.

Il est dès lors possible d'interpréter l'axe 1 en observant dans le tableau de données initiales les différences entre les individus 4 et 5 à gauche de l'axe et les individus 1, 2, 3 et 6 à droite de l'axe. À gauche de l'axe se situent les individus qui ont cliqué plus que la moyenne, à droite les individus qui ont cliqué moins que la moyenne. L'axe 1 peut dès lors s'interpréter comme une représentation du nombre de clics moyens de chaque individu.

---

1. On parle souvent de projection dans le «plan principal».

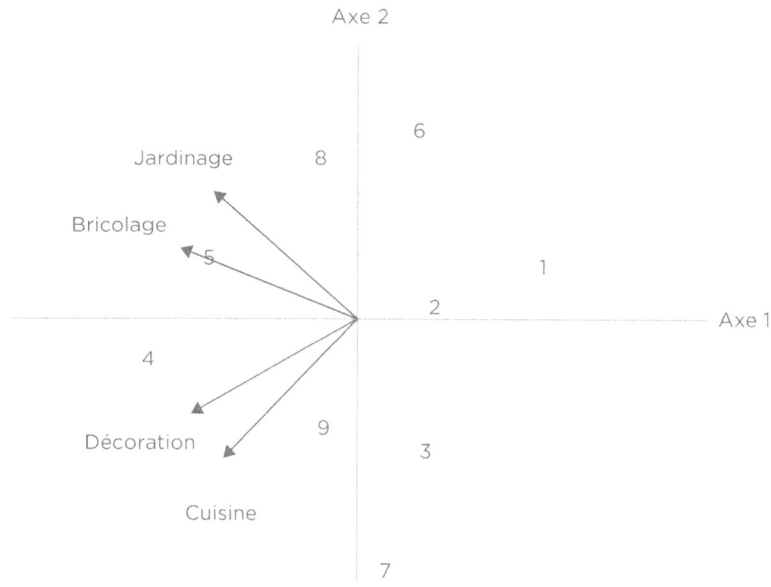

Figure 53 – Représentation des individus dans le plan factoriel

La projection des individus permet également de regrouper les individus en segments, ici :

- les individus plutôt intéressés par le bricolage et le jardinage : 5,8, 6 (coordonnées positives sur l'axe 2) ;

- les individus plutôt intéressés par la décoration et la cuisine : 3,7, 9 (coordonnées négatives sur l'axe 2) ;

- les individus mixtes : 4,2[1], 1 (coordonnées 0 sur l'axe 2).

Bon à savoir

**Dans le cas de plusieurs milliers d'individus, le nuage de points serait illisible et il serait impossible de procéder à ces regroupements[2].
La bonne démarche à adopter serait alors de recourir au clustering, algorithme présenté maintenant.**

LE CLUSTERING : SEGMENTATION EN PILOTAGE AUTOMATIQUE

Le clustering est un mot souvent employé en data marketing. Il désigne la segmentation automatique des individus en groupes

---

1. Attention le point 2 se situe proche du centre et est donc « mal représenté » par l'ACP.
2. C'est pourquoi le cas d'école de l'ACP est l'étude des magasins. Contrairement aux clients, il y a en effet rarement plus de quelques centaines de magasins.

© Groupe Eyrolles

distincts, selon la logique suivante :

- au sein de chaque groupe, les individus sont très homogènes et présentent des comportements similaires ;
- deux individus appartenant à deux groupes différents présentent des différences notables et significatives.

Le terme automatique est primordial : il distingue les méthodes de clustering des méthodes de segmentation vues précédemment dans lesquelles les familles de sorties sont prédéterminées selon des méthodes classiques du marketing (grande fréquence d'achat, hauts revenus, etc.). Avec le clustering, impossible de prévoir les différents groupes d'individus qui vont être créés. Un des talents du data miner sera justement de conférer un sens métier à ces groupes déterminés mathématiquement.

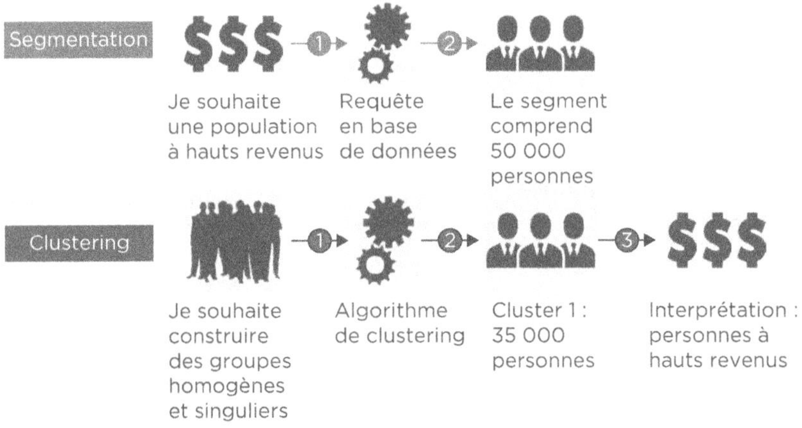

Figure 54 – Segmentation et clustering s'appuient sur des approches différentes

Sans rentrer dans les détails algorithmiques qui sortent du cadre de cet ouvrage, les paragraphes qui suivent abordent quelques notions clés relatives au clustering, afin d'être à l'aise avec cet incontournable du data marketing.

Le clustering s'appuie sur une notion de distance

Pour rassembler les individus qui se ressemblent, il est nécessaire de définir la « distance[1] » entre deux individus et plus généralement

---

1. Le terme exact est « dissimilarité ».

© Groupe Eyrolles

entre deux groupes d'individus. Ces deux paramétrages sont loin d'être anodins, car ils peuvent modifier grandement la composition des clusters. À titre d'exemple, la distance entre deux individus peut être définie comme la distance euclidienne, la distance de Manhattan, la distance de Jaccard, la distance de corrélation, etc. Le choix de cette distance va être dicté par les particularités liées aux données[1].

De la même façon, différentes possibilités existent pour définir la distance entre deux groupes : distance la plus petite (ou la plus grande) entre deux objets pris dans chaque groupe, la distance moyenne entre les objets pris dans chaque groupe, la distance entre les centres de gravité, etc.

Tout l'enjeu dans ce paramétrage des distances est de **minimiser la distance entre individus du même groupe tout en maximisant la distance entre les différents groupes**. Cela signifie concrètement que :

• les individus d'un groupe donné doivent se ressembler ;

• les individus de groupes distincts ne doivent pas se ressembler.

Une fois ce paramétrage des distances effectué, deux situations peuvent se présenter : soit il y a un nombre faible d'individus à classer (quelques milliers), soit il y a un grand nombre d'individus à classer. Chaque situation fera appel à une méthode de clustering différente.

La méthode de clustering « hiérarchique »

Quand il y a un nombre faible d'individus à classer, il est d'usage de recourir à une **méthode dite « hiérarchique »** : le principe consiste à chercher parmi tous les individus les deux plus proches (avec la fonction de distance définie) et de les agglomérer en un nouvel élément A. Il reste donc N-1 individus et le nouvel élément A. On réitère alors le processus pour former un groupe B si la plus petite distance entre deux éléments concerne deux individus ou un groupe A1 si la plus petite distance est celle entre A et un individu. Dans les deux cas, il restera N-2 individus et les éléments A1 ou {A et B} selon les cas. Par itérations successives tous les individus vont être classés dans des groupes avec plus ou moins d'individus. Ces regroupements sont illustrés par le dendrogramme ci-après, la méthode de clustering étant appliquée à la micro base de données des neuf individus qui nous sert de support depuis le début de ce chapitre.

---

1. Le plus souvent la distance euclidienne est satisfaisante.

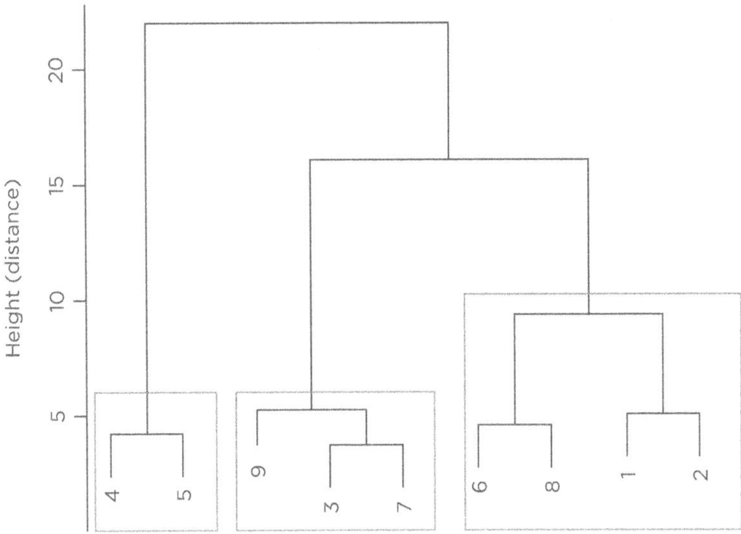

Figure 55 – Le dendrogramme, livrable classique
d'une analyse de clustering

Le dendrogramme est obtenu simplement sur le logiciel de statistiques « R » avec le recours aux fonctions *dist* et *hclust*. Il s'agit souvent du livrable d'une analyse de clustering et la figure s'interprète comme suit :

- les extrémités de l'arbre, appelées « feuilles », sont les individus à classer (ici représentés par leur identifiant) ;
- chaque nœud indique l'agglomération dans un groupe « chapeau » (sur le graphique sept nœuds au total) ;
- l'échelle sur le côté indique la distance qui sépare chaque nœud.

Il est assez aisé de déterminer sur cette base les clusters, en veillant à respecter le sens métier (*i.e.* privilégier les clusters facilement interprétables) et la facilité d'usage (éviter un nombre trop grand de clusters). En tenant compte de ces principes, trois groupes peuvent être détachés : {7,9,3}, {4,5} et {6,8,1,2}.

À l'aide de la figure 42 indiquant pour chacun des identifiants l'historique de clics, ces groupes peuvent s'interpréter de la manière suivante :

- {7,9,3} est le groupe des individus intéressés par la cuisine et la décoration ;
- {4,5} le groupe d'individus plus orientés bricolage et jardinage, avec une forte activité de clics ;
- {6,8,1,2} un groupe avec une faible activité de clics et des centres d'intérêt plus diffus.

La méthode de clustering « non hiérarchique »

Souvent le nombre d'individus à classer dépasse la dizaine de milliers et il est nécessaire alors de recourir à une **méthode non hiérarchique** (souvent appelée « centres mobiles » ou « k-mean »). Le principe est ici de définir à l'avance un nombre k de clusters à obtenir et de choisir au hasard k individus pour centres. Chaque cluster a donc un centre arbitraire (étape 1). Les individus restants sont classés dans ces k clusters selon leur distance au centre. On obtient donc un premier clustering de niveau 0 (étape 2).

> *Bon à savoir*
>
> **En pratique, les deux méthodes décrites ici sont souvent couplées : l'approche non hiérarchique « fait un premier tri » et la méthode hiérarchique aboutit au clustering final.**

Les centres ayant été définis au hasard, il est nécessaire de « corriger » ce clustering de niveau 0. On définit donc k nouveaux centres qui correspondent cette fois-ci aux centres de gravité G (ou barycentres) des clusters de niveau 0 (étape 3). Comme précédemment, les individus sont réaffectés dans les groupes selon leur distance au centre, pour obtenir un clustering de niveau 1 (étape 4).

De proche en proche les centres de gravité vont de moins en moins bouger et un état d'équilibre sera atteint, définissant les k clusters recherchés[1].

Ces étapes sont illustrées sur la figure ci-dessous, avec pour objectif la constitution de deux clusters (attention, les distances sur le dessin ne correspondent pas aux distances prises en compte dans la démarche du clustering).

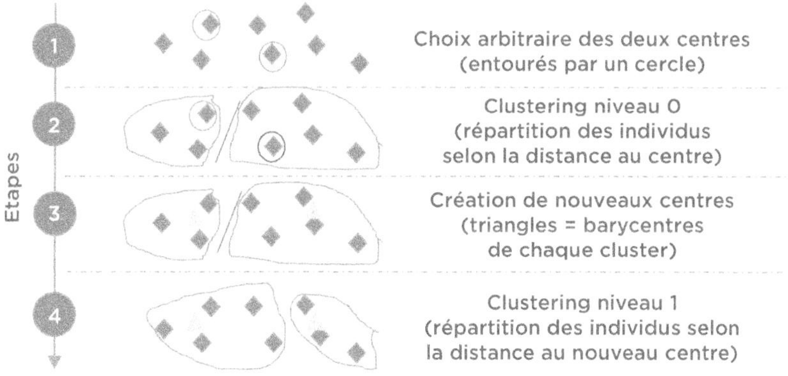

Figure 56 – Constitution de deux clusters avec la méthode non hiérarchique

---

1. Il existe en réalité de très nombreuses variantes à ce principe général.

À RETENIR DE CE CHAPITRE

L'analyse exploratoire est un niveau avancé de traitement de données cherchant à mettre en évidence des liens entre les données. Marques corrélées entre elles, segmentations des magasins ou regroupement de clients statistiquement proches sont autant d'applications rendues possibles par la matrice des corrélations, l'analyse en composante principale (ACP) et le clustering, trois procédés d'analyse de données très fréquents en data marketing.

À vous de jouer

- Trouvez deux catégories de votre catalogue statistiquement corrélées entre elles et imaginez comment vous pouvez mettre à profit cette information.

- Projetez toutes vos marques sur un cercle de corrélation et observez les regroupements entre marques.

- Réalisez le dendrogramme avec la fonction *hclust* du logiciel de statistiques « R » sur votre top 1000 clients et comprenez davantage les groupes de clients qui génèrent votre chiffre d'affaires

SOURCES

Pour réaliser des matrices de corrélations, des analyses en composantes principales et des clustering sur le logiciel « R », le site http://www.sthda.com (*Statistical Tools for High Throughput Data Analysis*) regorge de tutoriels très complets et pédagogiques.

Les cours d'université sont également d'excellentes ressources pour maîtriser les bases du datamining

- « Analyse en composantes principales », École des Ponts Paris Tech, Jean-François Delmas et Saad Salam, 2009 ;

- « Introduction à la classification hiérarchique », Université de Lyon, D. Chessel, J. Thioulouse, A.-B. Dufour.

Enfin certains ouvrages de référence en data mining satisferont la curiosité des lecteurs plus avancés :

- *Statistique exploratoire multidimensionnelle*, Ludovic Lebart, Marie Piron, Alain Morineau, Dunod, 2006.

- *Datamining et statistique décisionnelle*, Stéphane Tufféry, Technip, 2012.

6

Data visualisation et data storytelling

Les chapitres 4 et 5 ont mis en évidence un grand nombre de techniques d'analyse (descriptives ou exploratoires) permettant à l'analyste d'accéder à de précieuses informations business: saisonnalité, corrélations, segmentations, etc. Comment dès lors restituer et partager efficacement cette information? **En visualisant les données et en racontant une histoire à partir des données.** En effet, le cerveau humain est programmé pour traiter visuellement les informations: notre cerveau est tout simplement capable de traiter une image 60 000 fois plus vite qu'un texte! Nous repérons ainsi beaucoup plus rapidement les tendances, les schémas ou les données atypiques lorsque nous pouvons voir une représentation visuelle «tangible» des données, d'où l'adage populaire: «Une image vaut 1 000 mots.» Par ailleurs, les histoires sont un véhicule particulièrement efficace pour transmettre un message: il suffit de se souvenir de l'usage du storytelling[1] par Barack Obama lors de sa campagne électorale pour s'en persuader.

Les pages qui suivent ont pour objectif de donner à l'analyste et au manager quelques bonnes pratiques très concrètes afin de restituer et partager efficacement le résultat des longues journées passées à analyser les données. Pour ceux qui n'auraient pas apprécié les mathématiques du chapitre précédent, c'est également ment l'occasion de reprendre un peu leur souffle!

© Groupe Eyrolles

---

1. Méthode de communication basée sur une structure narrative du discours, à la manière d'un récit.

CHART CHOOSER : QUEL TYPE DE REPRÉSENTATION CHOISIR POUR VISUALISER LES DONNÉES ?

Le but de la data visualisation est d'expliquer des situations complexes simplement, de comprendre un très grand nombre d'éléments en un seul coup d'œil, en vue d'une prise de décision. Le choix d'un graphique doit donc être guidé par sa capacité à représenter le maximum d'information sur un espace restreint[1]. Et en la matière le trio camembert/ histogramme/ courbe appris à l'école fait assez pâle figure et manque cruellement d'efficacité[2]. Heureusement, il existe des classifications prêtes à l'emploi pour vous orienter vers la meilleure représentation possible. Ces méthodes d'aide au choix ou «chart choosers» s'articulent généralement autour des questions suivantes :

- **Quel message voulez-vous faire passer ?** L'approche graphique change selon que vous cherchez à expliquer une situation (exemple : «Nous sommes dans une mauvaise passe») ou un concept (exemple : «la transformation digitale), à préconiser une stratégie (exemple : «Nous devons opter pour une suite marketing plutôt que pour des outils indépendants»), etc. ;

- **Que cherchez-vous à montrer avec les données ?** Cette question fondamentale se traduit le plus souvent en data marketing par des thématiques du type distribution d'une donnée, comparaison de données, relation entre données, décomposition d'une donnée, évolution d'une donnée, etc. ;

- **Combien de dimensions sont à représenter ?** Il s'agit ici du nombre de variables, nombre de catégories, avec ou sans évolution temporelle, avec ou sans benchmark de référence, etc. ;

- **Quelle est le degré de complexité souhaité pour la restitution ?** Des bonnes data visualisations sont en effet souvent des assemblages et des détournements de briques graphiques de base, mais selon la maturité de l'audience il vaut parfois mieux commencer par des graphiques plus traditionnels.

De nombreux brillants théoriciens ont réfléchi à une classification des représentations visuelles qui puisse servir d'outil d'aide au

---

1. Pour qualifier cette approche, Edward Tufte, dans son ouvrage *The Visual Display of Quantitative Information (2001)*, s'appuie sur le ratio «quantité d'encre/quantité de données» !
2. Sans parler des illusions d'optique créées par l'interprétation d'aires ou pire l'usage de la 3D.

© Groupe Eyrolles

choix. Je vous invite à découvrir les plus connues en parcourant les chart choosers suivants:

- http://extremepresentation.typepad.com/files/choosing-a-good-chart-09.pdf du docteur Abela ainsi que sa version interactive http://extremepresentation.typepad.com/blog/2015/04/electronic-version-of-the-slide-chooser-using-prezi-beta-version.html;
- le tableau périodique de R. Lengler et M.J. Eppler accessible à l'adresse http://www.visual-literacy.org/periodic_table/periodic_table.html ;
- La matrice de Stefen Few issue de son ouvrage *Show Me the Numbers* et récapitulée dans ce lien pdf https://www.perceptualedge.com/articles/misc/Graph_Selection_Matrix.pdf

La bibliothèque de Bernard Lebelle regroupe, quant à elle, 111 représentations, des grands classiques de la data visualisation (Rose de Nightingale, diagramme de Venn, HeatMap, TreeMap, Cartographies, etc.) comme des approches plus originales (mosaïque de Mekko, diagramme de Sankay, décomposition en cascade, œil du cyclone, etc.). Il n'existe en revanche pas de lien internet et il faudra vous procurer son excellent ouvrage *Convaincre avec des graphiques efficaces*[1], pour accéder à cette bibliothèque et aux explications pour réaliser les graphiques présentés.

http://datavizcatalogue.com/search.html propose une sélection de graphiques classés en 16 catégories d'objectifs!

Enfin les logiciels spécialisés dans la data visualisation comme Tableau, Qlickview, D3 ou ManyEyes offrent également un large panel de choix de graphiques

À titre d'avant-goût, en plus des graphiques déjà présentés au chapitre 4 (Pareto, matrice de saisonnalité, etc.), je recommande particulièrement les représentations de la page suivante très riches en informations.

---

1. Bernard Lebelle, *Convaincre avec des graphiques efficaces,* Eyrolles, 2012.

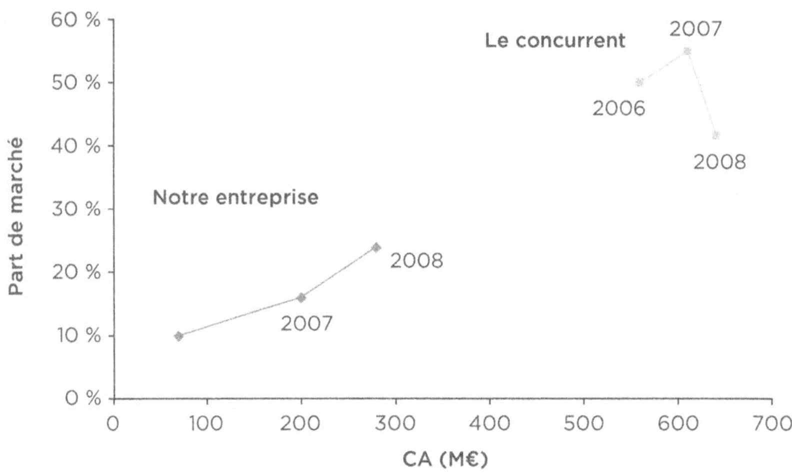

*Source: d'après une idée originale de Bernard Lebelle,
Convaincre avec des graphiques efficaces, Eyrolles, 2012.*

Figure 57 – Quatre dimensions représentées dans ce graphique
(CA, PdM, temps, comparaison)

	CA 2015	évolution
Prouduit A	1317	
Prouduit B	1277	
Prouduit C	1265	
Prouduit D	1249	
Prouduit E	1304	

*Source: Bernard Lebelle, Construire un tableau de bord pertinent
sous Excel, Eyrolles, 2013.*

Figure 58 – Les sparklines, ou comment introduire
des mini-graphiques dans vos tableaux

ANATOMIE D'UN BON GRAPHIQUE : QUELQUES ASTUCES DE MISE EN FORME

Une fois le type de représentation choisi, comment construire un graphique qui remplit vraiment son rôle de partage et d'aide à la décision ? Les options par défaut des logiciels sont rarement satisfaisantes et la liste ci-après de bonnes pratiques (non exhaustives) vous aidera d'ores et déjà à prendre conscience des améliorations que vous pourrez adopter dans vos futures constructions graphiques. En data visualisation, le diable est dans le détail et en particulier dans les détails suivants.

L'échelle

Il est primordial d'être respectueux de la réalité et de ne pas fausser l'interprétation des données par des proportions mal représentées, une graduation inappropriée ou un graphique étiré (Edward Tufte, un des pères fondateurs de la data visualisation déjà mentionné plus haut, parle de coefficient de mensonge pour traduire ce phénomène malheureusement courant). De mauvaises interprétations donneront lieu à de mauvaises décisions qui peuvent potentiellement mettre l'entreprise en péril. Dans le cas de données d'ordres de grandeur très différents, une solution consiste à les représenter sur une échelle logarithmique ou à les normaliser en base 100.

Le titre

Élément du graphique souvent négligé, car trop descriptif et redondant avec le graphique en lui-même («évolution du panier moyen sur les trois dernières années»), le titre doit au contraire faciliter d'entrée de jeu la compréhension en affirmant le message que vous souhaitez faire passer et qu'il faut retenir du graphique: «Le panier moyen grossit à un rythme régulier depuis trois ans.» En dessous de ce titre conclusif, vous pouvez compléter par un sous-titre descriptif si nécessaire pour préciser l'univers étudié.

Les couleurs

Le choix des couleurs ne doit pas être fait au hasard et il faut au contraire en exploiter la puissance communicative. Par exemple rompre un histogramme uniformément gris par une barre en rouge permet de mettre en exergue un point d'attention ou signaler des données estimées. La couleur peut également être utilisée pour transcrire des informations disjointes ou ordonnées (la couleur entrant alors dans un système de classification). Afin de ne pas transformer votre graphique en arc en ciel, il est préférable de suivre une palette de couleurs harmonieuse, comme celles proposées par les logiciels Adobe Kuler ou ColorBrewer.

La légende

Encore un élément souvent bâclé en suivant les options par défaut! En effet, une légende en bas ou sur le côté entraînera des allers-retours visuels inutiles pour le lecteur. Il est préférable de la positionner en haut (de la sorte, le lecteur s'imprègne de la légende avant de voir le graphique) ou encore, mieux, directement dans le graphique à côté de l'élément à indexer (comme une étiquette). Ce dernier conseil est particulièrement utile pour les graphiques d'évolution superposant plusieurs courbes. Enfin, sous le graphique doit être indiquée la source des données afin de crédibiliser le travail d'analyse.

Autres astuces

Outre les erreurs déjà mentionnées, on veillera à éliminer au maximum toute fioriture visuelle; par exemple, un quadrillage par défaut qui ne favorise en rien l'interprétation des données, mais diminue le ratio quantité d'encré/quantité de données. Par ailleurs, le nombre de séries de données ne doit pas perturber la lisibilité du graphique: il est préférable de ne pas dépasser trois ou quatre séries de données. Enfin, l'usage de la 3D est rarement un bon choix, le volume ainsi introduit entraîne des erreurs d'évaluation des valeurs, car le cerveau humain interprète moins bien les volumes que les représentations planes.

Au final, toutes ces bonnes pratiques combinées entre elles devraient raccourcir le temps d'assimilation du graphique et de la prise de décision.

LES AVANTAGES DE LA VISUALISATION DES DONNÉES: LA PAROLE AUX UTILISATEURS

Voici les principaux avantages cités par les personnes interviewées dans une étude menée par le cabinet IDG Research et relayées par le logiciel de statistiques SAS dans le livre blanc *Quatre raisons pour lesquelles vous ne pouvez plus vous passer de la visualisation des données.*

77 %: optimisation du processus de prise de décision.

43 %: rapidité et fiabilité des analyses ad hoc.

41 %: davantage de collaboration et de partage des informations.

36 %: davantage de fonctionnalités en self-service pour les utilisateurs finaux.

34 %: augmentation du retour sur investissement.

20 %: gain de temps.

15 %: moins de pression sur le département informatique.

PRÉSENTATION DES RÉSULTATS SUR POWERPOINT : SE CONCENTRER SUR L'ESSENTIEL

Vous serez souvent amené à présenter vos résultats sur un PowerPoint. Quelques conseils s'imposent afin de ne pas réduire à néant les efforts d'analyse en communiquant maladroitement vos résultats.

Mobiliser et impliquer positivement son audience

La plupart du temps l'audience à laquelle vous allez présenter les résultats d'analyse de données n'aura que peu de temps et d'attention à vous consacrer, trop occupée par le quotidien. Les bonnes pratiques ci-dessous très utilisées dans le monde du conseil devraient réduire le risque de parler devant une assemblée de décideurs plongés dans leurs smartphones !

Tout d'abord en guise de préambule, **soyez clair sur le message clé que vous souhaitez véhiculer**, c'est-à-dire la raison principale pour laquelle vous effectuez cette présentation. Exprimez cette idée dans une phrase complète et précise. Ainsi si on vous demande : « Quel est l'objet de votre présentation », ne répondez pas « Résultat de mes analyses de données », mais « Augmentation de la valeur client grâce à l'utilisation de la donnée ».

Ensuite, **gardez le focus sur les problématiques qui intéressent votre audience**. Ce conseil paraît évident, mais bien souvent les présentations abordent des thématiques en dehors des problématiques de l'auditoire. Vous vous tromperez rarement en mettant l'accent sur les revenus et profits qui peuvent être générés par l'analyse de données effectuée ou en expliquant comment vous envisagez de mettre en place concrètement quelques cas d'usages. Une analyse des risques accompagnée de méthodes opérationnelles pour les surmonter est généralement également la bienvenue.

Enfin, **abordez très vite la conclusion de vos analyses**. Bien souvent les présentations exposent d'abord tout un ensemble de faits sans unité apparente pour en venir enfin à la « révélation » ou, pire, à un coup de théâtre. Le problème avec cette méthode est lié au risque de vous faire interrompre avant la fin ou de perdre l'attention de votre auditoire qui se demande où vous voulez en venir. Une méthode plus efficace est de débuter votre exposé par quelques slides résumant les principales conclusions et recommandations. **Le reste du PowerPoint sera là pour supporter ces conclusions** par des faits, des données, des analyses... qui ne seront d'ailleurs pas

© Groupe Eyrolles

forcément toutes présentées selon la réaction de l'audience qui souhaitera peut-être creuser un sujet en particulier. Bien sûr, annoncez ce plan à votre audience («Les cinq premières minutes seront consacrées aux conclusions des analyses de données que nous avons menées, le reste de la présentation sera guidé par vos questions»). Même les plus impatients des dirigeants ne vous interrompront pas s'ils savent qu'ils vont tout savoir dans les cinq minutes à venir et pourront poser ensuite les questions qui leur brûlent les lèvres.

Structurer sa présentation comme une histoire

Les grands principes étant exposés, comment en pratique articuler votre présentation? Une bonne façon de procéder est de s'inspirer des techniques des storytellers, à savoir créer des conflits entre des *statu quo* et des évolutions possibles, amenant l'audience à se demander comment les résoudre[1]. Plus précisément:

Commencez par ancrer une situation initiale, en décrivant un constat partagé par tous. Le signe qui ne trompe pas est de constater que les personnes dans l'assemblée opinent de la tête en guise d'assentiment. Cette façon de débuter crée un lien entre vous et votre auditoire et établit une atmosphère d'écoute. Enchaînez par votre vision de la situation telle qu'elle pourrait être grâce aux solutions que vous allez proposer. Par exemple:

Constat: «Nous sommes dans une course permanente à l'acquisition. Peu d'efforts sont mobilisés pour la fidélisation et chaque mois moins de 100 K€ de CA est généré par des anciens clients.»

Proposition: «Et si nous pouvions tripler ce chiffre en faisant quelques efforts au niveau de notre e-mailing? Je pense que ce résultat est atteignable pour les trois raisons que je vais vous exposer.»

Développez votre argumentaire, en continuant à jouer sur des contrastes entre constats et propositions d'amélioration et en incluant dès que possible des estimations chiffrées des gains. Vous pourriez par exemple structurer le milieu de votre présentation de la façon suivante:

Constats:

- 37 % des ré-achats sont effectués moins de cinq jours après le premier achat;
- Tous les acheteurs du week-end (soit 20 % des acheteurs) ne reçoivent aucune sollicitation commerciale ou avantages dans

---

1. «Structure Your Presentation like a Story», Nancy Duarte, article paru le 31 octobre 2012 sur le site de la *Harvard Business Review* (hbr.org).

© Groupe Eyrolles

les cinq jours qui suivent leurs achats (car la newsletter est hebdomadaire le vendredi).

Proposition: inclure des recommandations produits dans les e-mails transactionnels de confirmation de commande et prévoir un e-mail automatique deux jours après la commande avec un contenu attrayant

Estimation du gain mensuel: nombre d'acheteurs par mois x 0,2 x 0,37 x taux de réachat x panier moyen d'une 2ᵉ commande.

Slide de réserve en prévision des questions: la matrice des corrélations vue au chapitre précédent pour pouvoir répondre aux questions portant sur les produits à recommander.

Terminez en beauté avec des «calls to action» qui incitent vraiment à l'action, et non pas une liste un peu fade de *bullet points*. Vous êtes ici en phase de séduction et non pas dans la présentation du planning projet. Insistez plutôt sur les apports attendus des actions menées: «Nous avons la chance d'asseoir un CA régulier qui assurera notre croissance sereinement»; «Un client fidèle représente du CA en moins pour la concurrence», etc.

En suivant ce schéma de narration, vous véhiculerez un message simple à comprendre, à mémoriser et à résumer aux autres collaborateurs.

Une présentation de data marketing n'a pas vraiment pour objet les données en tant que telles ou les analyses qui ont été effectuées. Le sujet principal se situe plutôt dans le sens conféré à ces données et aux actions et décisions qui peuvent en découler.

Vos slides passent-elles le test des cinq secondes?

La structure de votre présentation étant définie, terminons par des conseils sur le contenu même des slides, qui doivent pouvoir être compris d'un regard en quelques secondes à peine.

Le titre doit être conclusif: comme pour les graphiques, le titre d'une slide doit porter le message principal que vous souhaitez véhiculer dans cette slide. Par exemple «Les personnes qui achètent du jardinage achètent aussi du bricolage» est préférable à «Étude des corrélations intercatégorielles». En relisant uniquement les titres de vos slides, vous devriez pouvoir vous faire une idée très précise de la présentation et de sa logique. Ce procédé porte le nom de «**communication pyramidale**».

La simplicité est le maître mot: animations, sons et autres fioritures sont généralement à bannir. La même logique s'applique pour le texte: mettez-en peu, faites des phrases courtes et simples à saisir. Enfin, veillez à ne pas surcharger les slides par quantité de chiffres: pendant que l'audience tentera de se les approprier, vous ne serez plus écouté.

Veillez à l'unité d'ensemble : assurez-vous d'utiliser tout au long de l'exposé les mêmes polices de caractères aux mêmes endroits pour une signification commune. Cela instaurera des mécanismes précognitifs pour les slides suivantes. Dans le même ordre d'idées, veillez à l'homogénéité des images et des couleurs.

Pensez à laisser du blanc : la plupart des intervenants ont horreur du blanc qu'ils remplissent avec des images inutiles. Au contraire une dose adéquate de blanc laisse respirer la slide et permet d'isoler visuellement certains éléments.

Jouez avec les contrastes : pour accentuer ou mettre en avant un élément en particulier, créez du contraste au niveau des couleurs, de la forme, de la taille ou de la proximité.

Instaurez une hiérarchie visuelle : le regard se dirigeant du haut vers le bas, vous pouvez créer un « entonnoir de lecture » en jouant sur les tailles de police.

Le tableau de bord ne présente pas des résultats, il aide à la décision

On ne pouvait parler d'analyse de données et de data visualisation sans aborder le sujet des tableaux de bord. Bien que de nombreux ouvrages aient déjà traité la question, la plupart des tableaux de bords rencontrés sur le marché sont constitués d'un assemblage de graphiques et de chiffres… qui ne véhiculent au final que peu d'informations facilement exploitables. Appréhender cet ensemble de données exige un effort d'abstraction et de modélisation qui ralentit la prise de décision et n'est plus acceptable à l'heure du data marketing. **Rappelons-le, le but de la data visualisation et du data storytelling est d'aller à l'essentiel, de « prémâcher » le travail afin de faciliter la prise de décision.** À ce titre, juxtaposer des graphiques sur une feuille A4 en laissant le soin aux décideurs d'interpréter leur signification et d'en tirer des conclusions est assez contradictoire avec cette philosophie, il faut l'avouer ! De la même façon, un tableau de bord interactif au sein d'un logiciel ne remplit pas pleinement son rôle d'aide à la décision, car c'est bien souvent alors au décideur de tester tous les filtres possibles afin de découvrir les bonnes conclusions[1].

C'est pourquoi nous conclurons cette section en présentant un tableau de bord particulièrement efficace, articulé sous forme de « fiches mémo » et exposé sur l'excellent blog d'Avinash Kaushik (kaushik.net) « digital marketing evangelist » chez Google. Le

---

1. En revanche, le tableau de bord interactif est bien pratique en mobilité ou pour un suivi temps réel.

principe est simple : pour chaque thématique importante (ou chaque cas d'usage), il s'agit de construire une fiche décomposée en quatre quadrants, généralement disposés de la manière suivante :

- en haut : le graphique riche en information ;

- en bas à gauche : quelques commentaires sur le graphique et son interprétation ;

- en bas au centre : une estimation business des pertes/gains ;

- en bas à droite : des recommandations d'actions à entreprendre pour corriger le tir ou engranger davantage de croissance.

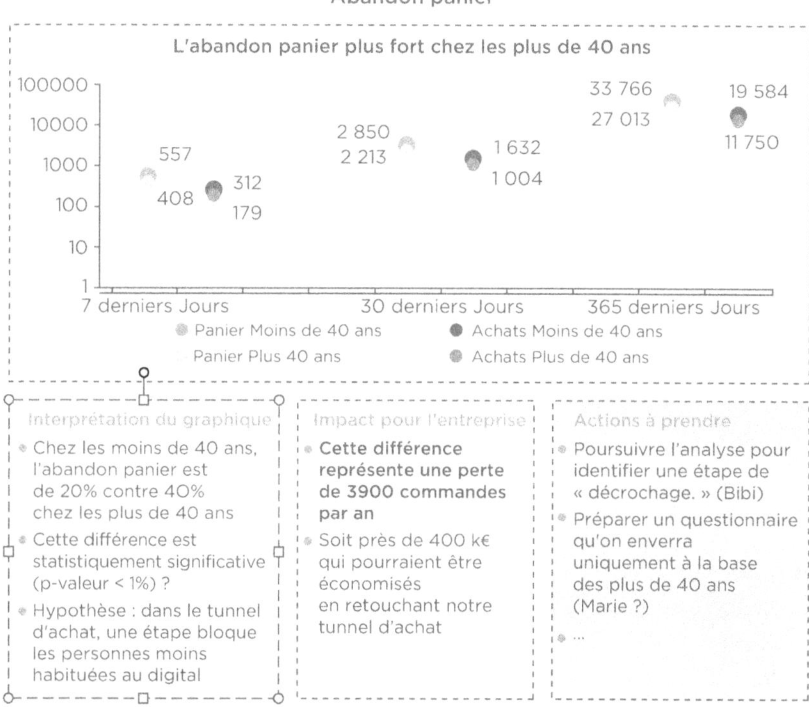

Source : d'après une idée originale Avinash Kaushik,
the-action-dashboard-an-alternative-to-crappy-dashboards, 2008, kaushik.net

Figure 59 – Tableau de bord à quatre quadrants

Cette forme de visualisation et de narration des données permet une compréhension immédiate des données, tout en fournissant également des conseils et suggestions sur les actions à mettre en œuvre. Se suffisant à lui-même, ce tableau de bord est également facilement partageable en interne, avec une amélioration immédiate de la prise de décision.

À RETENIR DE CE CHAPITRE

Le soin apporté à la restitution des résultats des analyses est au moins aussi important que la qualité des analyses menées. La règle d'or est de recourir à la communication pyramidale : il ne s'agit pas dans la restitution de relater tous les méandres du raisonnement, mais d'aller droit à la conclusion et de la soutenir par les faits saillants. Ce principe est à appliquer aussi bien pour les graphiques que pour les slides d'un PowerPoint, notamment à l'aide de titres conclusifs.

À vous de jouer

- ✔ Prenez votre dernier rapport de campagne et remplacez l'inévitable camembert ou histogramme par un autre graphique plus riche, en vous aidant des chart choosers.

- ✔ Améliorez un graphique de votre prochaine présentation avec les bonnes pratiques évoquées dans ce chapitre.

- ✔ Considérez une thématique importante pour votre activité et synthétisez-en les enjeux dans une fiche mémo à quatre quadrants.

SOURCES

Si vous souhaitez approfondir la théorie sous-jacente aux bonnes pratiques de data visualisation, je vous recommande la lecture des deux ouvrages ci-dessous :

- *Convaincre avec des graphiques efficaces*, Bernard Lebelle, 2012, Eyrolles, 2012.

- *The Wall Street Journal. Guide to Information Graphics,* Dona Wong, W. W. Norton & Company, 2014.

Pour une approche plus pragmatique, le site http://www.hello-data.co liste un grand nombre d'outils fort utiles pour réaliser des visualisations graphiques pertinentes.

Pour devenir un maestro des présentations PowerPoint et autres restitutions, je vous invite à découvrir :

- *L'art des présentations PowerPoint : de la réalisation technique à la performance oratoire*, Bernard Lebelle, Eyrolles, 2011.

- *HBR Guide to Persuasive Presentations,* Nancy Duarte, octobre 2012

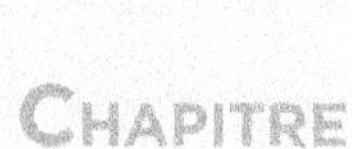

Le marketing prédictif

Anticiper le futur est le rêve de tous les marketeurs. Historiquement, les marketeurs ont toujours analysé les performances des campagnes passées afin de comprendre a posteriori certains phénomènes ou bien ont réalisé des panels afin de « prédire « la réaction des consommateurs. **À l'heure du digital, la prédiction comportementale prend une tout autre réalité : celle des modèles mathématiques capables de calculer en temps réel la probabilité de réalisation d'un événement.**

Si les termes marketing prédictifs et « machine learning[1] (littéralement « apprentissage automatique ») sont devenus courants et très à la mode dans la presse et les événements spécialisés, les concepts mathématiques sous-jacents restent pourtant obscurs pour la plupart des professionnels du marketing digital, laissant la place au meilleur comme au pire en matière d'implémentation d'algorithmes « prédictifs ». Pas de panique toutefois : ce chapitre qui clôt la deuxième partie consacrée aux techniques de base de la data science démystifiera la plupart des grandes applications du marketing prédictif et vous donnera le socle de connaissance nécessaire pour mieux appréhender ce champ d'études perçu très souvent comme une *blackbox* (boîte noire).

PRINCIPES GÉNÉRAUX DU MARKETING PRÉDICTIF

Autrefois réservées aux banques[2] et au monde de la finance, les analyses prédictives et le machine learning se sont introduits

---

1. Branche de l'intelligence artificielle. Les algorithmes de machine learning donnent à l'ordinateur la capacité d'apprendre par l'expérience, sans pour autant avoir été explicitement programmé pour cela, par exemple quand un ordinateur apprend à jouer au Go ou à reconnaître le contenu d'une image.
2. La quasi-totalité des banques utilise l'analyse prédictive depuis les années 1970 pour prévoir si un emprunteur sera un bon ou un mauvais payeur et agir en conséquence.

© Groupe Eyrolles

depuis quelques années dans le marketing *(cf. encadré)*, portées par le courant «Big Data» et l'arrivée d'ingénieurs dans les directions marketing. Ci-dessous sont présentés quelques-uns des grands principes de ces méthodes prédictives qui connaissent une seconde jeunesse à l'ère où la puissance de calcul nécessaire n'en est plus le facteur limitant.

UN EXEMPLE DE PRÉDICTION MARKETING QUI A FAIT LE TOUR DU MONDE

Le cas des hypermarchés Target, dévoilé au grand jour en 2012 par le *New York Times*, illustre souvent la puissance du marketing prédictif. Un client en colère demande à voir le directeur de sa grande surface habituelle: «Ma fille n'a que 16 ans et vous envoyez des pubs pour berceaux. Vous voulez la pousser à tomber enceinte ou quoi?» Quelques jours après, le père apprend que sa fille est effectivement enceinte. Le supermarché, sous l'impulsion du data scientist Andrew Pole avait élaboré un modèle de scoring probabiliste à partir de 25 produits que les femmes nouvellement enceintes avaient tendance à commander. C'est ainsi que Target avait déterminé, à quelques jours près, à quel stade de grossesse la jeune fille se trouvait. **Avant** que son propre père ne le sache!

Espérons pour cette jeune fille qu'elle ne devienne pas cliente de Visa et paye ses factures en retard. La célèbre carte bancaire a en effet a remarqué que les couples ayant ce comportement avaient tendance à divorcer plus que la moyenne...

Certaines variables sont plus «prédictives» que d'autres

C'est du bon sens métier et la base du ciblage traditionnel: certaines variables (zone géographique, nombre de visites sur le site, téléchargement d'un livre blanc, etc.) sont de meilleurs indicateurs que d'autres dans la prévision de la réalisation d'un événement. Mais comment chiffrer le gain d'information apporté par la connaissance d'une telle variable et comparer le «pouvoir prédictif» de différentes variables? Le mathématicien Shannon a répondu en 1947 en partie à cette question en développant la théorie de l'information et la notion d'entropie. En statistique, l'entropie est une mesure du désordre qui règne dans la population et se calcule simplement selon la formule suivante:

Entropie du système = − (P_+ x log P_+ + P_- x log P_-)

où P_+ et P_- désignent respectivement la proportion de population qui a réalisé l'événement (exemple : a acheté) et celle qui n'a pas réalisé l'événement (n'a pas acheté). Pour faire simple, plus une

© Groupe Eyrolles

variable parvient à faire baisser l'entropie globale du système (notée E [S]), plus cette variable est un bon prédicteur. La fonction logarithme est le logarithme en base 2[1].

Par exemple, imaginons que vous observez un échantillon de 14 individus, dont neuf ont acheté un produit et cinq n'ont rien acheté. Vous disposez des données suivantes : leur origine géographique (sept de Paris, sept de Province), leur tranche d'âge (huit ont moins de 40 ans, six ont plus de 40 ans) et leur sexe (neuf femmes, cinq hommes). Vous vous demandez laquelle de ces données sociodémographiques est la plus pertinente.

Les données à disposition sont résumées dans le tableau ci-dessous :

Identifiant	A acheté	Origine géographique	Tranche d'âge	Sexe
1	Non	Paris	Inférieur	Femme
2	Non	Paris	Supérieur	Femme
3	Oui	Paris	Inférieur	Homme
4	Oui	Paris	Inférieur	Femme
5	Oui	Province	Inférieur	Femme
6	Non	Province	Supérieur	Femme
7	Oui	Province	Supérieur	Homme
8	Non	Paris	Inférieur	Homme
9	Oui	Province	Inférieur	Femme
10	Oui	Province	Inférieur	Homme
11	Oui	Province	Supérieur	Homme
12	Oui	Paris	Supérieur	Femme
13	Oui	Province	Inférieur	Femme
14	Non	Paris	Supérieur	Femme

Figure 60 – Trois variables descriptives du consommateur : laquelle apporte le plus d'informations sur la probabilité d'achat ?

L'entropie initiale du système est par application de la formule précitée :

E(S)= – (9/14 x log [9/14] + 5/14 x log [5/14]) = 0,940 puisqu'il y a eu neuf achats et cinq « non-achats ».

Comparons par exemple le surplus d'information apporté par l'origine géographique avec celui apporté par la connaissance de la tranche d'âge.

E (Origine=Paris) = – (3/7 x log [3/7] + 4/7 x log [4/7]) = 0,985 puisque sur la population parisienne, trois ont acheté et quatre n'ont pas acheté.

---

1. Pour rappel, le logarithme népérien appris au lycée correspond au logarithme en base e, où e est le nombre d'Euler valant environ 2,718.

De manière similaire en comptant les événements positifs et négatifs pour les personnes de Province, E (Origine=Province) = 0,592.

D'où un gain d'information apporté par la connaissance de la zone géographique égale à 0,940 – 7/14 x 0,985 – 7/14 x 0,592 = 0,151 (l'unité est le bit)

De la même manière on calcule E (Âge>40) = 1 et E (Âge<40) = 0,811, d'où un gain d'information de 0,940 – 6/14 x 1 – 8/14 x 0,811 = 0,048

Au final, dans ce cas précis, il vaut mieux connaître l'origine géographique que l'âge! On pourrait bien entendu engager la même démarche en comparant les tranches d'âge et le sexe ou encore l'origine géographique et le sexe.

Cette information peut être utilisée ensuite par exemple pour déterminer le prix d'achat d'une publicité selon les caractéristiques de l'internaute, en aidant à la construction d'un arbre de décision[1]

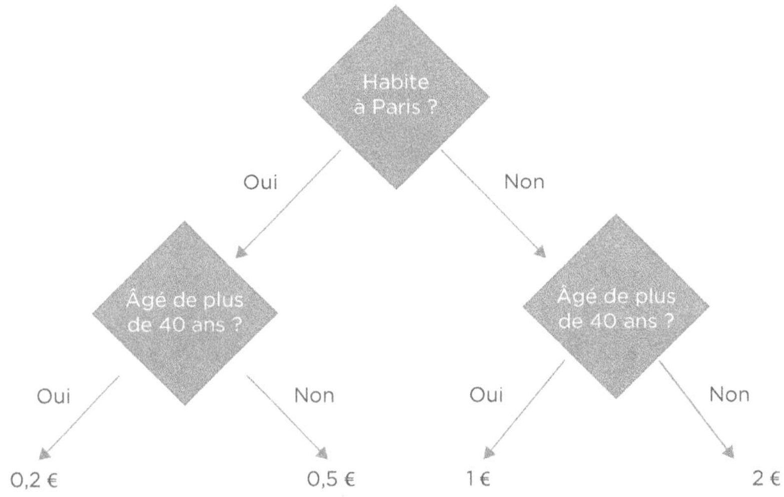

Figure 61 – L'entropie est un moyen de déterminer les bons critères de choix dans un arbre de décision

De nouvelles variables peuvent être créées

Afin de maximiser le pouvoir discriminant des variables, de nouvelles variables sont souvent créées. Nous avons déjà vu l'utilité d'un tel procédé au chapitre 5 dans le cadre de l'analyse en com-

---

1. Algorithme représentant un ensemble de décisions sous la forme graphique d'un arbre.

posantes principales (pour rappel: création de variables dites «factorielles» permettant de réduire la dimension du problème). Plus simplement, la création d'indicateurs pertinents (maxima, moyennes), le calcul de ratios (exemple : le prix au m^2 peut être une variable plus significative que les variables prix et surface prises séparément), l'instauration de seuils (exemple : création d'une variable enfant à partir de la variable âge) ou encore la binarisation d'une variable (exemple : transformer des dates en une variable binaire récent/ancien) sont des pratiques courantes en analyse prédictive. Ce procédé porte même un nom: on parle de «feature engineering»

Parfois, il n'y a même pas de variables initiales du tout et toutes les variables du problème sont créées par un algorithme! C'est notamment le cas des problèmes de «sequence mining» qui consistent à identifier des motifs récurrents avant la réalisation d'un événement: les séquences identifiées deviennent les variables du problème. Ce procédé est par exemple très utilisé en e-commerce afin d'identifier des chemins de navigation qui mènent à la conversion (ou non).

L'efficacité d'un modèle se mesure et les modèles peuvent être comparés

Tous les prestataires vantent la qualité de leurs prédictions, établies par «les plus grands chercheurs de ce monde». Mais comment reconnaît-on un bon modèle prédictif d'un médiocre? La comparaison et le choix d'un modèle se fait principalement suivant trois critères: la qualité des prédictions, la capacité à généraliser et la simplicité d'implémentation.

La qualité des prédictions est donnée généralement par un score entre 0 et 1. Il existe plusieurs méthodes pour évaluer ce score, la plus utilisée étant la «courbe ROC[1]». Cette courbe est tout simplement l'extension de la matrice confusion étudiée en préambule de cet ouvrage et s'obtient en traçant le taux de «vrais positifs» en fonction du taux de «faux positifs». Les points sont obtenus en faisant varier le seuil de décision «s» qui caractérise la matrice de confusion, faisant apparaître des configurations similaires à la figure ci-après.

---

1. L'erreur moyenne absolue (MAE), le coefficient de détermination R^2, le F1 score… sont d'autres méthodes très utilisées et non détaillées ici. Leur principe repose sur une estimation de l'erreur entre réalité et prédictions et une simple ligne de commande dans un logiciel de statistiques avancées permet en général d'obtenir ce score. Le choix de la méthode dépend du type d'algorithme à évaluer et plusieurs méthodes sont souvent utilisées simultanément.

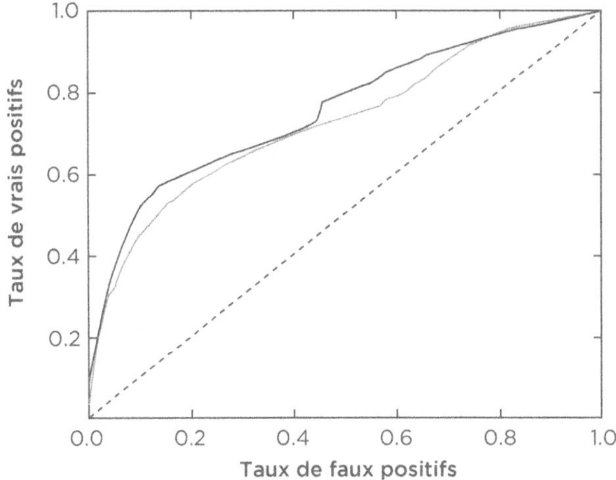

Figure 62 – Comparaison de différents modèles sur une courbe ROC

Le graphique s'interprète de la manière suivante :

- la bissectrice d'équation y = x représente un modèle aléatoire (en moyenne la prédiction a autant de chance d'être juste qu'erronée) ;

- les deux courbes sont les modèles qu'on souhaite évaluer : ils sont bien tous meilleurs que l'aléatoire ;

- le meilleur modèle est le modèle se rapprochant le plus du point (0;1) et maximisant l'aire sous la courbe.

La capacité à généraliser (ou stabilité) d'un modèle est fondamentale. Un modèle peut en effet expliquer parfaitement le jeu de données fourni, mais être incapable de généraliser les prédictions à d'autres données ou être complètement bouleversé par une petite variation dans les données. Ce phénomène est un piège classique connu des data scientists sous le nom de «sur-apprentissage»

La simplicité d'implémentation et d'usage est essentielle au passage à l'échelle du modèle. Certains modèles sont en effet très puissants mais trop consommateurs en ressources ou complètement ininterprétables. C'est pourquoi les modèles vainqueurs des concours «Kaggle[1]» sont très rarement ceux qui finissent en production ! Il est parfois préférable de rester sur un modèle simple,

---

1. Concours de data science rendus célèbres il y a quelques années par la dotation de 1 M$ proposé par Netflix dans le cadre de l'optimisation de son moteur de recommandation.

mais avec une vitesse de calcul faible et un sens métier (exemple : fournissant une pondération des variables les plus importantes).

Apprendre, prédire, valider

Pour prédire, il faut d'abord apprendre. Un projet de marketing prédictif suit donc quasi systématiquement la méthodologie suivante :

- **base d'apprentissage (ou d'entraînement) :** 60 % du jeu de données est utilisé pour l'apprentissage, à savoir la construction d'un ou de plusieurs modèles prédisant la variable cible ;
- **base de test :** 20 % des données sont utilisées pour tester les différents modèles, les optimiser et sélectionner un gagnant ;
- **base de validation :** les derniers 20 % servent à la validation finale du modèle sélectionné.

Ce découpage préalable du jeu de données est essentiel, car il permet de vérifier que les prédictions annoncées par le modèle sont bonnes avant de mettre le modèle en production.

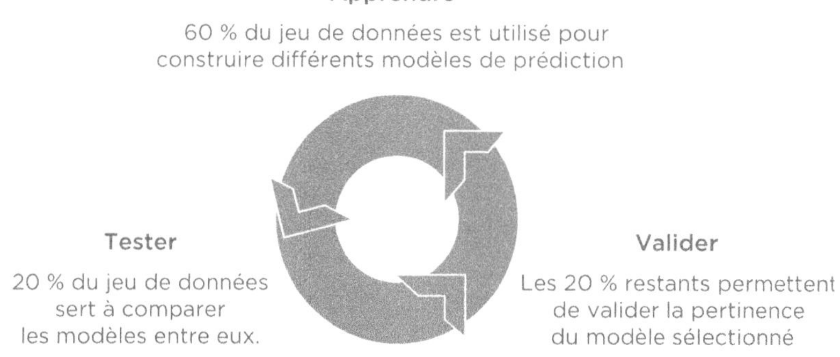

Figure 63 – Méthodologie derrière la conception d'un algorithme prédictif

Ces concepts étant énoncés, intéressons-nous à présent aux deux grandes catégories de modèles prédictifs que vous serez susceptible de rencontrer sur le marché[1] :

- **les modèles dits de « régression »** prédisent les valeurs d'une variable cible à partir d'une ou de plusieurs variables. Le cas

© Groupe Eyrolles

---

1. La distinction n'est pas exclusive : il existe pléthore d'algorithmes (Random Forrest, Gradient Boosting, SVM, etc.) qui peuvent satisfaire aux deux types de problèmes. D'un niveau avancé, ils sont réservés aux spécialistes du domaine et ne sont pas abordés dans cet ouvrage.

Bon à savoir

Ces deux modèles appartiennent au monde des algorithmes supervisés, par opposition aux algorithmes non supervisés dans lesquels les valeurs de sortie (prix, état...) ne sont pas connues (exemple : les algorithmes de clustering étudiés au chapitre 5).

d'école est la prédiction du prix d'un appartement par rapport à la surface, le quartier et l'ancienneté de l'immeuble ;

• **les modèles dits de classification** prédisent un état (typiquement « sain/malade » dans le domaine de la santé ou « clients qui vont renouveler ou non leur abonnement » en ce qui concerne le marketing).

PRÉDICTION EXPLICITE À PARTIR DES VARIABLES : LES MODÈLES DE RÉGRESSION

Attaquons tout de suite avec deux exemples, le premier pédagogique, le second plus lié aux problématiques marketing d'une entreprise.

Prédire le gazouillis des criquets

Diana Virgo, mathématicienne de la Loudan Academy of Science de Virginie fit un jour une drôle d'expérience pour expliquer le pouvoir des mathématiques à son auditoire. Elle apporta un seau de criquets, un petit radiateur et posa la question suivante : « Les criquets chanteront-ils plus ou chanteront-ils moins si j'augmente la température ? » Et l'expérience commença : pour chaque

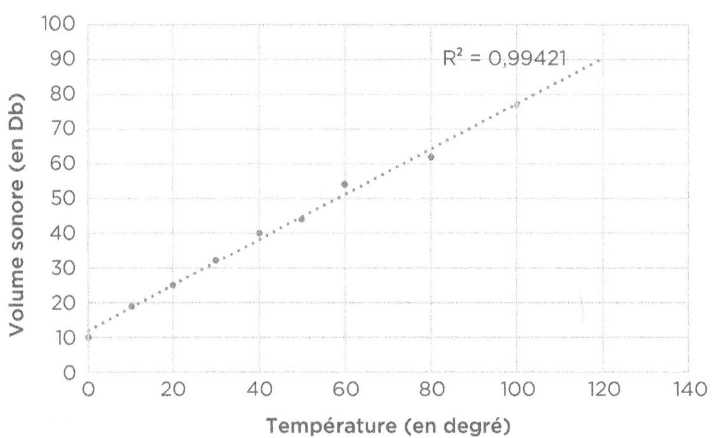

Figure 64 – Prédiction du volume sonore des criquets selon la température

© Groupe Eyrolles

nouvelle température, l'auditoire estima le volume sonore des «gazouillis». Très vite un ensemble de données (température, gazouillis) fut collecté et la courbe da la figure précédente put être tracée.

Comme on pouvait s'y attendre, plus le radiateur est chaud et plus les criquets s'agitent, et il est même possible grâce à l'équation de la droite[1] de prévoir le volume sonore des criquets pour chaque degré supplémentaire : le point gris de la courbe de coordonnées (100,78) est une prédiction ! Et l'ensemble de l'expérience est la (formidable) façon dont cette professeure de mathématiques a introduit la notion de fonction à ses élèves de 3e…

Morale de cette histoire[2] : «prédire» n'implique pas nécessairement mettre en place un modèle mathématique complexe. La fonction affine apprise au collège est par définition un modèle de prédiction !

Prédire le CA d'un nouveau magasin pour choisir le meilleur emplacement

Considérons un exemple un peu plus sérieux et proche des problématiques d'un directeur marketing : imaginez que vous cherchez à ouvrir un nouveau magasin et souhaitez déterminer le meilleur emplacement géographique[3]. Contrairement au problème précédent avec les criquets, **la réussite de votre futur magasin dépend ici d'un grand nombre de facteurs** : la densité de population, le nombre de magasins concurrents autour de votre future implantation, l'accessibilité, etc. Chacun de vos collaborateurs a d'ailleurs une théorie sur le critère qui aura le plus d'impact sur les ventes : «Crois-moi : il nous faut un magasin qui fait l'angle de la rue», «Être proche d'un parking est vraiment déterminant d'après moi», «N'oublie pas que notre cible sont les seniors, il faut en tenir compte dans l'accessibilité», etc.

Comment faire la part des choses ? Modéliser mathématiquement la réussite d'un magasin est une approche précieuse pour rationaliser le choix.

---

1. Cf la régression linéaire simple introduite dans le chapitre 5 à propos des corrélations entre variables. Pour rappel R^2 est le carré du coefficient de corrélation et exprime la qualité de l'approximation (ici excellente).
2. Tirée de l'excellent ouvrage de Chip Heath and Dan Heath, *Made to stick : why some ideas survive and other die,* Random House, 2007.
3. Cette problématique porte souvent le nom de «géomarketing»

Vous connaissez en effet un grand nombre de données sur l'implantation de vos magasins actuels et disposez d'un fichier comme celui ci-dessous :

Magasin	CA/an/ superficie	Âge moyen zone de chalandise	Nombre de magasins concurrents dans un rayon de 400 m	Distance au premier parking (m)
Paris	197	39	13	97
Lyon	223	40	9	128
Bordeaux	110	38	7	196
Strasbourg	134	36	7	36
Nice	202	49	8	375

Figure 65 – Trois types de variables sont collectés sur les magasins pour prédire le chiffre d'affaires au m^2

Le premier réflexe serait ici de tracer les graphiques liant le chiffre d'affaires/an/superficie à chacune des trois autres variables afin d'étudier l'existence d'une relation linéaire. Laissons cela à titre d'exercice au lecteur, sans doute impatient d'appliquer le «théorème du criquet».

Mais comment modéliser en une seule équation l'influence de toutes ces variables ? C'est précisément à cette question que répond **la régression linéaire multivariée**[1]. Cet algorithme très utilisé en data marketing[2] «pondère» chacune des variables dans un modèle de la forme :

Y = aX1 + bX2 + cX3 + cste + erreur

- Y désigne la variable à prédire, ici le chiffre d'affaires annuel au m^2 ;

- X1, X2 et X3 sont les variables explicatives, ici l'âge moyen de la population dans la zone de chalandise, le nombre de magasins concurrents dans un rayon de 400 m et la distance au premier parking ;

- a, b et c sont appelés les «coefficients de pondération» et correspondent à l'influence des variables dans la prédiction ;

- le terme d'erreur qualifie l'approximation du modèle.

---

1. La régression linéaire est un cas particulier de régression multivariée. Il en existe plein d'autres, en particulier la régression polynomiale de la forme $Y = cste + aX + bX^2 + cX^3$...
2. Pour prédire des valeurs (frais de livraisons d'un nouveau produit, part d'audience d'une nouvelle émission) mais aussi mesurer l'influence de variables (pondération de l'influence de différents composants d'une publicité, explication de la chute d'appels téléphoniques).

Tous les outils statistiques évolués permettent de modéliser en quelques clics un problème par une régression linéaire multivariée.

Par exemple, avec le logiciel de statistiques «R», l'utilisation de la fonction *lm* donne[1] pour notre problème d'implémentation de magasin les coefficients de pondération suivants :

```
Coefficients:
                Estimate
(Intercept)     177.4711
Age              15.3152
Concurrence     -35.5738
Dist.parking      5.1521

Multiple R-squared: 0.9997
```

Figure 66 – Résultat de la régression linéaire multivariée
avec le logiciel « R »

Soit dans le formalisme de l'équation de la régression linéaire présentée plus haut :

- a = 15,3 ;
- b = –35,6 ;
- c = 5,2 ;
- cste = 177, 5 ;
- terme d'erreur = 0,0003.

L'interprétation de ces résultats peut se faire de la manière suivante :

- la constante 177,5 correspond plus ou moins à la moyenne du CA des magasins observés. C'est la prédiction dite « naïve » (annulation de l'influence des variables, à savoir a = b = c = 0) ;

- le paramètre le plus important est le niveau de concurrence qui influence très négativement le CA (b = –35,6), ce qui est conforme à l'intuition ;

- quand l'âge moyen de la zone augmente, le CA augmente (a = +15,3 > 0) correspondant au positionnement de cette enseigne ;

- la distance au parking est un facteur positif, mais non discriminant (c = 5,2).

---

1. Après normalisation des variables, technique d'homogénéisation qui ne sera pas développée ici.

- Multiple R-squared est quant à lui le coefficient de détermination qui évalue l'adéquation entre le modèle et les données observées. 0,9997 est une modélisation quasi parfaite de ce point de vue

Enfin l'encadré ci-dessous introduit une autre remarque importante quant à l'interprétation des résultats.

PRÉDICTION N'EST PAS CAUSALITÉ !

Culturellement, le marketing a toujours cherché à comprendre par le biais d'études ou de panels *pourquoi* un consommateur adopte tel ou tel comportement et comment le reproduire. Le marketing prédictif induit une transformation en profondeur de notre rapport à l'information. En effet les modèles prédictifs tels que la régression ici présentée peuvent indiquer le poids de chaque variable dans la prédiction du résultat, mais ne renseignent en aucun cas sur des relations de cause à effet ! Par exemple, une régression peut indiquer un lien évident entre le CA d'un magasin et la pluviométrie, mais ne signifie en rien que la pluie est à l'origine des ventes ou inversement ! D'autres exemples comiques, mais instructifs de cette différence entre corrélation et causalité sont disponibles à l'adresse suivante : http://www.cndp.fr/entrepot/themadoc/probabilites/reperes/causalite-et-correlation.html

Sous réserve de l'extension du modèle au cas général (*i.e.* pas de sur-apprentissage), la régression linéaire multivariée répond ici bien au besoin de prédire le meilleur emplacement : il suffit pour chaque emplacement éligible de collecter l'âge moyen de la population dans la zone de chalandise, le nombre de magasins concurrents aux alentours et la distance au premier parking pour calculer le chiffre d'affaires prévisionnel du magasin et faire un choix « data driven ».

Bon à savoir

Si vous n'êtes pas un adepte des régressions, commencez par sélectionner des variables métiers dans le but de mesurer leur influence. Cette démarche évitera des conclusions erronées fondées sur des interprétations biaisées des coefficients de pondération.

PRÉDICTION D'UN ÉTAT : ALGORITHMES DE CLASSIFICATION

À nouveau préférons les exemples pratiques à l'exposé d'une théorie fastidieuse.

Le client va-t-il renouveler son abonnement?

L'une des principales applications du marketing prédictif est l'anticipation du taux de churn, c'est-à-dire la capacité à identifier les clients sur le départ et à réagir pour les retenir. Considérons un exemple pédagogique dans le secteur de l'assurance et essayons de comprendre comment il est possible de prédire une résiliation.

Un expert métier a identifié trois variables *a priori* importantes dans l'anticipation d'une résiliation du contrat d'assurance :

- le nombre de membres de la famille assurés auprès de l'entreprise ;
- l'âge du client ;
- le nombre de visites des pages «conditions générales» lors des trois derniers mois.

Ces données sont collectées depuis des années et archivées dans le fichier historique ci-dessous :

Id client	Renouvellement du contrat	Âge	Membre(s) de la famille également assuré(s)	Nombre de visites des pages « conditions générales » lors des 3 derniers mois
1	Non	22	1	7
2	Oui	28	1	1
3	Oui	26	0	0
4	Oui	35	1	1
5	Non	35	0	8
6	Non	29	0	3
7	Non	54	0	4
8	Non	20	3	2
9	Oui	27	0	11
10	Oui	34	1	0

Figure 67 – Trois types de variables collectées sur les clients pour prédire une éventuelle résiliation (base d'apprentissage)

La variable à prédire est «renouvellement du contrat», les autres variables sont les variables explicatives. Contrairement aux exemples précédents, la variable à prédire est cette fois-ci non plus une valeur continue, mais une valeur binaire, d'où le recours à un algorithme de classification.

Comme précédemment, un premier niveau de prédiction[1] peut être obtenu rapidement à l'aide cette fois-ci d'un algorithme appelé «régression logistique multivariée». Le principe est assez

---

1. À partir de ce «niveau 0» est ensuite déployé tout un arsenal d'optimisations du modèle : feature engineering, test de nouveaux algorithmes, meilleur paramétrage, etc.

© Groupe Eyrolles

similaire à la régression linéaire, à savoir modéliser le problème par une équation qui est cette fois-ci du type:

Log (p/[1-p]) = aX1+bX2 +cX3 +cste + erreur

- p est la probabilité que renouvellement = oui (soit ici d'après le tableau de données p = 50 %);
- X1, X2, X3 sont les variables explicatives, ici l'âge du client, le nombre de personnes assurées dans sa famille et le nombre de visites des pages conditions générales;
- a, b, c sont appelés les «coefficients de pondération» et correspondent à l'influence des variables dans la prédiction;
- le terme d'erreur qualifie l'approximation du modèle.

Tout comme pour la régression linéaire, tous les outils statistiques évolués permettent d'effectuer simplement des régressions logistiques. Par exemple, avec le logiciel de statistiques «R», l'utilisation de la fonction *glm* donne pour ce problème de churn les coefficients de pondération suivants:

```
Coefficients:
                Estimate
(Intercept)     -1.73441
Age              0.03952
memberF          1.85636
Visites         -2.7404
```

Figure 68 – Résultat de la régression logistique multivariée avec le logiciel «R»

Soit dans le formalisme de l'équation de la régression logistique présentée plus haut:

a = 0,04;

b = 1,86;

c = – 2,74;

cste = – 1, 73.

L'interprétation des résultats peut se faire de la manière suivante:

- l'âge n'a pas vraiment d'influence sur le réabonnement (coefficient a = 0,04 très faible);
- la présence d'un autre membre de la famille assuré par la même assurance augmente les chances de renouvellement (b > 0);
- lire les conditions générales est le signal d'un départ prochain! (c < 0).

© Groupe Eyrolles

Grâce à ce modèle, il est maintenant possible d'évaluer la probabilité de résiliation d'un client. Par exemple pour un assuré de 30 ans, avec un membre de sa famille également assuré et ayant visité une fois les conditions générales ces trois derniers mois, la probabilité s'exprime par :

p/(1-p) = exp (0,04 x 30 + 1,856 x 1 – 2,74 x 1 – 1,73) soit p = 19 % d'où 81 % de chance de résilier le contrat.

Sans la visite des pages «conditions générales», la probabilité de résilier aurait chuté à 21 %, ce qui montre l'importance très forte de ce critère dans cet exemple fictif.

En classant les individus selon leurs probabilités de résiliation, la prédiction se transforme en un **modèle de scoring** *(cf. encadré).*

LE SCORING : UNE ÉVALUATION PAR UNE NOTE ENTRE 0 ET 1 DE LA PROBABILITÉ D'APPARTENANCE À UNE CLASSE

Le scoring représente le cœur de l'activité data mining dans le monde de l'entreprise. Il s'agit de classer un individu dans l'un des groupes définis *a priori* (exemple : bon payeurs/mauvais payeurs) et ce au vu de certaines caractéristiques de cet individu. Né au milieu du XXe siècle dans les banques pour évaluer le risque de défaillance d'un créditeur, le scoring s'est répandu depuis dans l'ensemble des secteurs d'activité en réponse à trois types de problématiques :

le score d'appétence estime la probabilité pour un client d'être intéressé par un produit ou un service donné. Il est par exemple très utilisé en BtoB afin de prioriser des listes d'appels des commerciaux et de concentrer le «phoning» sur les clients les plus susceptibles de répondre favorablement *(lead scoring)* ;

le score de risque estime la probabilité d'un client de rencontrer un incident de paiement ou de remboursement. Il est également utilisé en e-commerce pour identifier les tentatives de fraude dont le montant total représenterait tout de même en 2015 deux milliards d'euros, soit 4 % du marché !

le score d'attrition (ou *churn*) est la probabilité pour un client de quitter l'entreprise. Il est particulièrement utilisé dans les marchés en vase clos tels que la téléphonie, les assurances ou l'énergie.

Indications des conversations «tchat» ayant une faible probabilité de satisfaire le client

Les algorithmes de classification se prêtent très bien aux analyses sémantiques (détecter des émotions, comprendre les requêtes dans un moteur de recherche, etc.). En particulier l'analyse sémantique (ou «text mining») des sessions de tchat peut être utilisée pour augmenter la satisfaction client et donc la fidélité.

© Groupe Eyrolles

Supposons que vous soyez responsable des ventes en ligne de chaudières. Eu égard à l'importance de l'achat, la majorité des clients utilisent le tchat en ligne au moins une fois dans le tunnel de conversion. Vous souhaitez pouvoir être alerté en temps réel des discussions peu prometteuses afin de pouvoir intervenir et sauver la vente. À cette fin, vous aimeriez être capable de classer les conversations en deux catégories : les conversations à problème et les conversations sans problème. Autrement dit, vous souhaiteriez pouvoir calculer la probabilité d'être en situation difficile *connaissant* le contenu de l'échange mené jusque-là avec l'opérateur.

Comme de coutume, vous disposez d'une base d'historique appelée « base d'apprentissage », remplie par l'opérateur de tchat après chaque échange avec un internaute.

Id internaute	A acheté ?	L'internaute se renseigne sur la garantie	L'internaute mentionne un concurrent	L'internaute se renseigne sur l'installation de la chaudière
1	Oui	Oui	Non	Oui
2	Non	Non	Oui	Non
3	Non	Non	Oui	Oui
4	Non	Non	Oui	Oui
5	Non	Oui	Non	Non
6	Oui	Oui	Oui	Oui

Figure 69 – Trois variables collectées dans les tchats
(base d'apprentissage)

À partir de cette base, il est légitime de se poser la question suivante : faut-il déclencher une alerte lorsque la conversation contient à la fois des expressions clés liées à la « garantie » et la référence à des « concurrents » ? Autrement dit la probabilité d'un achat est-elle haute ou faible dès lors que la conversation tourne autour de la garantie et des concurrents ?

Le calcul d'une *probabilité « sachant que »* est le domaine de prédilection de **l'algorithme de Naive Bayes** selon lequel :
Probabilité (A sachant B)=P (B sachant A)P (A)/P (B)[1]

L'application de ce théorème à notre cas de figure s'écrit :

P (achat | garantie, concurrent)=P (garantie, concurrent | achat)P (achat)/P (garantie, concurrent)

---

1. Théorème très simple dérivé de la définition des probabilités conditionnelles enseignées au lycée.

où le symbole | exprime «sachant».

En faisant l'hypothèse que les variables «garantie» et «concurrent» sont indépendantes entre elles[1], l'expression se simplifie en *P (achat | garantie, concurrent) = P (garantie | achat) x P (concurrent|achat) x P (achat)/P (garantie, concurrent)*

De la même façon par symétrie on peut écrire *P (non achat | garantie, concurrent) = P (garantie | non-achat) x P (concurrent|non achat) xP (non-achat)/P (garantie, concurrent)*

En divisant la première expression par la seconde, on obtient :

P (achat|garantie, concurrent)/P (non-achat|garantie, concurrent)= *P (garantie | achat) x P (concurrent|achat) x P (achat)/P (garantie | non-achat) x P (concurrent|non achat) x P (non-achat)*

Le membre de droite se calcule directement avec la base de données d'apprentissage, en se basant sur les fréquences observées. Ainsi :

- P (garantie | achat) = 2/2 = 1;
- P (concurrent | achat) = 1/2;
- P (achat) = 2/6 = 1/3;
- P (garantie | non-achat) = 1/4;
- P (concurrent | non-achat) = 3/4;
- P (non-achat) = 4/6 = 2/3.

D'où P (achat|garantie, concurrent)/P (non-achat|garantie, concurrent) = 4/3

Le résultat supérieur à 1 signifie concrètement qu'il y a plus d'achats que de non-achats pour les conversations mentionnant la garantie et les concurrents: il s'agit ici d'un tchat «prometteur» qui ne nécessite pas l'envoi d'une alerte.

Sans la mention à la garantie (donc juste de la concurrence), le résultat aurait été 0,33. L'envoi d'une alerte aurait alors été pertinent, conformément à l'intuition.

Par souci de simplicité, nous avons présenté ici uniquement des classifications binaires OUI/NON. Mais les algorithmes de classification sont également utilisés pour d'autres types de prédiction «multiclasses», par exemple prévoir quels produits parmi une sélection ont le plus de probabilité d'être achetés: ce sont des algorithmes souvent utilisés dans les nombreux moteurs de recommandation présents sur le marché.

---

1. Deux variables sont dites «indépendantes» si elles n'ont aucune influence l'une sur l'autre. Par exemple, la valeur d'un premier lancer de dés n'a aucune influence sur la valeur du second lancer de dés. En probabilité, A et B sont indépendantes équivaut à écrire P (A|B)=P (A). De plus P (A, B|C) = P (A|C)P (B|C).

 **À RETENIR DE CE CHAPITRE**

Le marketing prédictif s'appuie sur deux types d'algorithmes: les algorithmes de régression et les algorithmes de classification. Les premiers servent à prédire une valeur, par exemple le chiffre d'affaires d'un nouveau magasin ou la valeur d'un client sur son cycle de vie. Les seconds servent à prédire un état (par exemple acheteur/non acheteur, allant déménager/n'allant pas déménager, etc.) et sont à la base des modèles de scoring. Les régressions linéaires, régressions logistiques et arbres de décision sont les algorithmes prédictifs les plus fréquemment utilisés en data marketing.

À vous de jouer

- ✔ Prédisez le CA des prochains mois à l'aide d'une régression linéaire (astuce: créer une variable binaire saisonnalité haute/faible).

- ✔ Créez une base d'apprentissage des clics sur la newsletter et pondérez les différents critères décrivant un abonné à l'aide d'une régression linéaire multivariée.

- ✔ Créez une base d'apprentissage sur les mots clés tapés dans le moteur de recherche interne de votre site e-commerce et identifiez grâce à Naive Bayes des mots clés annonciateurs de conversions.

SOURCES

Ce chapitre sur le marketing prédictif clôt la deuxième partie de cet ouvrage consacré à l'analyse des données. Pour aller plus loin, découvrir de nouvelles applications et approfondir la théorie du *data mining* et du *machine learning* sans pour autant être confronté à trop de technicité, la lecture des deux ouvrages ci-dessous est vivement conseillée:

- *Data science: fondamentaux et études de cas*, E. Biernat et M. Lutz, Eyrolles, 2015, d'où est notamment adapté l'exemple de Naive Bayes;

- *Big Data et Machine Learning - Manuel du data scientist*, Pirmin Lemberger, Dunod, 2015.

Activiver les données

—

AUTODIAGNOSTIC

La data est l'un des sujets de préoccupation phares des entreprises. Si la donnée est perçue comme « digne d'intérêt », son utilisation dans les stratégies marketing ne semble pas encore une évidence pour la plupart des entreprises. Et vous, au-delà des phrases valises, connaissez-vous les différents champs d'application de la data dans le marketing de tous les jours ? Faites ce petit test (avant et après la lecture de la partie) pour mieux cerner votre maturité sur les possibilités d'exploitation offertes par la data !

Question 1 : quel pourcentage de publicité « display » est diffusé sans être jamais vu ?

....

....

Question 2 : quelle est la part des campagnes display effectuées en programmatique ?

....

....

Question 3 : quels sont les trois avantages qui ont permis l'essor du Real Time Bidding ?

....

....

Question 4 : que signifient les abréviations DSP et SSP et quels sont leurs rôles respectifs ?

....

....

Question 5 : comment expliqueriez-vous la différence entre marketing « one to one » et « marketing one to few » ?

....

....

© Groupe Eyrolles

Question 6 : selon vous, quelle est la première vertu
de l'utilisation de la data dans le marketing ?

....

....

Question 7 : pouvez-vous citer quatre typologies de
personnalisation ?

....

....

Question 8 : pouvez-vous citer au moins deux catégories d'e-
mails différents ?

....

....

Question 9 : qu'appelle-t-on un « trigger marketing » ? Pouvez-
vous citer trois « triggers » différents ?

....

....

Question 10 : quels sont les trois prérequis nécessaires à la mise
en place d'un scénario marketing basé sur le beacon ?

....

....

Réponses p. 260

Data et publicité

Constamment exposés à des bannières publicitaires les poussant à acheter les derniers produits qu'ils ont vus sur le net, les consommateurs ont compris que leurs données de navigation étaient utilisées à des fins publicitaires et imaginent de plus en plus les agences marketing comme des machineries évoluées permettant de transformer ces data en messages publicitaires personnalisés.

Il n'est d'ailleurs plus nécessaire de parler à un professionnel du marketing pour rencontrer un interlocuteur comprenant les mots «retargeting» et «publicité ciblée au cookie». La data s'est en effet imposée comme un sujet central en matière de publicité, avec comme figure de proue des articles de presse ou des conférences qui relayent sans discontinuer le même credo: «Le bon message à la bonne personne au bon moment.»

Il faisait donc sens de commencer cette dernière partie liée à l'exploitation concrète des données par un chapitre sur le rôle et les enjeux de la data dans la publicité digitale moderne: **bienvenue dans l'ère de l'achat média programmatique!**

QU'APPELLE-T-ON «PROGRAMMATIQUE»?

La récente étude «État des lieux du programmatique en France, résultats du baromètre 2015» menée par l'EBG[1] et le spécialiste média Quantcast auprès des directeurs marketing indique que 27 % des répondants n'ont jamais entendu parler du programmatique, 17 % ne sont pas sûrs de savoir de quoi il s'agit, 37 % comprennent ce qu'est le programmatique en théorie sans en avoir l'expérience pratique, et seuls 19 % en sont utilisateurs.

---

1. Electronic Business Group, association d'entreprises consacrées aux médias et à l'Internet.

Un petit éclairage s'impose donc pour ne pas rater le virage de ce qui s'affirme de plus en plus comme un des secteurs les plus gros consommateurs de données.

Il était une fois... la publicité digitale

Pour comprendre le présent, il est souvent nécessaire de connaître le passé. **La publicité digitale fait son apparition en octobre 1994** avec HotWired.com dans le rôle du site éditorial (désigné aussi par les termes «éditeur» ou «publisher») mettant à disposition son inventaire publicitaire et AT&T dans celui de l'annonceur. Véritable curiosité, cette première bannière publicitaire enregistra un taux de clic de 78 %!

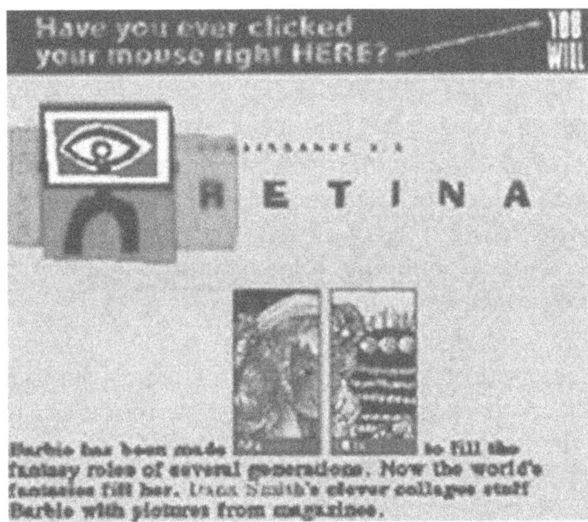

Source: «Happy Birthday, Digital Advertising",
Frank d'Angelo, 26 octobre 2009 sur adage.com.

Figure 70 – La première bannière publicitaire rencontra un franc succès!

Reproduisant les us et coutumes de l'achat media offline (télé, radio), les diffusions des campagnes digitales sont à cette époque la résultante de négociations en direct entre le site éditorial et l'annonceur (éventuellement représenté par son agence), sur la base d'un CPM (coût pour 1000 impressions). Technologiquement la mécanique est plutôt simple et repose sur l'**adserver:**

- L'adserver publisher assure la gestion des espaces publicitaires du site éditorial, et notamment «quel espace est vendu à quel annonceur».

- L'adserver annonceur affiche la publicité de l'annonceur et traque la performance des campagnes (impressions, clics, conversions).

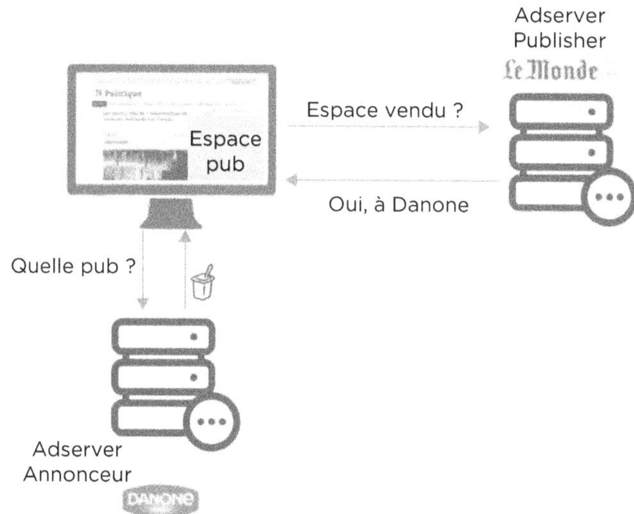

Figure 71 – Fonctionnement de la publicité à la fin des années 1990

Cependant, un problème apparaît rapidement côté éditeurs: l'explosion du digital les propulse à la tête d'inventaires publicitaires gigantesques, d'autant plus importants que chaque article peut être consulté pendant des années, offrant à chaque nouvelle consultation un nouvel espace publicitaire à remplir. Il devient alors extrêmement difficile de trouver suffisamment d'annonceurs avec qui conclure des contrats de gré à gré pour vendre la totalité de l'espace disponible. Et dans le cas contraire, c'est la force commerciale qui fait défaut ou bien même le coût de la vente qui dépasse les bénéfices escomptés (pour les inventaires publicitaires peu qualitatifs).

Ce problème des invendus donne naissance au début des années 2000 aux adnetworks, réseaux publicitaires qui agrègent les inventaires invendus de différents éditeurs et les revendent aux annonceurs sous forme packagée à bas coût. Le principe permet en théorie aux éditeurs de vendre une proportion beaucoup plus importante de leurs emplacements, et aux annonceurs d'acheter des bannières publicitaires beaucoup moins chères sur des sites proches de leurs thématiques de prédilection. Cependant, en pratique, le procédé souffre d'un manque global de transparence et de performance (en particulier la publicité met trop de temps à charger, en raison des nombreux appels en série aux adnetworks).

© Groupe Eyrolles

En 2005, Criteo apporte le premier une réponse convaincante aux invendus publicitaires **en s'intéressant non pas uniquement à la qualité de l'emplacement, mais aussi à l'individu derrière son écran**. En particulier Criteo est prêt à acheter cher un emplacement pour un internaute qui a déjà visité le site de l'annonceur : c'est la naissance du retargeting. En contrepartie de cette opportunité, Criteo demande aux publishers de l'appeler *avant* les adnetworks (procédé dit du «first look»). Grâce à ce droit de regard et à un modèle économique astucieux (achat d'espace à prix fixe, facturation à l'annonceur au nombre de clics), Criteo s'impose rapidement comme un leader sur le marché publicitaire et un précurseur de l'écosystème programmatique actuel[1].

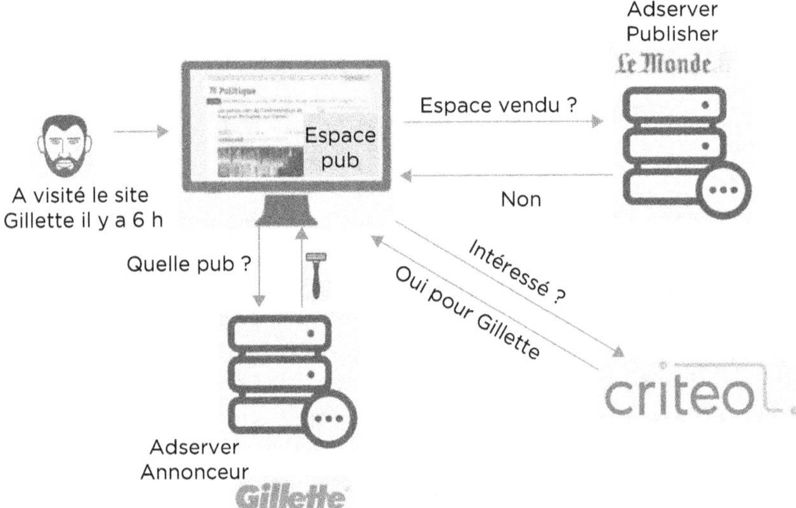

Figure 72 – Criteo est le premier à s'intéresser à l'individu derrière l'écran

Le programmatique s'impose comme le prochain standard publicitaire

C'est dans ce contexte qu'apparaissent en 2008 les achats programmatiques, transformation en profondeur du marché industrialisant l'idée d'acheter non plus uniquement un emplacement, mais une audience spécifique. L'achat d'espace est désormais effectué au cas par cas de façon complètement automatisée, par

---

1. Présent côté acheteur comme vendeur, Criteo a notamment posé les briques des adexchanges qui ne seront créés officiellement que cinq ans après !

opposition à l'achat média traditionnel négocié de gré à gré entre un annonceur et un éditeur et déterminé par un engagement de volume et de dépenses.

Il convient toutefois de nuancer le terme «opposition». Le terme «programmatique» regroupe en effet plusieurs modes d'achats plus ou moins disruptifs avec le modèle historique : **certains achats se font aux enchères en temps réel, d'autres restent à prix fixe.**

▓ Plusieurs variantes au sein du programmatique...

Les achats aux enchères constituent ce qu'on appelle le RTB, abréviation de Real Time Bidding (enchère en temps réel). Le RTB représentait en 2015 dans le monde 81 % de l'achat média programmatique[1] et se subdivise en deux types d'enchères :

- les enchères ouvertes (*open auction*) adressées à l'ensemble des acheteurs du marché (jusqu'à plusieurs centaines en concurrence);
- les enchères sur invitation (*private auction*) adressées uniquement à une sélection d'acheteurs au sein de places de marché privées (*private marketplaces*), en contrepartie d'un engagement à payer un prix premium.

La différence entre ces deux modes d'enchères réside dans l'inventaire mis en jeu : tandis que les éditeurs ne voient pas d'inconvénient à mettre aux enchères ouvertes leurs invendus (inventaire qualifié parfois «d'indirect»), ils sont plus frileux en ce qui concerne leurs inventaires premium (qualifié parfois d'inventaire «direct»). En 2012 se sont ainsi développés les «private marketplaces» permettant aux éditeurs de tester ce que le RTB pouvait apporter à leur inventaire premium, tout en maîtrisant les deux sujets importants à leurs yeux : la maîtrise des prix via l'instauration d'un «floor price» (*i.e.* prix plancher en deçà duquel les acheteurs ne peuvent enchérir) et le contrôle de la qualité des bannières diffusées via la sélection des acheteurs.

Du côté acheteur, la mise en compétition des espaces peut faire planer le risque de perdre finalement en visibilité sur les emplacements premium par rapport à des accords exclusifs qui étaient auparavant signés avec les éditeurs. Surtout, l'achat programmatique pose la question de la «brand safety» : comment s'assurer que la bannière n'est pas diffusée sur un site qui porte atteinte à la marque quand l'inventaire sur lequel on enchérit est uniquement déterminé par un numéro anonyme ? Ces interrogations ont donné naissance à deux nouveaux types d'achats à taux fixe : le «programmatique

---

1. Étude Magna Global «Programmatic intelligence», réalisée par IPG Mediabrands, 2015.

garanti» (inventaire réservé pour un annonceur) et les «preferred deals» (inventaire non réservé, mais une priorité de droit de regard ou «first look»). Bien que minoritaires au sein du programmatique, les deals «one-to-one» connaissent un pic à la période de Noël, moment clé pour les annonceurs qui doivent assurer à tout prix leur diffusion sur certains inventaires publicitaires clés.

Le tableau ci-dessous résume les quatre branches de l'achat média programmatique.

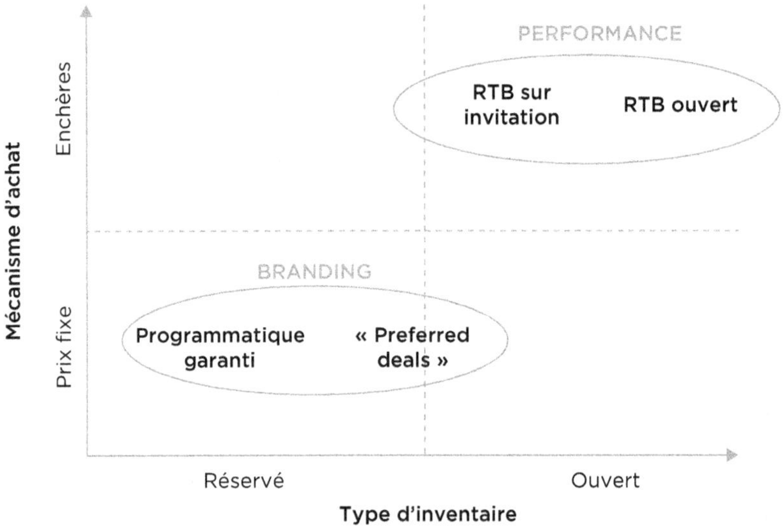

Source : d'après International Advertising Bureau (IAB).

Figure 73 – Les quatre segments du programmatique

◾ … avec une croissance ininterrompue depuis 2008

Quelle que soit la variante considérée, la force du programmatique est de satisfaire simultanément les enjeux des deux parties grâce à la prise en compte de l'individu derrière l'ordinateur et non plus seulement de l'emplacement :

• du côté éditeurs, les invendus prennent de la valeur ;

• du côté annonceur, les performances des campagnes augmentent.

En 2016, le programmatique représentait ainsi dans le monde 51 % des achats médias display, soit un marché de 39 milliards de dollars[1] (555 millions d'euros en France[2]). Cette part devrait

---

1. «Programmatic Marketing Forecasts 2016», Zenith|The ROI agency
2. «Two-Thirds of Display Spending in France Is programmatic», emarketer.com, 15 septembre 2016

encore s'élargir. Après avoir été multiplié par presque 10 entre 2012 et 2016, le marché devrait ainsi selon l'étude Zenith grandir au rythme effréné de 30 % de croissance annuelle jusqu'en 2019, étant notamment porté par la croissance de la vidéo programmatique et du programmatique mobile.

Et la révolution ne fait que commencer puisqu'après l'achat programmatique des bannières/vidéos sur le Web et sur le mobile, des projets expérimentaux sont en cours pour acheter selon la même logique des spots radio, des spots télé et même des emplacements d'affichage physiques! En janvier 2015, le géant de l'agroalimentaire Mondelez (anciennement Kraft Food) a ainsi acheté en programmatique un spot TV de 15 secondes pendant le Super Bowl[1] pour promouvoir ses biscuits Oreo[2]. Selon emarketer.com[3], la TV programmatique devrait ainsi en 2018 représenter 6% des dépenses publicitaires TV aux États-Unis, soit un marché de plus de 4 milliards de dollars.

Même si pour le moment les différents modèles continuent de coexister et que certains marchés restent un peu en retrait dans la courbe d'adoption du programmatique, le phénomène programmatique n'en est pas moins aujourd'hui global et irréversible.

Le Real Time Bidding (RTB) change le paradigme de la publicité digitale

Comme évoqué, le potentiel de croissance du marché programmatique est considérable. Selon l'étude Quantcast déjà mentionnée en introduction, 50 % des décideurs n'ont en effet pas encore franchi le pas du RTB, car ils ne comprennent pas l'écosystème et ne conçoivent pas quels avantages ils peuvent tirer de ce nouveau mode d'achat. Sans en faire l'apologie, dressons les trois principaux avantages que perçoivent les utilisateurs du RTB.

Avantage 1: effet d'échelle

Largement inspiré d'Adwords, le RTB repose sur un mécanisme d'enchère du couple {visiteur actuellement sur le site de l'éditeur et exposable à une publicité/emplacement publicitaire à remplir}. L'annonceur qui enchérit le plus fort remporte le droit d'afficher

---

1. Événement sportif majeur de football américain réunissant classiquement plus de 100 millions de téléspectateurs.
2. http://www.thedrum.com/news/2015/01/30/mondelez-s-oreo-and-ritz-first-buy-super-bowl-tv-ads-programmatically.
3. «Programmatic TV Ad Spending to More Than Double This Year", 28 juin 2016, emarketer.com.

sa publicité[1]. **Ce mécanisme permet à un annonceur d'accéder instantanément à un inventaire mondial au prix qu'il juge bon d'enchérir.** Cet effet d'échelle a beaucoup joué dans l'adoption enthousiaste de cette nouvelle technologie par les annonceurs.

■ Avantage 2 : automatisation

Mais surtout le RTB a permis un autre changement de paradigme important. Alors qu'auparavant, les décisions du prix, de l'emplacement exact, et de la durée dans le temps d'une campagne publicitaire se prenaient autour d'un repas d'affaires, cette tâche est dorénavant dévolue à des plateformes technologiques fonctionnant en temps réel. À chaque mise aux enchères d'un emplacement publicitaire par l'éditeur (bid request) est ainsi décidé du côté acheteur :

- de la pertinence ou non d'afficher une publicité ;
- si décision d'afficher, du prix maximum que l'annonceur est prêt à investir dans cette publicité ;
- si enchère remportée, du contenu qui sera présenté dans la publicité.

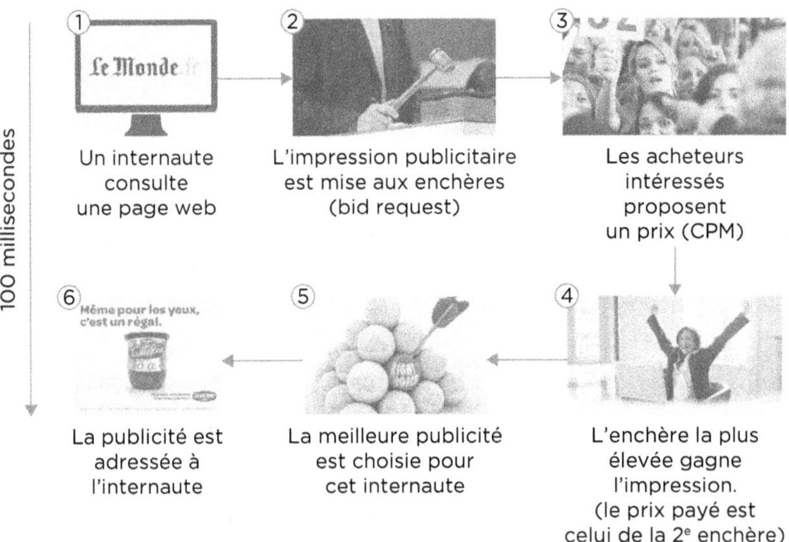

Figure 74 – Grands principes de fonctionnement du RTB

---

1. Et paye le prix correspondant à la deuxième meilleure enchère (+ un centime), principe connu sous le nom de *« 2nd auction price »* ou *« Vickrey auction »*.

Cette automatisation est créatrice de valeur. Plutôt que de passer du temps à faire du média planning et signer des contrats, les annonceurs peuvent automatiser ces tâches et ainsi passer plus de temps à réfléchir à leur stratégie et à la créativité de leurs publicités. De leur côté, les *publishers* sont moins sollicités pour administrer leurs ventes d'espaces. Ils ont donc plus de temps pour créer du contenu à forte valeur ajoutée et attirer les audiences qui se monétisent au meilleur prix sur le marché.

▨ Avantage 3 : acheter une audience et non plus uniquement un contexte

En décidant en temps réel du prix payé pour l'affichage et de la publicité présentée à l'internaute, l'annonceur détient avec le RTB un formidable levier d'optimisation de son budget publicitaire, comme l'illustrent les deux exemples ci-dessous :

Exemple 1 : dans le cadre de la réforme santé de 2016 obligeant chaque entreprise à fournir une mutuelle à ses salariés (et ce quelle que soit la taille de l'entreprise), une grande mutuelle du marché souhaite exploiter cette situation avec une campagne display de pure acquisition dirigée vers les petites entreprises de moins de 100 personnes. Parce qu'il est particulièrement difficile de repérer sur le Web le responsable RH d'une petite PME, un look alike («profils jumeaux», cf. chapitre 3 sur la DMP où le concept a été exposé) a été effectué à partir des petits clients actuels de la société. Une audience de cookies similaires aux clients PME actuels est ainsi constituée, chaque cookie ayant un score d'intérêt plus ou moins élevé (output du modèle de look alike).

Schématiquement la plateforme d'enchères va alors décider pour chaque bid request :

- de ne pas afficher de publicité à un internaute ne faisant pas partie de cette audience cible. L'output est l'absence d'enchère ;
- d'enchérir 1 € CPM pour tous les internautes faisant partie de cette audience cible et dont le score d'intérêt est compris entre 30 et 50. L'enchère est perdue ;
- d'enchérir 5 € CPM pour tous les internautes faisant partie de cette audience cible et dont le score d'intérêt est compris entre 70 et 100. L'enchère est gagnée : la publicité de référence s'affiche ;

© Groupe Eyrolles

- d'enchérir 15 € CPM pour tous les internautes faisant partie de cette audience cible et qui ont par ailleurs récemment commencé à remplir le formulaire de devis. L'enchère est gagnée: une bannière l'invitant à poursuivre le remplissage du formulaire s'affiche.

Exemple 2: un assureur particulièrement frappé par le désabonnement de ses clients souhaite réduire ce phénomène appelé «churn». Une étude de datamining a été menée pour identifier dans la base clients les clients les plus à risque, chaque client recevant un score entre 0 et 100 selon son niveau de risque. Ces clients à risque ont été associés à des cookies[1] et constituent l'audience à cibler. Schématiquement la plateforme d'enchères va décider:

- de ne pas enchérir pour un cookie qui n'est pas dans l'audience cible. Aucune publicité de l'annonceur n'est affichée;

- de ne pas enchérir pour un cookie dont le score est compris entre 0 et 20. Aucune publicité de l'annonceur n'est affichée;

- d'enchérir 1,5 € CPM pour un cookie ayant un score compris entre 30 et 50. L'enchère est perdue;

- d'enchérir 30 € CPM pour un cookie avec un score compris entre 80 et 100. L'enchère est gagnée: la publicité «haut risque» s'affiche.

Attention, ces exemples théoriques n'ont pas pour objectif de simuler une décision d'enchères telle qu'elle a réellement lieu, mais simplement à ce stade de comprendre la philosophie. En particulier, remarquons que dans la plupart des agences média et plateformes d'enchères **on raisonne en segment de cookies inclus/ exclus** et non pas directement par l'individu. Ainsi, on pourra traiter de la même manière tous les individus ayant visité il y a moins d'une heure un produit phare (= inclusion) sans pour autant l'avoir acheté (= exclusion).

Surtout ces exemples illustrent **une des idées fondamentales qui se cache derrière le RTB: acheter une audience et non plus seulement acheter un inventaire.** Le schéma ci-après illustre ce changement de paradigme chez un annonceur souhaitant cibler des amateurs de jeux vidéo.

---

1. Rappel: procédé dit du CRM onboarding, vu au chapitre 3.

© Groupe Eyrolles

Figure 75 – L'achat média programmatique change le paradigme
de la publicité digitale

Avec le RTB, l'écosystème se complexifie

Il est loin le temps où la seule brique technologique de la publicité digitale était l'adserver. Aujourd'hui le paysage s'est grandement complexifié, comme le démontre le célèbre panorama LumaScape des acteurs de la publicité digitale (voir figure suivante).

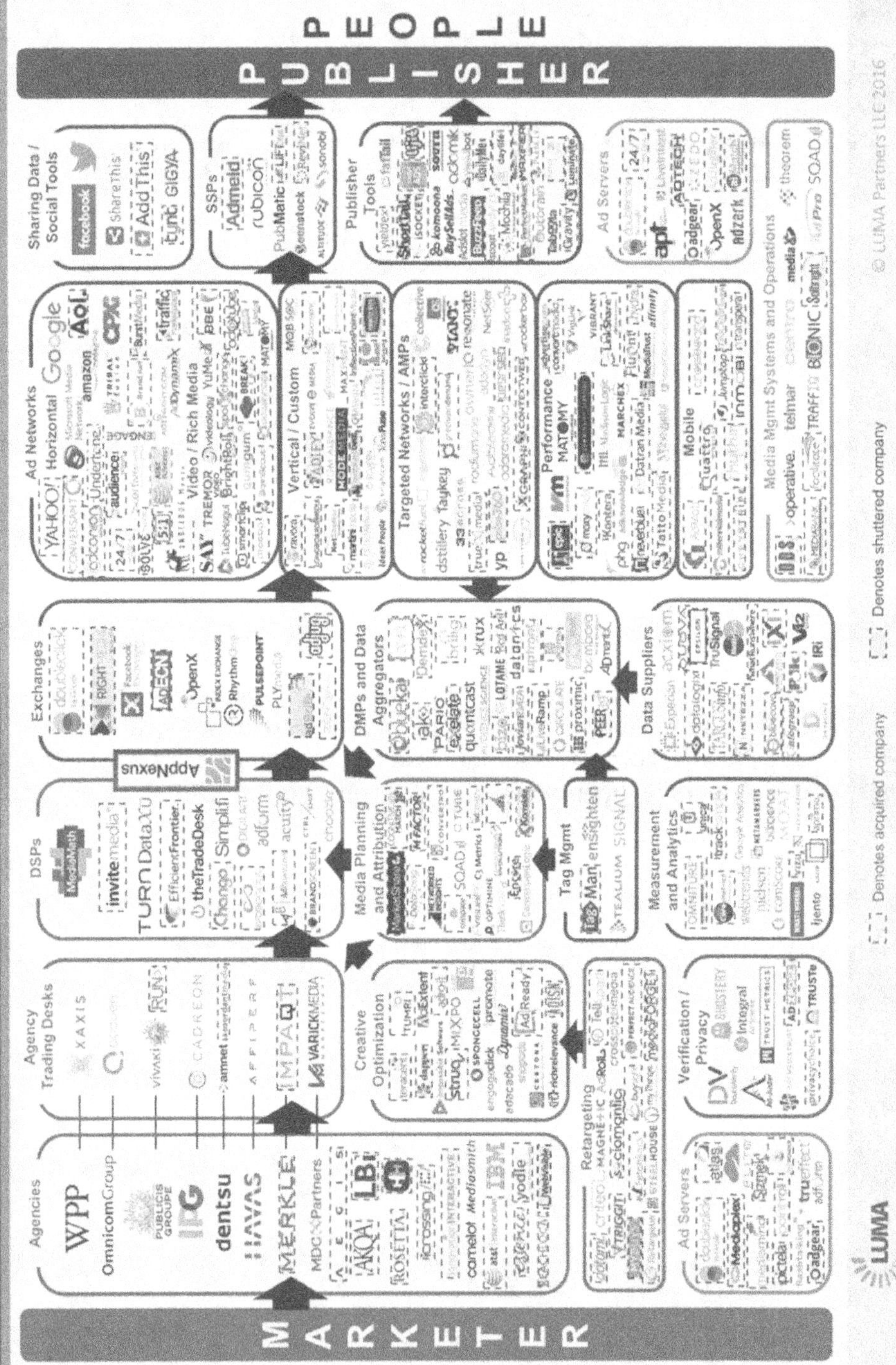

Source: 2016 © LUMA Partners LLC.

Figure 76 – Le panorama des acteurs de la publicité digitale donne mal à la tête à plus d'un annonceur !

L'écosystème publicitaire est complexe, mais se comprend aisément en prenant le temps d'en décortiquer la chaîne de valeur.

Aux extrémités de la chaîne, les personnages principaux :

- **des annonceurs** (exemple : Darty, Yoplait) veulent promouvoir leurs produits et financent les campagnes publicitaires ;

- **des vendeurs** (exemple : Lemonde.fr), appelés aussi éditeurs ou «publishers», ont des espaces publicitaires à proposer, la publicité étant souvent leur principale source de revenu.

Chacun est accompagné de son fidèle destrier historique, l'adserver :

- l'**adserver publisher** gère l'inventaire publicitaire de l'éditeur et distingue notamment l'inventaire vendu de gré à gré de l'inventaire qui sera proposé aux enchères ;

- l'**adserver annonceur** sélectionne et affiche la publicité. Il fournit également les statistiques de «trafficking» (*i.e.* nombre d'impressions, nombre de clics, conversions, etc.).

La plupart des grands adservers du marché (Smartadserver, Sizmek, Adgear, Doubleclick, Campaign Manager...) proposent une solution éditeur et une solution annonceur.

Autour d'un cœur hautement technologique :

- les **SSP** (supply-side platforms) émettent les «bid requests» et permettent aux vendeurs de mettre en bourse leur inventaire. La SSP assure également le flux retour en notifiant l'adserver de l'annonceur ayant gagné l'enchère. Enfin, elle propose aux éditeurs des moyens d'optimiser le prix de la vente à l'aide de plusieurs stratégies, par exemple l'instauration d'un prix plancher ou d'un facteur de pondération par annonceur. Rubicon est une des SSP les plus connues ;

- les **ad exchanges** sont les places de marché où se rencontrent l'offre (i.e. les bid request) et la demande (l'offre d'achat), sous la forme d'enchères. Le rôle de l'ad exchange est de déclarer le vainqueur et d'en informer la SSP émettrice de la bid request. Les ad-exchanges sont souvent spécialisés pour une catégorie d'inventaire, par exemple Double Click Ad Exchange (inventaire display de Google, dont notamment YouTube), Facebook Exchange (inventaire Facebook), 3 W Adex (inventaire des sites e-commerces), Orange Ad Market (inventaire très premium sur le site Orange et quelques éditeurs partenaires), etc.

- les **DSP** (demand-side platforms) sont les plateformes technologiques permettant de passer les ordres d'achat sur les ad-exchanges, en réponse à une bid request. Il s'agit d'une tâche très complexe techniquement qui nécessite une infrastructure colossale dans la mesure où une grosse DSP traite plus d'un million de bid requests par seconde [1]! Autour d'un principe technologique commun, chaque DSP a développé un positionnement propre, privilégiant par exemple la culture technique en étant très ouvert et fortement «customisable» via API (exemple: Appnexus, Mediamath) ou au contraire la culture agence en développant la facilité d'usage (exemple : The Trade Desk). Les formats adressables sont également variés selon les DSP: certaines se spécialisent dans un format (Netadge DSP purement mobile, Tubemogul DSP purement vidéo) tandis que d'autres affichent leur exhaustivité en termes de formats publicitaires (One by AOL, Mediamath);

- les **data providers** (exemple: Exelate, Acxiom) et les **DMP** (exemple : Bluekai, Adobe Audience Manager...), fournissent aux DSP des audiences à cibler (exemple : «les seniors» pour un data provider, «les visiteurs du site ayant parcouru les pages déménagement» pour une DMP annonceur) ou au contraire des audiences à exclure (exemple : «les mineurs» pour un data provider, «les clients» pour une DMP annonceur). Il est à noter qu'il s'agit ici de briques technologiques facultatives, contrairement aux précédentes.

Enfin des agences spécialisées accompagnent les annonceurs et les éditeurs dans cet écosystème complexe:

- les **régies publicitaires** aident les éditeurs à monétiser leurs inventaires publicitaires. Ils essayent de faire la part des choses entre ventes de gré à gré et ventes en RTB, afin de profiter du potentiel de ce dernier sans pour autant cannibaliser les inventaires premiums;

- les **trading desks** achètent pour le compte des annonceurs et rendent compte des performances mesurées. Ces trading desks peuvent être indépendants (exemple : Tradelab, Gamned) ou intégrés au sein d'une agence média (exemple : Amnet est le trading desk de l'agence Dentsu Aegis, GroupM est le trading desk de WPP, Affiperf celui d'Havas, etc.). La plupart utilisent les mêmes plateformes d'achat, quelques-uns ont toutefois développé des technologies propres, par exemple pour obtenir une meilleure granularité dans les enchères. On distingue également dans ce panorama les trading desks purement mobiles (Adotmob, Yanco, Adnow...). Au total, plusieurs dizaines de trading desks[2]

---

1. Critère de sélection considéré par l'Institut Forrester dans son étude comparative des DSP: *«The Forrester Wave, Demand Side Platforms (DSPs)»* Q2 2015.
2. http://www.sri-france.org/2016/05/12/le-sri-publie-son-top-des-acheteurs-en-programmatique-pour-lannee-2015/

se partagent les centaines de millions d'euros de budgets alloués annuellement au programmatique par les annonceurs français.

Notons que ces spécialistes de l'achat média sont facultatifs et que certains annonceurs comme eBay, Netflix, Procter&Gamble aux États-Unis ou Air France dans l'Hexagone ont fait le choix d'internaliser les compétences et opèrent désormais directement les campagnes médias en interne.

Le schéma ci-dessous résume (de façon un peu simplifiée[1]) cette chaîne de valeur et les interactions entre les différents acteurs.

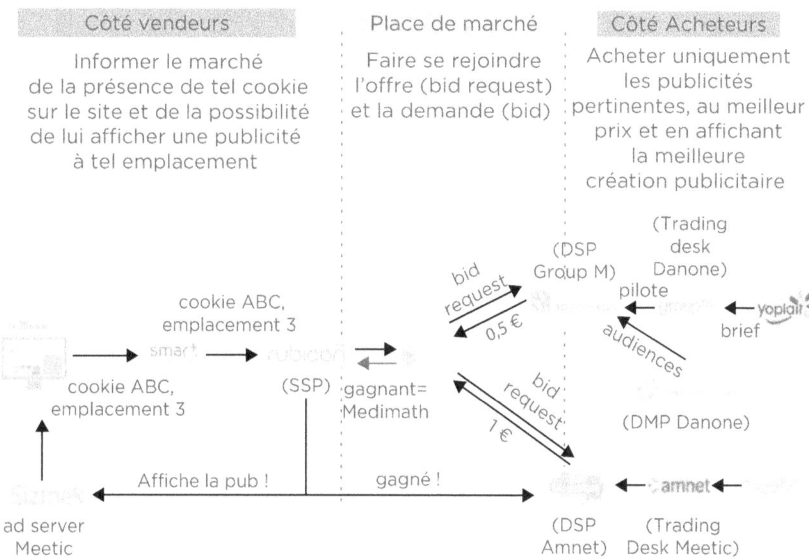

Figure 77 – Chaîne de valeur simplifiée du RTB

LA DATA, AU CŒUR DES ENJEUX DE LA PUBLICITÉ DIGITALE MODERNE

À la lumière des pages précédentes, il est facile de comprendre que plus l'acheteur a d'informations sur l'internaute, mieux il peut enchérir en connaissance de cause et proposer un montant élevé. Par conséquent plus l'éditeur peut fournir au marché de la donnée sur ses visiteurs, mieux il peut valoriser son inventaire.

---

1. En particulier les briques technologiques, agences et annonceurs sont choisis au hasard sans tenir compte des intégrations réelles et uniquement à des fins illustratives et pédagogiques. Toute ressemblance avec la réalité serait entièrement fortuite!

© Groupe Eyrolles

Dans son étude «Global Trends 2015», l'ad exchange mobile Smaatoo indique ainsi qu'une «bid request» (pour rappel: mise aux enchères) comprenant la valeur «âge» et «genre» se vend en moyenne 385 % plus cher que le prix moyen payé pour une bid request et que celles comprenant la donnée de géolocalisation se vendent en moyenne 238 % plus cher[1].

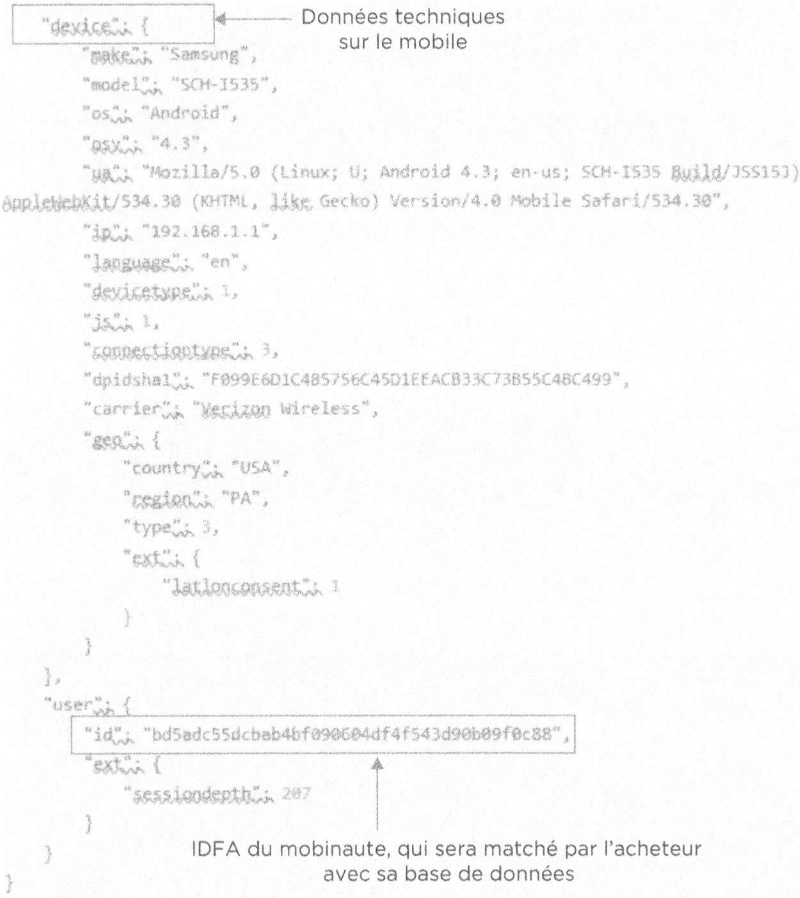
"device": {
Données techniques sur le mobile
"make": "Samsung",
"model": "SCH-I535",
"os": "Android",
"osv": "4.3",
"ua": "Mozilla/5.0 (Linux; U; Android 4.3; en-us; SCH-I535 Build/JSS15J) AppleWebKit/534.30 (KHTML, like Gecko) Version/4.0 Mobile Safari/534.30",
"ip": "192.168.1.1",
"language": "en",
"devicetype": 1,
"js": 1,
"connectiontype": 3,
"dpidsha1": "F099E6D1C485756C45D1EEACB33C73B55C48C499",
"carrier": "Verizon Wireless",
"geo": {
"country": "USA",
"region": "PA",
"type": 3,
"ext": {
"latlonconsent": 1
}
}
},
"user": {
"id": "bd5adc55dcbab4bf090604df4f543d90b09f0c88",
"ext": {
"sessiondepth": 207
}
}
}
IDFA du mobinaute, qui sera matché par l'acheteur avec sa base de données

Source: github mxmCherry/openrtb

Figure 78 – Extrait d'une bid request mobile telle que la reçoivent les DSP

1. Ce qui explique d'ailleurs pourquoi près d'une bid request sur quatre contient une information de géolocalisation frauduleuse…

© Groupe Eyrolles

L'avènement du programmatique et en particulier du RTB a donc placé la data au cœur des enjeux de la publicité moderne. La donnée permet d'optimiser l'achat média, en particulier en jouant sur les trois axes suivants:

- la data pour créer l'audience la plus qualifiée possible (ciblage);
- la data pour estimer le juste prix auquel acheter la publicité (enchère);
- la data pour personnaliser le message publicitaire (message).

Chaque axe d'optimisation fait appel à des leviers différents que nous allons brièvement décrire ici.

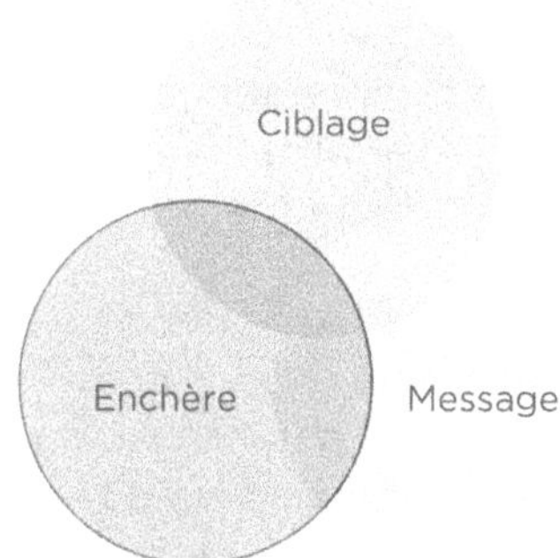

Figure 79 – La donnée aide à optimiser le média principalement selon trois axes

La data pour créer une audience

L'achat d'audience est le fer de lance du RTB. Le marché fonctionne aujourd'hui en très grande majorité à partir de «segments d'audience» uploadés sur les plateformes DSP donc bien en deçà des possibilités théoriques d'achat «one to one». À chaque audience correspond généralement une «ligne de campagne» ou «stratégie»[1] (c'est-à-dire un objectif et un message définis en amont avec l'annonceur). Par exemple l'audience composée des «abandonnistes paniers» de moins de 7 jours sur les produits de la catégorie «jardinage» correspond à une campagne de retargeting avec pour objectif la conversion sur le produit abandonné. Il n'est pas rare qu'un trading desk gère plus d'une centaine de stratégies pour un même client.

---

1. Chaque DSP a son propre formalisme: par exemple on parlera de «line item» chez DBM, «stratégie» chez Mediamath et «campagne» chez Appnexus!

En pratique, on distingue pour un annonceur quatre sources de données permettant de créer des audiences pertinentes :

- les données third party achetées à des fournisseurs d'audiences ;
- les données first party appartenant à l'annonceur ;
- les données second party issues de partenaires business ;
- les données issues des campagnes médias, en possession des DSP et des trading desks

Les fournisseurs d'audience (« data providers »)

Ils s'appellent *Exelate*, *Weborama* ou encore *Acxiom* et font partie des plus gros fournisseurs de données du marché (« data providers »). Concrètement, ces sociétés spécialisées collectent les traces laissées par les consommateurs au cours de leur parcours sur un réseau de sites et d'applications partenaires[1]. Ces datas constituent les « third party data » (déjà introduites au chapitre 1)

> *Par exemple si un utilisateur recherche un hôtel en Italie sur booking.com puis des billets d'avion pour Florence sur Opodo, les cookies déposés par ces data providers seront rapidement associés au segment « intention d'achat - voyage - Italie ». Ce segment, synchronisé régulièrement sur la plupart des DSP du marché, pourra ensuite être utilisé à profit par un trading desk opérant pour un client voyagiste.*

Concrètement les segments d'audience fournis par les data providers et mis à disposition des acheteurs média s'articulent généralement en trois familles :

- Segments sociodémographiques :
    - « Niveau de revenu élevé »
    - « Nouveaux parents »
    - « Adolescents »,
    - « etc. »
- Centres d'intérêt :
    - « danse »
    - « sports-tennis »
    - « peinture et dessin »
    - « etc. »

---

1. Les sites et applications partenaires sont généralement rémunérés au volume de visiteurs cookifiés par le biais du tag du data provider.

* Intentions d'achat :
  - « crédit pour appartement »
  - « intentionniste voiture »
  - « intentionniste voyage »
  - « etc. »

Très facilement accessibles (il suffit de cocher sur le DSP ou la DMP les catégories pertinentes pour la stratégie média mise en œuvre, moyennant quelques euros CPM), très séduisantes sur le papier, la third party data a connu un véritable engouement au démarrage du RTB, auprès des investisseurs et des annonceurs toujours avides de nouvelles pistes d'acquisition de clients.

Toutefois, en dépit d'une théorie séduisante, la pratique a montré quelques limites : **en réalité peu de campagnes arrivent à rentabiliser l'achat de cette audience par un gain de performance suffisamment élevé**. En dehors du coût élevé de l'achat de ces données third[1], la qualité aléatoire des données est également fréquemment évoquée par les acheteurs pour expliquer la fréquente absence de rentabilité.

La question de la véracité et de la valeur de la donnée a été abordée au début de ce livre[2] et prend en effet tout son sens dans le contexte publicitaire. Dans son excellent article « Comment utiliser la Data pour améliorer l'efficacité publicitaire ? » Guillaume Pobeda de la 3W Régie[3] détaille de façon très pédagogique les principaux écueils auxquels prêter attention :

* **le mode de collecte :** déterministe ? probabiliste ? déclaratif ? Dans le cas de données relatives au sexe homme/femme, les segments peuvent par exemple être constitués aussi bien de données déclaratives (formulaires d'inscription avec case à cocher) que d'extrapolations relatives à la navigation (vous avez visité le site de la Redoute rayon lingerie vous êtes donc probablement une femme). Avec ces exemples en tête, on imagine très bien que la fiabilité de la donnée est directement dépendante de la façon dont elle a été collectée et retraitée ;

* **la récence :** l'âge de la data est un critère essentiel, car la donnée est une denrée périssable. Par exemple, dans le cas d'un pro-

---

1. 1€ CPM peut représenter un surcoût de 200% pour des campagnes d'acquisition présentant un CPM moyen de 50c.
2. Chapitre 1 dans lequel ont été présentés les « 5V » du Big Data.
3. Régie publicitaire leader des sites e-commerces. Leur produit phare 3W Adex est le premier ad-exchange 100% composé d'inventaires de sites e-commerce.

duit dont le cycle de vente[1] est inférieur à 30 jours, les données datant de plusieurs mois apportent extrêmement peu d'informations sur la réelle intention d'achat de l'internaute visé ;

- **la fraîcheur :** une des caractéristiques de la third party data est qu'elle est accessible par tout le monde. Aussi, un segment qui a été sollicité à de nombreuses reprises au cours des derniers jours par différents acheteurs n'offrira pas un aussi bon niveau de rendement.

Le véritable problème sous-jacent à ces exemples est le *reach* minimum (*i.e.* volume) que doivent assurer les fournisseurs de données : un segment qui ne permet de toucher que quelques milliers d'internautes a en effet peu d'intérêt pratique pour un annonceur, car quelle que soit la qualité de ce segment, l'impact final sur le chiffre d'affaires sera trop faible pour justifier l'effort d'une campagne spécifique. Il est donc tentant pour les fournisseurs de données de «gonfler» le volume apparent des segments en n'effaçant pas les informations périmées ou en baissant le niveau d'exigence sur leur fiabilité. À titre d'exemple, en France, le nombre de déménagements s'élève à trois millions par an, soit environ 250 000 par mois. Quid d'un segment qui regroupe plusieurs millions de «déménagés» sans connaître l'origine de la collecte, sa récence ou son mode de calcul ? s'interroge l'article précité.

De l'autre côté de l'échelle, **le mauvais usage de cette data par les acheteurs** est également un point régulièrement souligné : *«There's something inconsistent about a campaign that targets 400 different market segments, but has only four pieces of creative»* (traduction : il est inconcevable qu'à une campagne ciblant précisément 400 segments différents ne soit rattachée que quatre créations publicitaires) s'insurge le fondateur de Prohaska consulting, cabinet conseil spécialisé dans l'achat programmatique. **Cibler des audiences extrêmement fines perd en effet beaucoup d'intérêt si c'est pour les « arroser » avec les mêmes messages.**

Enfin certains analystes remettent fondamentalement le principe de cette third party en question : «Pour une campagne à la performance, il n'est pas toujours judicieux de créer la cible ad hoc que l'annonceur considère comme le «segment idéal». En règle générale, ce dernier ne correspond jamais à la population la plus appétente», rappelle Guillaume Podeba. Dans un marketing piloté par la data et le

---

1. La durée du tunnel de conversion entre première recherche et achat effectif dépend beaucoup du produit : de quelques jours pour un bien de consommation courant, ce délai peut atteindre plusieurs mois pour une voiture!

ROI, tester un segment d'audience «qui a l'air d'être une bonne cible» s'apparente en effet plus à un marketing du xxe que du xxie siècle!

Face à ce retour mitigé du marché, certains fournisseurs de data se sont spécialisés sur des types de données très précises (exemples: Datalogix ou Brilig avec les sorties de caisse et les données offline; Admantex sur les données émotionnelles issues de l'analyse sémantique, etc.), font certifier leurs segments par des organismes indépendants (Nielsen OCR, Comscore…) ou se tournent vers davantage de mathématiques dans l'élaboration de leurs segments (Dstillery, Mindlytix, …)

■ Les audiences obtenues à partir des données first party

Pour rappel[1], la first-party data est la donnée qui appartient à l'annonceur, collectée directement par ses soins sur ses actifs: la navigation sur le site web, le remplissage de formulaires, les données issues des campagnes e-mailing ou display (bannières vues ou cliquées) ou encore les données CRM (data onboarding). Contrairement aux third party data étudiées précédemment, il s'agit d'une donnée gratuite et très qualitative.

Comment ces datas propriétaires peuvent-elles être valorisées en pratique dans la publicité? L'univers des possibles est vaste, mais concrètement quatre cas d'usages se distinguent quand on cherche à exploiter ses propres données en publicité:

- **l'exclusion d'audience** est un cas d'usage majeur qui pourrait se traduire par: «Arrêtez de payer des impressions pour rien»! Par exemple dans le cas de figure d'une campagne d'acquisition pure dont la performance serait mesurée au nombre de nouveaux clients générés, afficher la publicité auprès d'internautes déjà client de la marque est un contresens! Les campagnes programmatiques ont très vite prouvé qu'elles obtenaient les mêmes performances qu'une campagne classique, mais avec un budget réduit de 10 % simplement en éliminant les impressions inutiles;

- **l'inclusion d'audience** consiste à cibler une audience précise, par exemple des adhérents devenus inactifs ou dormants[2], des internautes ayant visité à plus de trois reprises la boutique en ligne en une semaine ou encore des internautes identifiés comme étant des futurs «déserteurs»[3]. Le ROI incrémental des

---

1. Chapitre 1, rubrique «classification des données en publicité».
2. Ce cas d'usage de «réveil d'un dormant» fait souvent appel à une prestation préalable de CRM onboarding.
3. Le «churn», thématique déjà évoquée à plusieurs reprises dans cet ouvrage.

stratégies d'inclusion est plus complexe à mesurer que pour les exclusions. Une bonne approche consiste à isoler les 20 % d'audiences ciblées qui génèrent 80 % des conversions ;

- **le reciblage** plus connu sous le nom de « retargeting » consiste à créer une campagne programmatique ciblant les visiteurs du site n'ayant pas encore accompli un objectif prédéfini, par exemple le remplissage d'un formulaire ;

- **le ciblage ou « pré-targeting »** répond à un enjeu crucial des annonceurs : comment cibler de nouveaux prospects inconnus de la marque ? Les données first party peuvent apporter une réponse par le biais des modèles look alike[1] ciblant des jumeaux statistiques de ses meilleurs clients.

En conclusion **la donnée « first » est stratégique pour l'annonceur** : généralement de bonne qualité, gratuite, relativement facilement accessible. « Cependant **tous les annonceurs ne sont pas forcément égaux devant la first-party data** : certains croulent sous la donnée (opérateurs de téléphonie) alors que d'autres (Produits de Grande Consommation) en ont très peu, car ils n'ont pas de lien direct avec le consommateur » précise Pierre Fournier, partner du cabinet Artefact dans son article « A quoi correspondent first party, second party et third party data ? ».

La data « second party » constitue une réponse à cette problématique.

▪ Les audiences obtenues à partir des données second party

Bon à savoir

Bien que très pertinente, la donnée second party ne constitue pas pour autant la réponse absolue aux problématiques d'acquisition. D'une part, elle reste en effet une donnée « a priori » ; d'autre part, en l'absence de DMP, elle est plus difficilement récupérable et actionnable que les données first party et bien entendu third party (sans compter la partie contractuelle).

Pour rappel, la second-party data désigne **la data collectée par un partenaire business** (annonceur ou publisher) qui a accepté de la partager (gratuitement ou non) avec l'annonceur dans le cadre d'un partenariat. Par exemple les partenariats avec les éditeurs d'une thématique (Caradisiac pour les voitures, Marmiton pour la cuisine…) sont des partenariats fréquents et un formidable accélérateur pour les annonceurs ayant peu de données first party (Mercedes, Danone…).

Nouer un partenariat avec un site e-commerce est également une option à considérer. Les visiteurs de ces sites constituent en

---

1. Cf. encadré chapitre 3.

© Groupe Eyrolles

effet une audience engagée (visiter un site e-commerce traduit une démarche de consommation) et perpétuellement renouvelée (rares sont les sites e-commerces avec un taux de nouveaux visiteurs quotidien inférieur à 50 %).

Enfin les partenariats entre acteurs partageant des problématiques communes sont également source de valeur ajoutée, par exemple des partenariats entre acteurs affectés par les déménagements : fournisseurs énergétiques, opérateurs téléphoniques, assurances, etc.

Ces différents partenariats permettent au final de construire des segments d'audience pertinents.

Les audiences issues des campagnes média

Pour les annonceurs ne souhaitant pas acheter de la donnée third party pour les raisons évoquées et ne possédant pas de DMP permettant une activation facile des données first et second party, il est toujours possible de réaliser des campagnes à partir des gigantesques volumes de données que possèdent le trading desk mandaté et la DSP utilisée, via le tracking des campagnes et des événements sur site.

Le trading desk peut ainsi créer et cibler des segments alimentés en temps réel (exemple : visiteur d'une page produit < 2 heures) ou en différé (la plupart des DSP du marché fournissent ainsi aux utilisateurs de leurs plateformes des « logs levels data », données très granulaires et très riches générées à chaque impression et à chaque événement sur site[1]), tout en bénéficiant de la capacité des DSP à « **dédupliquer » les audiences en cross device** (à savoir reconnaître le même individu derrière plusieurs identifiants[2]).

De plus certaines DSP proposent également des audiences exclusives. Ainsi la DSP Doubleclick bid manager (DBM) met à disposition gratuitement les critères de ciblage Google tandis que la DSP mobile Adotmob propose des audiences basées sur les habitudes de

> **Bon à savoir**
>
> **Excepté les données CRM et les données second party, les DSP possèdent donc de base une grande partie des données contenues dans une DMP (navigation sur site et données média) et c'est pourquoi certaines DSP proposent également un service DMP performant !**

---

1. Ces flux de données génèrent ou non un surcoût selon les plateformes.
2. La DSP Mediamath, en rachetant la start-up nantaise Tactads en 2014 a marqué sa volonté de prendre une position de leader concernant ce mode de ciblage dit « people based »

déplacement (archivage des bid requests comprenant les longitudes/latitudes du mobinaute)

La data pour optimiser une campagne

Si le choix de l'audience ciblée est primordial dans l'atteinte de bonnes performances, un grand nombre d'autres variables doivent être prises en compte par l'acheteur média afin de piloter efficacement la performance de chaque campagne. À titre d'exemples non exhaustifs :

- Y a-t-il une différence de performance **selon les inventaires sur lesquels sont diffusées les publicités** ? Cette question fondamentale entraîne la création de « whitelist » (sites sur lesquels l'acheteur autorise la diffusion) et de blacklist (sites sur lesquels l'acheteur interdit la diffusion)[1]. La constitution de ces listes est utilisée à la fois dans des buts d'optimisation et de brand safety[2] ;

- Y a-t-il **des heures de la journée ou des jours de la semaine plus propices que d'autres** à la diffusion de la campagne ? (ciblage temporel ou en anglais *hour/day parting*). Il est par exemple facile de constater qu'une campagne pour un acteur de la restauration a de meilleures performances entre 19 et 21 heures ;

- Y a-t-il **des zones géographiques** (pays, région, ville, code postal,...) dans lesquelles la campagne performe davantage ?

- **Combien de fois faut-il répéter un message** pour atteindre la performance optimale des campagnes et éviter la lassitude de l'internaute ? Ce paramétrage fondamental du nombre d'expositions maximal est connu sous le terme de capping (littéralement « plafonnement »)

- Y a-t-il une différence de performance **selon les navigateurs ou systèmes d'exploitation** utilisés par les internautes ?

- Quel est l'impact de **la récence/fréquence** de la publicité sur les performances ? Par exemple est-il préférable d'attendre cinq minutes, quinze minutes ou une heure avant de tenter une nouvelle exposition ?

---

1. Même principe que sur Adwords où il est possible d'inclure ou d'exclure des mots clés.
2. Beaucoup de sites aux contenus douteux vendent de l'espace publicitaire sur les ad-exchange.

L'ajustement de ces paramètres constitue la stratégie d'achat *(buying strategy)*. Il n'est pas rare de paramétrer dans la DSP une centaine de stratégies différentes afin de couvrir une large palette de situations et d'adapter le montant de l'enchère à chacune d'entre elles.

C'est ainsi qu'on pourra enchérir plus haut à Paris qu'en province ou le week-end qu'en semaine, après avoir observé l'influence de ces différentes variables sur la performance. Il est toutefois difficile en pratique de croiser un grand nombre de dimensions, sous peine de rapidement se retrouver avec plusieurs dizaines de milliers de stratégies à gérer et des problèmes à la fois opérationnels (staffing, perte de visibilité et de contrôle...) et technologiques (des stratégies trop granulaires ne sont pas autorisées sur toutes les plateformes et sont sujettes à du bruit statistique).

Toutefois, au vu de l'enjeu majeur en matière de performance, de nombreuses innovations voient le jour dans ce domaine *(cf. encadré ci-dessous)* et une enchère différente pour un internaute de Paris un mercredi à 18 heures utilisant Chrome et ayant déjà été exposé trois fois à la publicité, et pour un internaute de Marseille un dimanche à 11 heures utilisant Explorer et n'ayant vu la pub qu'une seule fois sera peut-être bientôt un standard du marché !

DU MARKETING PROGRAMMATIQUE AU MARKETING PROGRAMMABLE

Pour beaucoup de spécialistes, l'automatisation des achats a atteint le stade de la maturité et une nouvelle révolution se prépare: l'achat «programmable» piloté par des algorithmes modifiables à loisir. La philosophie générale est ici de redonner les moyens aux annonceurs et agences les plus innovants et mûrs de se différencier de la concurrence en s'appropriant les fonctionnalités avancées des plateformes DSP, au-delà de l'interface commune à tous, via des API ouvertes.

Un des leaders du mouvement, Appnexus, a ainsi ouvert en juin 2015 l'Appnexus Programmable Bidder (APB) permettant aux data scientists des trading desks et des annonceurs d'accéder à une granularité sans précédent en intégrant au cœur des enchères leur propre modèle de décision (bidder) sous forme d'un arbre décisionnel permettant d'agir avec précision sur chacune des centaines de millions de configurations d'enchères possibles. Au vu du potentiel de cette innovation de rupture, gageons qu'en 2017 la bataille fera rage pour savoir quel acteur de l'écosystème parviendra à construire l'arbre de décision augmentant le plus les performances!

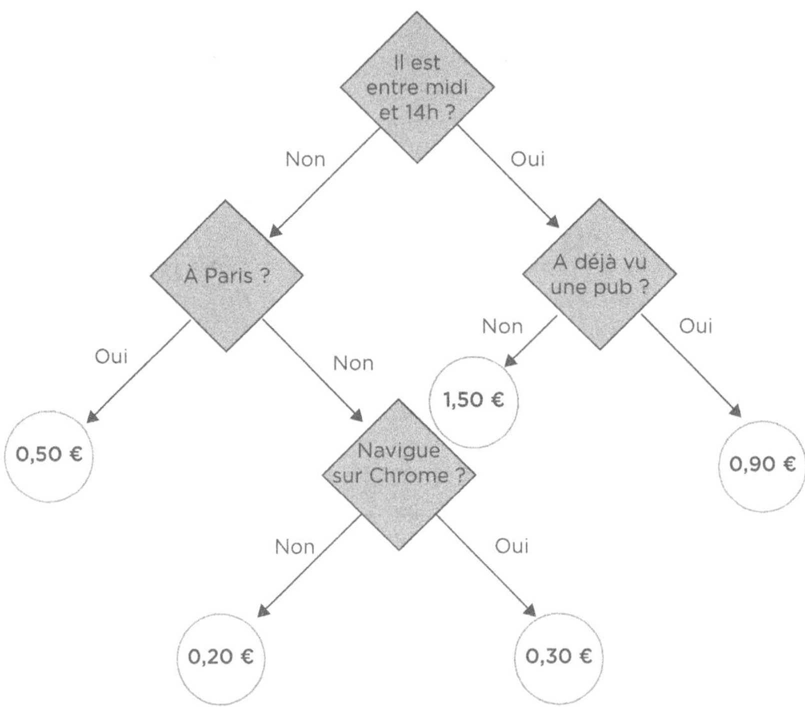

Figure 80 – Piloter la stratégie d'achat par le machine learning: la révolution permise par les DSP «programmables»

La data pour personnaliser le message publicitaire

Au-delà du ciblage d'audience et des efforts combinés du trading desk et de la DSP en matière d'optimisation de campagne, le message diffusé doit être juste: un message confus, une mauvaise création publicitaire ou une création non adaptée à l'internaute et son contexte de navigation impacteront négativement les performances. Les deux premiers points sont liés à la qualité des créatifs de l'agence et cette problématique subsiste depuis que la publicité existe. En revanche, la personnalisation en temps réel de la publicité selon l'utilisateur et/ou le contexte de navigation est une possibilité permise par l'achat programmatique, portant le doux nom de DCO (abréviation de Dynamic Creative Optimization).

La promesse est simple: «augmenter l'engagement de l'internaute grâce à des bannières personnalisées». Le principe n'est pas vraiment plus compliqué: «Il s'agit d'adapter automatiquement et en temps réel, l'aspect graphique et la diffusion des publicités en fonction soit d'un contexte de navigation particulier, de critères géographiques ou d'un profil spécifique de l'internaute», explique Dominique Blanc, directeur général France de l'adserver Mediamind (nouvellement *Sizmek*).

Par exemple pour un voyagiste, au lieu d'afficher la publicité de référence concernant les vacances au soleil cet hiver, le recours au DCO permettra à cette publicité :

- de se faire plus précise en affichant uniquement des hôtels en Guadeloupe à moins de 100 € la nuit (personnalisation par rapport à l'historique de navigation) ;

- d'afficher l'adresse de l'agence de voyages sous la bannière publicitaire à chaque fois que l'agence est située à moins de 500 mètres de l'internaute (personnalisation pilotée par rapport à la donnée de géolocalisation) ;

- de renforcer la promotion pour la dixième et dernière impression autorisée par le capping (personnalisation pilotée par rapport au cycle de vie) ;

- d'enlever la promotion quand la diffusion s'effectue sur un site de presse[1] (personnalisation pilotée par rapport au contexte de diffusion).

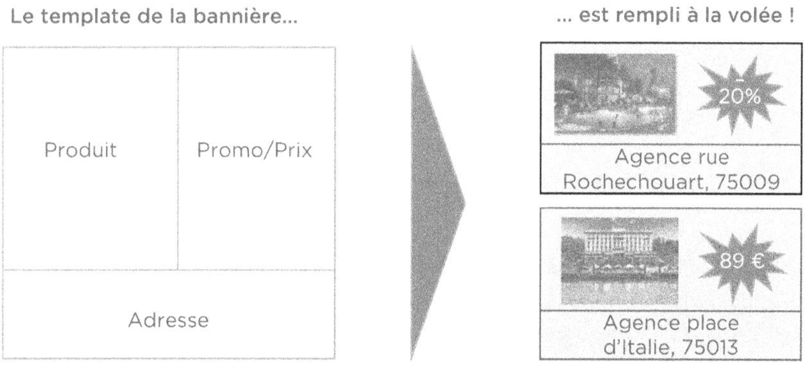

Le template de la bannière...

... est rempli à la volée !

Produit — Promo/Prix

Adresse

-20%

Agence rue Rochechouart, 75009

89 €

Agence place d'Italie, 75013

Figure 81 – Le DCO permet de personnaliser la bannière
pour chaque internaute

Cycle de vie, historique de navigation, contexte de diffusion, géo-localisation, horaires, etc. sont autant de sources de personnalisation de la bannière publicitaire. En fait, de la même façon que pour l'enchère, on pourrait imaginer tout un arbre de décision pilo-

---

1. Les visiteurs sont dans un processus de prise d'information et il est donc généralement plus judicieux de proposer un contenu de branding qu'un contenu incitant directement à l'achat.

tant le contenu de la bannière en temps réel selon un ensemble de variables déterminées!

Si dans la réalité les cas d'usages sont moins élaborés, les bannières dynamiques se sont imposées dans la chaîne de valeur de la publicité data driven grâce à leur triple effet:

- augmentation de la pertinence du message;
- simplification et industrialisation du processus de création (et donc rationalisation des coûts et des délais);
- simplification des tests AB (fini les mises à jour manuelles et laborieuses des plans de rotation des créations et grande granularité des données de performance selon les différents aspects graphiques de la publicité).

JOURNEY OPTIMIZER

Un cran plus loin que le DCO, l'innovation se tourne aujourd'hui vers la personnalisation de l'ordre d'affichage des bannières. Au lieu de personnaliser dynamiquement le contenu d'une bannière, plusieurs bannières sont créées insistant chacune sur un aspect du produit (prix, service, marque, etc.) et visant des typologies de clients différentes. Le séquençage de ces bannières est ensuite adapté à chaque internaute selon sa réaction aux publicités.

LA PUBLICITÉ DIGITALE EN PRATIQUE: MESURER LA PERFORMANCE EN QUATRE QUESTIONS CLÉS

Le baromètre Quantcast identifie sept freins pour les annonceurs en matière d'investissements dans la publicité programmatique. La plupart concernent la complexité de l'écosystème et nous espérons que les pages précédentes ont éclairé le jeu sur ces problématiques. Reste un aspect fondamental qui n'a pas été abordé: «justifier le ROI».

Du fait de la complexité de l'écosystème, la mesure de la performance de la publicité programmatique dépasse en effet le cadre exposé dans le préambule, d'une part en introduisant de nouveaux «indicateurs clés de performance» (KPI) spécifiques à cet écosystème et, d'autre part en mélangeant une pléthore de cas d'usages. Les quatre questions qui suivent sont fondamentales et vous permettront de structurer plus efficacement votre démarche de suivi de la performance.

© Groupe Eyrolles

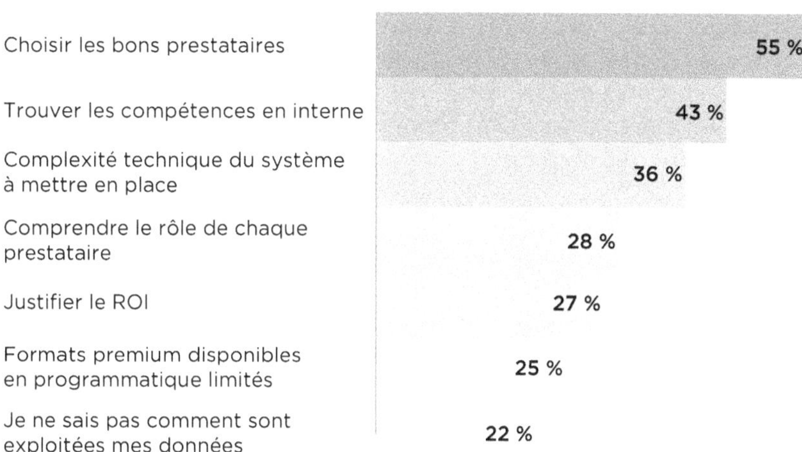

Source : «État des lieux du programmatique en France : résultats baromètre 2015», © Quantcast/EBG

Figure 82 – Problématiques pratiques des annonceurs

Où la publicité est-elle diffusée ?

L'automatisation des enchères a entraîné une perte de maîtrise de l'annonceur sur le périmètre de diffusion de ses campagnes, phénomène souvent retraduit par les termes «opacité du RTB» ou «manque de transparence». Pour ne rien arranger, les URL sur lesquels sont diffusées les bannières sont généralement «anonymisées» par les éditeurs. Il est toutefois possible d'atteindre une meilleure compréhension des emplacements publicitaires ayant servi aux campagnes grâce à **l'indicateur de visibilité.** Ce dernier indique le pourcentage des bannières qui ont été «réellement vues», à savoir : «50 % de l'annonce apparaît pendant au moins 1 seconde» d'après la définition de l'Internet Advertising Bureau (IAB). Et aussi paradoxal que cela puisse paraître au néophyte, «être vu» est loin d'être une évidence puisque selon l'étude «Qualité média de la publicité internet, T4 2015» du spécialiste de la problématique Integral Ad Science, près d'**une impression publicitaire sur deux serait non visible!**

Outre certaines pratiques frauduleuses et les impondérables du métier (bugs techniques), «les principaux responsables de la non-visibilité sont les publicités se trouvant sous la ligne de flottaison d'une page (below the fold) et celles qui ont un temps de visibilité trop court», précise Maxime Cerda de la société allemande Meetrics spécialisée dans la mesure de l'efficacité publicitaire, dans une interview donnée en juin 2016 au webzine ratecard.

Privilégier les impressions au-dessus de la ligne de flottaison, favoriser un inventaire avec un taux de visibilité élevé ou recourir à des solutions spécialisées de «brand safety»[1] sont des mécanismes efficaces pour éviter de dépenser une trop grande part du budget pour des impressions non visibles.

Auprès de qui la publicité est-elle diffusée?

L'intérêt majeur du programmatique est d'acheter une audience et non plus uniquement un contexte. Il convient donc dans le reporting de segmenter les populations auprès desquelles les publicités ont été diffusées et surtout d'assigner des objectifs différents selon chaque population! *A minima* le reporting de performance devrait être segmenté selon quatre populations.

▦ Les «parfaits inconnus»

Ce sont les individus qui n'ont jamais visité le site web et qui constituent la cible des campagnes dites de prospection ou d'acquisition. Dans ce type de campagne, le suivi s'effectuera par des indicateurs traduisant le nombre de nouvelles visites (clic direct sur une bannière ou visite spontanée quelques jours après[2]), mais aussi l'engagement de ces visites (taux de rebond, nombre de pages vues, visites d'une page importante, etc.) ou auprès de la publicité (taux de complétion vidéo, temps d'exposition, etc.). De plus le calcul de la performance intégrera un modèle d'attribution valorisant le first click au détriment du last click. Il faudra toutefois s'attendre à un coût par acquisition (CPA) élevé[3];

▦ Les prospects

Ce sont les individus qui ont visité le site dernièrement et qui sont spécifiquement reciblés par un message publicitaire adéquat (retargeting ou remarketing). Un intérêt plus ou moins fort ayant déjà été manifesté par l'internaute, les bannières de retargeting ont généralement pour objectif de clore la vente. Une mesure au post click avec attribution au last click peut ici être envisagée,

---

1. Par exemple Integral Ad Science, Adloox, Comscore, etc. Ces solutions interviennent «pré-bid» et empêchent la DSP d'enchérir sur des inventaires évalués comme peu qualitatifs ou frauduleux.
2. On parle alors d'événements post click ou post view.
3. Souvent le CPA en prospection pure sera même à perte sur la première vente et c'est l'estimation de la valeur d'un client sur son cycle de vie qui justifiera la campagne.

même si traditionnellement 24 heures de post view sont admis. L'objectif de CPA devra naturellement être bien plus faible que celui de la prospection.

Les clients

Le programmatique a également un intérêt pour les clients, qu'ils soient acheteurs récents (favoriser le réachat immédiat d'un produit complémentaire) ou clients «endormis» qui ne répondent plus sur les autres canaux (e-mailing, courrier…). Le clic est souvent ici une mesure trompeuse et il convient d'adapter les indicateurs à l'objectif précis attendu de ces campagnes.

Les robots

Payer l'affichage d'une publicité à un robot n'est pas nouveau (il y a toujours eu des robots qui parcourent les sites web), mais le phénomène s'est accentué avec le programmatique et le développement de la fraude[1]. Les publicités achetées via le programmatique auraient ainsi 55 % de chances en plus d'être délivrées à de faux utilisateurs[2]. Une partie non négligeable des clics sur une bannière est frauduleuse ou non désirée et il est donc nécessaire de mesurer l'engagement des visites pour écarter ces clics «parasites», surtout dans le cadre d'un modèle économique au CPC.

Objectif performance ou objectif branding ?

Mener des campagnes programmatiques pour faire connaître votre marque ou pour générer de la demande de devis change du tout au tout en matière d'indicateurs et de stratégie. Il est donc essentiel de clarifier avec le trading desk en charge des campagnes les objectifs poursuivis.

La réussite d'une campagne de branding sera ainsi déterminée avec des indicateurs traduisant la rétention du message telles que le nombre de publicités réellement vues, la durée de visualisation pour une vidéo, le temps cumulé d'exposition de chaque individu, la succession d'exposition, etc. Le suivi de l'évolution du nombre de recherche de votre marque dans Google pendant la

---

1. La fraude peut prendre plusieurs formes : plusieurs bannières dans le même espace, bannières de 1 pixel, «fermes à clic», infections d'ordinateurs, etc
2. Source : étude «The Bot Baseline: Fraud in Digital Advertising» publiée par la société WhiteOps en décembre 2014.

période de diffusion est également un indicateur pertinent pour une campagne de branding.

À l'inverse la réussite d'une campagne à la performance sera étudiée avec des indicateurs d'engagement (clic, micro-conversion, achat) et un modèle d'attribution évolué pondérant first click, last click et post view.

Comment se décomposent les coûts ?

Outre la décomposition des coûts selon les cas d'usages et les types de campagnes, il est utile d'inclure dans le reporting de performance une décomposition des postes de coûts :

- de la data third party a-t-elle été achetée ? Combien ? Cet investissement a-t-il été rentable ?

- combien coûte au CPM le module garantissant la visibilité ?

- sur combien d'éditeurs est dépensé 80 % du budget ?

En conclusion, au-delà de la connaissance de quelques indicateurs spécifiques comme la visibilité, **la réussite d'un plan de mesure tient à la création de KPI *ad hoc* pour chaque cas d'usage.** Le tableau ci-dessous résume à titre d'illustration une stratégie de mesure envisageable.

	Parfaits inconnus	Prospects	Clients
Performance	CPC Taux de rebond Nombre pages vues/visite Attribution first click	Clics Conversion post click Attribution post click	Exclu des campagnes
Branding	Nombre publicités vues/internaute Temps cumulé d'exposition Évolutions requête de la marque dans Google Conversion post view 30 jours		

Figure 83 – Stratégie différenciée de mesure selon les objectifs de campagne

 **À RETENIR DE CE CHAPITRE**

L'achat média programmatique change le paradigme de la publicité digitale : désormais l'annonceur achète une audience

et non plus uniquement un emplacement. Selon la place du curseur entre ces deux philosophies d'achat, on peut parler de campagnes à la performance (l'apanage du RTB) ou de campagnes de branding (programmatique one to one).

Dans tous les cas, la donnée optimise l'achat média en agissant sur tous les fronts de la publicité digitale : le ciblage, le niveau d'enchère et la personnalisation du message. Chaque levier fait toutefois appel à des procédés bien distincts, allant de l'achat de données « pré-packagées » à la mise en place d'algorithmes évolués de machine learning.

 ## À vous de jouer

- ✓ Vous ne savez toujours pas par où commencer ? Rendez-vous sur l'excellente infographie animée http://www.marketingmag.ca/microsite/programmatic-landscape/ pour vous guider étape par étape dans le labyrinthe du programmatique.

- ✓ Définissez deux cas d'usages simples (par exemple prospection pure et retargeting formulaire abandonné) et mettez en concurrence différents trading desks (indépendant, agence, techno DSP propriétaire). Un budget de 10 à 25k par trading desk est raisonnable pour une campagne test.

- ✓ Pour les agences ou annonceurs « novices », un accompagnement expert semble être le meilleur moyen d'aborder avec succès le virage du RTB.

SOURCES

Le programmatique est un sujet « tendance » qui génère une vaste littérature sur le Net, apportant souvent plus de confusion que de clarté. Quelques sites font toutefois référence et apportent des réponses précises et complémentaires, par exemple :

- Ad-exchange.fr et programmatique-marketing.fr traitent de toute l'actualité autour de la publicité programmatique ;

- Adexchanger.com propose de nombreux articles de fonds et débats d'idées (en anglais) ;

- Adopsinsider.com décortique le fonctionnement technique du programmatique (en anglais, pour lecteurs avertis).

Par ailleurs, l'interactive Advertising Bureau (IAB), le Syndicat des régies

© Groupe Eyrolles

internet (SRI) et l'Udecam (Union des entreprises de conseil et achat média) sont des organisations professionnelles regroupant les principaux acteurs de la publicité digitale et délivrant régulièrement des contenus de qualité, tels que:

- *Comment mesurer l'efficacité de la publicité sur Internet* synthétise les différents indicateurs de mesure de la performance (étude réalisée par PriceWaterhouseCoopers);

- *L'Observatoire annuel de l'e-pub* décortique le marché et son évolution.

Dans le même mouvement, les acteurs du marché publient régulièrement des livres blancs pédagogiques:

- *Le CTR une mesure trompeuse,* Comscore, 2014;

- *Real Time Bidding – comprendre sa complexité, connaître ses limites,* cabinet Converteo, janvier 2015;

- *Le RTB pour* les débutants, Tradelab;

- *Programmatique et RTB, vers un média planning individualisé,* agence ESV digital, mars 2015;

- *Le marketing programmatique: 30 cas pratiques,* EBG (Electronic Business Group).

Enfin pour ceux qui souhaitent approfondir leur connaissance sur les plateformes d'enchères (DSP) et leurs spécificités, je vous recommande:

- les benchmarks réalisés par le cabinet Forrester dont un résumé d'une quinzaine de pages est accessible en libre-service (en anglais):

  «The Forrester Wave, Demand Side Platforms (DSPs)», Q2, 2015,

  «The Forrester Wave, Video Advertising Demand Side Platforms», Q4, 2015;

- les enregistrements vidéo des Summit Optimizer organisés par Appnexus. En particulier l'enregistrement vidéo du Summit qui s'est déroulé à Londres en juin 2016 (https://www.youtube.com/watch?v=-ClbVvG-K_aQ&feature=youtube) expose les possibilités offertes par l'Appnexus Programmable Bidder et l'état de l'art en matière de stratégie d'enchère.

© Groupe Eyrolles

Marketing direct : du mass marketing au marketing one to one

Campagnes e-mails, SMS, courriers, push notifications sur mobiles, prospection téléphonique… on désigne par marketing direct « toute forme de marketing interactif qui utilise un ou plusieurs médias en vue d'obtenir une réponse directe du consommateur et/ou une transaction », ou du moins s'agit-il de la définition officielle donnée par l'Association du Marketing Direct.

L'avènement du digital et de la data a non seulement élargi les possibilités de ciblage publicitaire comme nous venons de le voir dans le chapitre précédent, mais il a également révolutionné la nature même du marketing direct, en plaçant l'interlocuteur et non plus le produit à vendre au centre de la stratégie: on parle désormais de marketing « customer centric » à l'opposé du « product centric » Le marketing moderne est un nouveau monde où personnaliser la relation avec le client est devenu la priorité. 76 % des marketeurs considèrent ainsi que le marketing a davantage changé en deux ans, que lors des cinquante dernières années. Cette statistique étonnante déjà mentionnée en introduction en dit long sur les transformations que connaît la gestion de campagnes.

Mais en quoi la data et le digital ont-ils chamboulé le marketing direct en si peu d'années ? Entre nouvelles opportunités à ne pas rater pour rester concurrentiel et revendication identitaire de la part du consommateur qui demande davantage de personnalisation, l'exploitation des données en marketing direct se structure principalement autour de trois cas d'usages: personnaliser le moment du contact, personnaliser le contenu et personnaliser la fréquence de contact.

LE CONCEPT DE « MARKETING AUTOMATION » BOULEVERSE LE MEDIAPLANNING TRADITIONNEL

Depuis que le marketing existe, le média planning traditionnel consiste à promouvoir des messages suivant une notion temporelle, les différents leviers et messages étant répartis tout au long de l'année croisant une logique de « temps fort » (Pâques, Noël, les vacances, etc.) avec une logique fil rouge (la newsletter hebdomadaire, le catalogue trimestriel, etc.). « Ce modèle organise les leviers de manière complémentaire, mais ne garantit pas que l'individu ciblé à un moment défini a été réellement touché par le média diffusé en amont. Les différents leviers sont donc isolés les uns des autres, en dépit d'une apparente synchronisation globale », résume Thibault Finas de l'agence digitale ESV dans le livre blanc *Programmatique: vers un media planning individualisé.*

La collecte massive de données et l'évolution technologique des outils de gestion de campagnes ont rendu possible la résolution de ce problème et proposent un tout autre paradigme: au lieu de présenter au même moment le même message à tout le monde (prospects en phase de réflexion comme clients réguliers), il est désormais possible d'accompagner le consommateur dans son cycle de vie, avec un message adapté à son avancée dans le tunnel de conversion. Ainsi un nouvel inscrit au service pourra recevoir une série de contenus informatifs (vidéos, tutoriels, etc.) au sein d'un « Welcome Pack » conçu pour l'emmener à la conversion tandis qu'un client dormant recevra une superbe offre promotionnelle pour le réveiller. À la manière de vases communicants, le consommateur évolue d'un stade à un autre, et reçoit à chaque niveau des contenus spécifiques prévus en amont par les équipes marketing: c'est le « marketing automation ». Grâce à l'automatisation des messages liés à certains déclencheurs, la marque peut instaurer un dialogue évolutif avec le consommateur en adoptant une communication qui passe progressivement du branding à la commercialisation.

MEETIC, PAS FLEUR BLEUE!

Quand on parle de marketing automation, Meetic est une des sociétés les plus régulièrement citées en exemple, avec des campagnes types imaginées pour plus de 30 parcours clients, ce qui représente au total en 2015 plus de

40 000 phrases types[1]! Dès 2009, le leader de la rencontre avait ainsi mis en place la scénarisation marketing suivante:

- dans un premier temps, le site offrait aux internautes une période d'évaluation gratuite d'un mois;
- une fois l'inscription réalisée par l'internaute, celui-ci recevait un mail de bienvenue;
- ensuite, à J+6, l'entreprise envoyait un e-mail à ces abonnés les invitant à compléter leur profil;
- à quelques jours de la fin de validité de l'offre gratuite, il réexpédiait un dernier courrier d'avertissement leur signalant que leur offre arrivait à la date d'expiration. Ce dernier courrier incitait donc les abonnés à souscrire la version payante du site.

Avec une telle campagne, Meetic prétendait à l'époque dans une conférence organisée par l'e-mailer Néolane (nouvellement Adobe Campaign) avoir augmenté son taux de transformation de 10 points!

Cinq typologies de trigger dans votre boîte à outils pour automatiser le marketing

Mais comment ce processus de communication personnalisée peut-il être mis en place? Passer d'un marketing de temps fort à un marketing continu a été rendu possible par ce qu'on appelle le «trigger[2] marketing», à savoir le déclenchement automatique d'actions en fonction d'événements prédéfinis à l'avance. Ces événements sont généralement de cinq types, couplés ou non à une notion de durée.

▨ Les événements liés au comportement du consommateur

Ils incluent typiquement les pages vues, les clics, les ouvertures d'e-mails, etc. Ce sont les événements les plus riches en matière de créativité marketing.

Exemples de scénarios possibles

Un internaute visite pour la troisième fois le site en moins de sept jours. Une fenêtre de dialogue apparaît et un conseiller propose de l'aide ou des conseils.

Un mobinaute a téléchargé une application mobile, mais cinq jours après n'a toujours pas utilisé l'une des fonctionnalités principales. Il reçoit une notification mobile pour l'inciter à utiliser cette fonctionnalité.

---

1. Source: *Marketing relationnel et personnalisation,* livre blanc *Actito* & EBG.
2. Signifie en anglais «gâchette», «déclencheur».

▥ Les événements dits «transactionnels»

Ils regroupent des moments forts tels que l'inscription à un essai gratuit, la création d'un compte, le contact avec le support clientèle, la participation à un jeu-concours, la réinitialisation d'un mot de passe et bien sur l'achat. Souvent le parent pauvre du marketing digital, ces messages transactionnels n'en restent pas moins d'excellentes occasions d'entamer une conversation de qualité avec le consommateur. En effet, les e-mails transactionnels sont ouverts deux fois plus (taux d'ouverture de 45 % contre 20 %) et génèrent un taux de clic trois fois supérieurs (10 % contre 3,2 %) que les e-mails non transactionnels[1]!

Exemples d'améliorations possibles dans les e-mails transactionnels

Lorsqu'il s'agit d'un achat, particulièrement dans le cas d'un produit cher ou d'un achat complexe, ajoutez des liens vers des vidéos de démonstration, la FAQ ou un forum d'utilisateurs.

Suggérer une vente croisée ou toute autre micro-conversion. Par exemple capturez de nouveaux inscrits à la newsletter si la personne recevant le mail transactionnel n'a pas encore donné son opt-in.

▥ Les événements connus à l'avance

Ils concernent le cycle de vie du produit acheté (obsolescence programmée), le cycle de vie du client (nombre de jours depuis le premier achat...) et certains moments forts comme la date d'anniversaire. Cette typologie de trigger est un bon compromis entre mediaplanning traditionnel centré sur le moment et médiaplanning moderne centré sur le consommateur.

Exemples de scénarios observés sur le marché

Un fabricant d'ordinateurs programme un message automatique d'extension de garantie 11 mois après l'achat, puis lorsque l'ordinateur dépasse quatre ans, propose une offre complète de renouvellement.

---

1. *e-mails transactionnels: 10 conseils pour générer plus de valeur et d'engagement client,* livre blanc IBM, 2015.

Une animalerie en ligne alerte le client par e-mail et par SMS quand le stock de croquettes acheté arrive théoriquement à son terme et l'incite ainsi à refaire son stock avant rupture !

Les événements contextuels

Ils incluent typiquement la géolocalisation (détaillé au chapitre suivant) et les conditions météo. Beaucoup de marques connaissent par exemple parfaitement les effets de la météo sur leurs ventes, (cf chapitre 5) mais ne savent pas nécessairement comment transposer le résultat de ces analyses dans une campagne digitale : considérer les flux météo comme des triggers contextuels est souvent une bonne solution.

Exemples de cas d'usages liés à la donnée météo

Nestlé prévoit, chaque année, en mai, un e-mailing sur les glaces, déclenché en temps réel, grâce aux données météorologiques publiques, lorsque la température augmente.

En juin 2015, la régie publicitaire Prisma Media Solutions a pour la première fois réalisé pour ses clients une campagne «météo-sensible». La campagne display était active uniquement lorsque la température oscillait entre 24 et 32 °C.

Les franchissements de seuils

Ce sont également des déclencheurs privilégiés. On pensera notamment au cap des 1000 points sur le compte fidélité, au nombre simultané de clients en magasins et surtout à l'évolution d'un scoring client signalant par exemple un risque devenu élevé d'attrition[1].

Aux États-Unis, la start-up Madkuku a combiné de manière originale «data science» et trigger marketing en proposant aux entreprises ayant un modèle économique «freemium»[2] un scoring d'appétence à la version payante et une valeur prédite des futurs clients. Ces scores sont réinjectés dans le système d'information de l'entreprise et dès qu'un seuil de probabilité ou de valeur est franchi pour un individu, une action commerciale se déclenche (e-mailing, appel téléphonique), augmentant ainsi

---

1. Voir chapitre 7 pour plus de détails sur les méthodologies de scoring.
2. Modèle consistant à proposer une version gratuite limitée en termes de fonctionnalité (par exemple de LinkedIn).

© Groupe Eyrolles

fortement la conversion d'un simple utilisateur de la version gratuite en client facturé.

Progressivement, le data marketing permet ainsi de faire vivre de réels concepts de communication. Il est désormais plus simple de coordonner divers leviers marketing entre eux, d'articuler les messages en fonction d'actions précises déclenchées par le prospect pour au final envoyer aux consommateurs des informations en cohérence avec la phase du processus d'achat dans laquelle ils se trouvent.

Le schéma ci-dessous récapitule bien cette nouvelle approche et apporte de nouvelles idées pour chaque moment du cycle de vie.

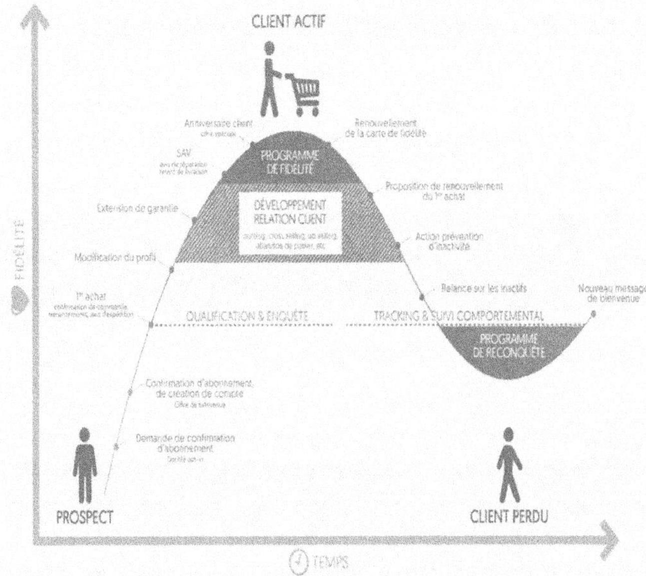

Source: © Dolist – tous droits réservés.

Figure 84 – D'un médiaplanning figé à un marketing continu centré sur le client

LE PROFIL CLIENT EST AU CŒUR DU PROCESSUS DE PERSONNALISATION

Pour les annonceurs déjà matures sur le sujet du trigger marketing (c'est-à-dire qui ont «radiographié» finement le parcours client et défini au moins un scénario par point de contact), il s'agit de dépasser la mécanique basée uniquement sur «l'événement». En

© Groupe Eyrolles

effet l'action déclenchée par le trigger peut de plus être personnalisée en fonction du statut ou du segment d'un client. Quelques exemples concrets pour se convaincre de l'intérêt du croisement de la logique «trigger» avec la logique «profil».

Personnalisation dynamique du contenu d'un e-mail: le principe consiste à rendre certaines parties de l'e-mail personnalisables selon un ensemble de règles. Dans le cas d'un constructeur automobile qui souhaite présenter à ses clientes femmes une photo d'une femme en train de conduire, l'outil de gestion de campagne va vérifier dans la base de données le critère «sexe» du destinataire et sélectionner automatiquement la photo A ou la photo B pour remplir le bloc image[1]. Ce principe de personnalisation dynamique permet également de caractériser la sélection produits: le moteur de recommandation, influencé ou non par des règles business (produits à liquider, produits à plus fortes marges, etc.), indique au routeur e-mail le «meilleur» produit à afficher pour ce destinataire.

Personnalisation des notifications en tenant compte des centres d'intérêt: par exemple un magazine sportif pourra notifier à ses lecteurs chaque lundi matin les résultats du week-end, en variant le contenu selon les disciplines effectivement appréciées par le lecteur. Dans le même ordre d'idée, un magazine de presse peut prévenir le lecteur quand un nouvel article de ses auteurs préférés est disponible.

Personnalisation du site e-commerce selon le statut du visiteur: par exemple, si un client dormant (i.e. ne répond plus aux sollicitations e-mails depuis des mois) visite le site, une fenêtre de dialogue apparaît et un conseiller propose de l'aide ou des conseils (il s'agit ici d'une adaptation du scénario «troisième visite en une semaine» pour les visiteurs identifiés comme «clients dormants»).

Personnalisation de l'application mobile selon l'historique d'achat: sur un écran de téléphone mobile, le peu de place disponible nécessite l'affichage des seuls produits proches des appétences du client.

Personnalisation du moment d'envoi en fonction du pays de résidence: avec le mobile allumé en permanence et ses bips caractéristiques, les marques ont tout intérêt à adapter l'heure d'envoi des pushs ou des e-mails au fuseau horaire du destinataire afin de ne pas réveiller leurs clients au milieu de la nuit. En témoigne l'histoire vraie arrivée à une chaîne de fastfood américaine qui offrait le café

---

1. L'enjeu est bien sûr de produire les différents blocs de contenus en amont !

en pleine nuit pour la victoire de l'équipe locale... oubliant que celle-ci jouait à l'extérieur dans l'Ouest américain avec plusieurs heures de décalage!

Bon à savoir

Malgré l'intérêt évident de la personnalisation et de l'univers des possibles en la matière (moment, contenu, cible...), n'oubliez pas pour autant de garder quelques campagnes fils rouges adressées à tout le monde afin d'éviter le syndrome de Panurge décrit dans la préface.

Comme l'illustrent ces exemples, la notion de personnalisation recouvre une multitude d'actions qui sont en général traitées par des acteurs différents. Pour éviter de s'y perdre, il est préférable de se restreindre à un nombre limité de découpages: combiner le concept de trigger avec quelques segments clients simples permet déjà de produire des centaines, voire des milliers de communications différentes.

INDIVIDUALISER AUSSI LA PRESSION COMMERCIALE

À mesure que les campagnes automatisées se multiplient, gérer la «pression marketing» devient de plus en plus indispensable, mais aussi de plus en plus complexe en raison des risques de recouvrements entre scénarios et de la multiplication des canaux de contacts. Comment faire pour éviter le désabonnement massif de consommateurs lassés par une avalanche de messages commerciaux reçus de toute part?

Trois stratégies peuvent être envisagées individuellement ou simultanément:

- borner le nombre de contacts généré auprès d'un individu;
- modéliser la pression marketing;
- jouer la transparence.

Borner le nombre de contacts: l'approche «droit au but»

Les solutions traditionnelles de gestion de campagnes proposent de définir un nombre maximum de messages à envoyer pour chaque individu, sur une période donnée (par exemple, pas plus de trois sollicitations par semaine par e-mail + SMS, en dehors des messages transactionnels). Le logiciel stoppera les envois une fois le maximum atteint. Simple sur le papier, cette méthode pose toutefois une question fondamentale : à partir de quand la sollicitation d'un internaute devient-elle contre-productive pour l'annonceur ? Autrement dit comment définir le bon seuil ? Car si « bombarder » le consommateur de messages commerciaux peut être un irritant, une absence de communication auprès de sa base clients est une perte d'opportunité pour générer du business. Il existe certes des études qui tentent d'établir un seuil optimal, mais celui-ci varie trop selon les secteurs d'activité ou les populations de consommateurs pour en tirer un enseignement unique.

Pour régler ce paramètre, une étude statistique telle que celle présentée en partie B sera donc nécessaire. En particulier portez votre attention sur les analyses suivantes :

- **comment se comporte la distribution** du nombre de sollicitations par individu ? Sous une moyenne acceptable (disons cinq sollicitations par mois) se cache en effet souvent un écart type important. Autrement dit certains membres reçoivent deux messages par mois et d'autres douze !

- **quand interviennent les désabonnements ?** Ils ont souvent lieu dès les premiers messages commerciaux, ce qui implique de moduler le rythme d'envoi très vite dans la relation. Imaginons par exemple que le rythme de sollicitation commerciale d'un annonceur est de deux e-mails par semaine. Pour un nouveau membre qui n'aurait pas réagi à la première sollicitation, une bascule automatique de son seuil à un e-mail par semaine est une règle empirique qui donne généralement de bons résultats ;

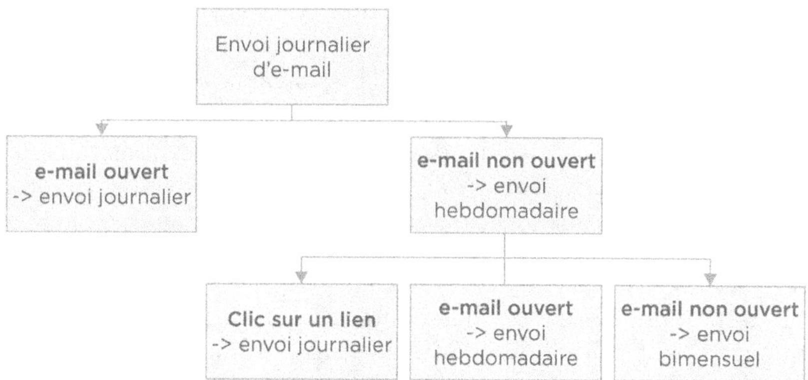

Source : CONVERTEO, Conseil spécialisé en digital et smart data.

Figure 85 – Modèle simple de gestion personnalisée de la pression marketing

- **peut-on modéliser mathématiquement le lien** entre fréquence d'envoi, taux de clic et taux de désabonnement? Quelle est la pondération de la variable «fréquence d'envoi» dans un modèle prédictif répondant à la question «va se désabonner»?

Ainsi menée, une telle étude permettra de naviguer entre le trop plein et le trop peu, deux écueils bien connus en communication.

Modéliser la pression marketing: l'approche «attributive»

Au lieu d'instaurer un nombre maximal de sollicitations, l'approche «attributive» revient aux fondamentaux du commerce: toutes les sollicitations ne se valent pas et certaines participent plus à l'irritation du consommateur que d'autres. Afin de modéliser simplement ce phénomène, trois axes de pondération peuvent être envisagés:

- **le type d'interaction:** on conçoit aisément qu'un appel téléphonique d'un commercial ou l'envoi d'un e-mail sont deux événements très différents qui méritent d'être pondérés différemment dans le calcul d'une «pression commerciale[1]»;
- **l'ancienneté de l'interaction:** l'espacement des sollicitations est un facteur déterminant dans la mesure de la pression commerciale;
- **le ressenti du consommateur:** la pression marketing repose en réalité sur une perception, un ressenti qui diffère d'un individu à un autre. Par exemple, un client pourra être enchanté d'être contacté par téléphone alors qu'un autre trouvera cette démarche très dérangeante. Cette problématique est d'autant plus forte dans le secteur du luxe où déranger son client est une faute grave.

En jouant avec ces pondérations, il devient possible de maintenir une pression commerciale adéquate en éliminant au fur et à mesure les campagnes qui déclenchent les moins bons taux de retour, pour la cible visée.

Jouer la transparence: l'approche «win-win»

La gestion de la pression marketing ne peut être réduite à la fréquence des sollicitations. En effet la problématique se pose plutôt

---

1. Cette approche nécessite dans la phase de collecte d'avoir unifié autour d'un même id client l'ensemble de ses points de contact avec la marque.

en termes de « pression ressentie ». Andréa Micheaux, directrice de la société AID spécialisée dans l'hébergement de bases de données marketing, a soutenu il y a quelques années une thèse[1] sur la modélisation de ce « ressenti » dans l'e-mailing et a dégagé trois situations :

- soit le destinataire considère d'emblée l'e-mail comme inintéressant et le supprime : geste machinal qui n'a pas vraiment d'influence sur la sensation de pression ;

- soit le destinataire, intéressé par l'objet, ouvre le mail et trouve le contenu pertinent : sensation positive pouvant se traduire par un clic, un achat...

- soit le destinataire, intéressé par l'objet, ouvre le mail et est déçu par le contenu qui ne correspond pas à ses attentes : le moment vécu est un « irritant » pouvant se traduire par un désabonnement, une mise du courrier en indésirable, etc.

L'auteur en a déduit que **l'adéquation entre l'objet du message et le contenu est déterminant dans la perception de la pression**. Par exemple, un objet non publicitaire, mais avec un contenu publicitaire obtiendra un taux de désabonnement significativement supérieur que si l'objet avait été publicitaire. Attention donc aux objets volontairement ambigus pour faire augmenter le taux d'ouverture, il est préférable de jouer franc-jeu.

Outre la transparence de l'objet, le contrat « win-win » avec le consommateur inclut également un **rappel clair au destinataire de la raison pour laquelle il reçoit ce message**.

Enfin, adaptez votre procédure de désabonnement : **au lieu d'une option binaire oui/non**, laissez le consommateur choisir sa fréquence d'envoi et renseigner ses centres d'intérêt et son canal de contact de prédilection[2]. En laissant au client le sentiment de contrôler la situation, vous éviterez un grand nombre de désabonnements !

---

1. Thèse soutenue à la Sorbonne sur le thème de la perception et du comportement du consommateur face à la pression des campagnes d'e-mailing.
2. Cette stratégie est connue sous le terme « centre de préférences »

LE MARKETING DIRECT ONE TO ONE EN PRATIQUE: CINQ EXEMPLES DE CAMPAGNES E-MAIL INCONTOURNABLES

Si le concept de trigger est très large et peut impacter l'ensemble des canaux de communication (jusqu'au vendeur en magasin alerté par l'entrée d'un client VIP en magasin!), l'e-mailing reste le canal historique et privilégié du trigger marketing. Le spécialiste du marketing one to one Probance recommande ainsi sur son blog cinq campagnes e-mail trigger-driven incontournables à l'heure du data marketing.

La relance de panier abandonné

Près de trois clients sur quatre abandonnent leur panier en cours de route et les relancer est un mode opératoire logique. Mais attention à ne pas jouer le commerçant «en manque de clients» en agressant le consommateur deux heures après avec un coupon promotionnel! Cette stratégie peu subtile risque d'exaspérer la plupart et de ne séduire que les «radins malins» abandonnant volontairement leurs paniers afin d'ouvrir la vanne aux bons de réduction. Afin de maximiser la conversion, il est préférable de mettre en place un véritable scénario s'attaquant aux origines du problème. Par exemple:

- pour les internautes effrayés par les frais de livraison, une stratégie adéquate consisterait à leur signaler la livraison gratuite au-delà d'un certain montant de dépenses supplémentaires;
- pour les internautes encore en phase de réflexion, proposer un comparatif de prix par rapport à la concurrence peut être une stratégie gagnante.

La campagne post-navigation

La visite engagée sur le site web est également un acte fort sur lequel il est possible de capitaliser plusieurs semaines, par exemple en:

- envoyant un argumentaire de vente sur l'un des produits qui a été consulté (texte spécifique, vidéo, avis clients…);
- proposant des produits associés;
- invitant à découvrir un article de blog lié à la marque du produit.

© Groupe Eyrolles

La campagne de bienvenue

Elle peut s'appliquer aux nouveaux clients qui viennent d'acheter ou aux nouveaux membres qui n'ont pas encore converti. Il s'agit ici principalement d'envoyer une série de contenus informatifs utiles (extrait de FAQ, avis utilisateurs, conseils d'entretien, etc.) pour renforcer le lien de confiance avec le nouveau client. Chez l'opticien GrandVision France, le « Welcome Pack » s'étale ainsi sur douze mois ! La meilleure campagne est celle invitant le client, six mois après l'achat, à se rendre au point de vente de la marque pour faire vérifier sa monture[1].

La campagne post-sell

Un grand nombre de clients attendent moins d'un mois pour faire un réachat. Il est donc important de pouvoir mettre en place des règles de relance, qui s'articuleront principalement autour du programme de fidélité, de promotions spéciales et de recommandations produits.

La relance des clients inactifs

Voilà 180 jours qu'un client n'a plus visité le site web, acheté ou mis au panier ? Déclenchez automatiquement un scénario de réactivation avant d'en arriver à un endormissement trop profond. Parmi les stratégies de relance qui ont fait leurs preuves : proposer les nouveautés, mettre en avant une offre promotionnelle correspondant au profil de ce client et jouer la carte de l'humour.

 À RETENIR DE CE CHAPITRE

La personnalisation est au cœur du data marketing. Le concept peut toutefois prendre plusieurs formes, les trois plus répandues étant le marketing automation, la recommandation produits et l'adaptation de la pression marketing. La première personnalise le moment de l'interaction, en déclenchant des scénarios suite à des stimuli déterminés. La seconde personnalise le contenu du message, en l'adaptant selon un ensemble de données sociodémographiques et comportementales connues sur le destinataire. La dernière personnalise les canaux de contact et la fréquence des contacts.

---

1. Source : Marketing relationnel et personnalisation, livre blanc Actito & EB G.

À vous de jouer

- ✔ Dressez le cycle de vie de votre client et imaginez comment être présent à toutes les étapes du parcours client (exemple : je rêve – je compare – j'achète, etc.) grâce à des triggers bien choisis.

- ✔ Identifiez vos trois campagnes e-mail et SMS qui ont fait le plus de « dégâts » en matière de désabonnement.

- ✔ Demandez à tous vos collaborateurs et meilleurs clients ce qu'ils aimeraient trouver dans le « Welcome Pack ». Bâtissez à partir de ces retours une série de cinq e-mails avec du contenu informatif de préférence.

SOURCES

À propos du concept du trigger, l'article «Le trigger marketing c'est quoi?», Emmanuel Ulman, 2009, publié sur «Le Lab by vente-privee consulting» est très pédagogique. Le site regorge par ailleurs de nombreux articles pertinents.

Pour approfondir l'ensemble de ce chapitre, le livre blanc *Marketing relationnel et personnalisation* coécrit par l'EBG et par l'éditeur de solutions data marketing Actito est une excellente lecture, avec de nombreux conseils pratiques.

10

Data et commerce physique : la révolution apportée par le mobile et les objets connectés

Jusqu'à présent l'ouvrage a présenté comment utiliser la donnée pour cibler la bonne personne (segmentation, création d'audience par look alike modeling, méthodes de scoring), au bon moment (trigger marketing) avec le bon message (moteurs de recommandation, DCO). Il reste une dimension à explorer pour boucler la chaîne de valeur de la data et clore cet ouvrage dédié au data marketing : la dimension apportée par la donnée de géolocalisation permettant d'intervenir « au bon endroit ».

Encore réservée il y pas peu à des usages militaires ou à de la surveillance (convois, entrepôts), la géolocalisation s'est développée depuis quelques années auprès du grand public : selon le baromètre du marketing mobile de 2014 (réalisé par la MMA avec Comscore, GfK et Mediametrie) 50 % des mobinautes français utilisaient ainsi au moins un service de géolocalisation sans compter les montres, lunettes et autres objets connectés qui viennent petit à petit compléter l'arsenal du consommateur hyper-connecté.

L'EXPLOSION DU MOBILE EN CHIFFRES

De nombreuses études font état de l''importance grandissante du mobile dans nos vies.

En 1982 il y avait 4,6 milliards de personnes dans le monde et pas un seul téléphone cellulaire. En 2013, il y a 7 milliards de personnes sur la planète et 6 milliards d'abonnements mobiles.

25 % de la population mondiale utilise un smartphone, 60 % en France.

80 minutes est le temps moyen passé sur un mobile par jour pour un individu.

Pour de nombreux annonceurs, la part du mobile dans les visites, les conversions, et le chiffre d'affaires a ainsi crû drastiquement au cours des dernières années et par voie de conséquence le budget marketing digital consacré au mobile ne cesse de grimper.

Conséquence: la donnée de géolocalisation et les services associés (souvent désignés par LBS pour location based systems) font désormais partie intégrante des réflexions marketing et stratégies data menées par les marques, avec à la clé notamment la réconciliation du monde physique et digital ainsi que le butin de la publicité locale, chiffrée à dix milliards d'euros en France[1]. Entre défis technologiques et défis d'usage, que ce chapitre serve de boussole à vos réflexions!

COMPRENDRE LA GÉOLOCALISATION: GRILLE D'ANALYSE

La notion de géolocalisation est un terme qui se banalise aujourd'hui, avec une perte de repères: d'un côté la moindre application mobile développée dans son garage inclut cette fameuse «géolocalisation», et de l'autre côté les plus grandes marques engagent des projets coûteux à grand renfort de consultants afin d'inclure la géolocalisation dans leur arsenal marketing. La réalité est que derrière le terme «géolocalisation» se cache un vaste ensemble de technologies et d'usages. En particulier voici quelques questions clés à se poser avant d'aborder un projet de géolocalisation.

Géolocalisation indoor ou outdoor?

Les procédés de géolocalisation diffèrent grandement selon que l'on souhaite géolocaliser un individu en extérieur (outdoor) ou en intérieur (indoor) et rares sont les prestataires capables d'assurer les deux types d'usage !

La technologie outdoor s'appuie principalement sur la position GPS fournie par le smartphone[2] ou par une balise GPS, et apporte une précision de l'ordre d'une dizaine de mètres.

1. «La géolocalisation, nouvelle arme des marketeurs», Muriel Glatin et Maike Strudthoff, éditions Kawa, 2012
2. Plus précisément demandé par l'application mobile à l'opérateur système selon un ensemble de règles.

Moins précise, mais applicable aux utilisateurs non équipés de smartphone, **la géolocalisation par GSM,** dite aussi *« cell id »,* se base quant à elle sur le rattachement d'un téléphone à une antenne relai.

Enfin la géolocalisation outdoor pourra peut-être bientôt s'appuyer sur **le réseau LoRa**, développé par Bouygues Telecom, Orange et Archos et principalement dédié à l'Internet des Objets (IoT).

Le problème de ces technologies est qu'elles perdent fortement en précision dès que l'individu se situe dans un espace clos tels que centres commerciaux, magasins ou aéroports. C'est à ce moment-là qu'interviennent les **technologies indoor, dites aussi de micro-localisation.** Parmi elles, citons en particulier :

- les balises Bluetooth[1] ;
- la technologie LIFI ;
- le Wifi ;
- les ultrasons.

▓ **Les balises Bluetooth de type beacon**

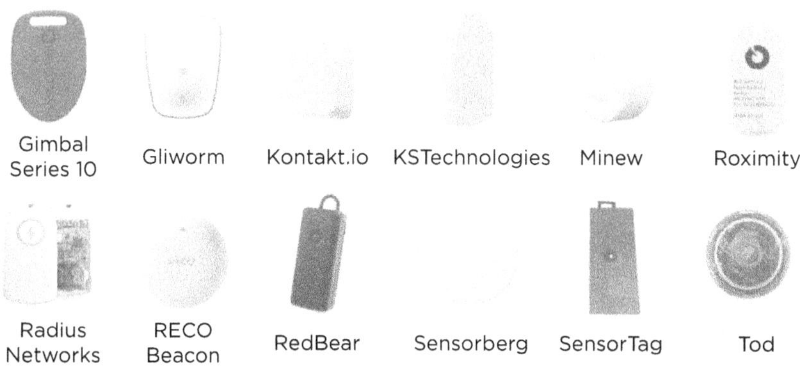

Source : The Hitchhikers Guide to Ibeacon Hardware, A Comprehensive Report by Aislelabs, 4 mai 2015.

Figure 86 – Plus de 40 fabricants de beacons disponibles sur le marché !

Très en vogue de par leur simplicité d'usage, elles font depuis 2014 l'objet de nombreux projets expérimentaux : Darty aurait

---

1. Technologie permettant de relier des appareils entre eux sans liaison filaire sur une portée de quelques dizaines de mètres.

ainsi déployé déjà plus de 200 beacons et Monoprix équipé 22 magasins. Le cabinet d'études Business Insider prédit ainsi plus de trois millions de beacons en activité en 2018 rien que dans le secteur du retail. En 2015, déjà plus de 40 fabricants de boîtiers et 50 fournisseurs de plateformes techniques et marketing dédiées avaient investi ce tout jeune marché ! Malgré cette effervescence, leur fonctionnement n'est cependant pas toujours bien assimilé *(cf. encadré ci-dessous)*.

LE BEACON, CE N'EST PAS SORCIER !

Il existe beaucoup de confusion et de mythes autour des possibilités du beacon. En réalité la cinématique est assez simple :

1. **Le beacon signale sa présence à un rythme régulier.** En réalité un beacon ne fait qu'émettre son nom, plus précisément un UUID et deux numéros d'identification (Major, Minor) ! En particulier un beacon n'envoie pas de notifications et un beacon n'est pas un Big Brother qui enregistre le passage des clients, deux idées reçues fréquentes.

2. **Le signal est capté par une application mobile associée.** « Parasite » d'une application préalablement installée et de l'activation du Bluetooth, un beacon ne permet donc pas de toucher n'importe qui n'importe quand.

3. **Le signal est traduit en action par un logiciel.** Le beacon n'est rien sans l'intelligence logicielle ajoutée à l'application mobile ! La rencontre de l'application mobile avec le signal du beacon agit comme un trigger et déclenche un scénario préalablement enregistré dans la plateforme logicielle à destination des marketeurs. Il s'agit généralement de notifications, mais les possibilités sont en réalité plus nombreuses : réveil de l'application en veille, affichage d'une URL, récompense au bout du dixième passage…

◼ La technologie LIFI

Elle repose sur la transmission d'informations par la lumière : les éclairages LED utilisent en effet des ampoules qui s'allument et s'éteignent plusieurs millions de fois par seconde et ces variations (trop rapides pour être visibles à l'œil nu) sont utilisées pour coder des informations, comme avec le morse, ou le langage binaire utilisé en informatique. Cher, mais très précis, c'est le choix fait par Carrefour en 2015 pour son hypermarché de Lille, la lumière ainsi routée par le système étant captée par la caméra du smartphone et décryptée par une application d'un nouveau genre. Les fournisseurs Lucibel et Philips, mais aussi la start-up Oledcomm ont investi ce marché prometteur.

▨ Le Wifi

Il fonctionne de manière similaire aux antennes GSM : le rattachement à une borne dont la position est connue couplé à la force du signal permet de situer l'individu dans l'espace. En France, Insiteo et Pole Star sont les deux sociétés principalement positionnées sur ce créneau.

▨ Les ultrasons

Captés par le microphone du smartphone, ils complètent le panorama. Ce dispositif est une technologie précise et fiable, car elle implique que la personne soit stationnée quelques secondes en face de l'émetteur. Elle a notamment été déployée par la start-up Fidzup.

Géolocalisation en mode « pull » ou mode « push » ?

Comment faire la différence entre deux applications de « bons plans géolocalisés » qui ont plus ou moins le même discours marketing ? Un des axes de différenciation concerne l'approche « pull » (tirer) ou « push » (pousser), désignée parfois par les termes « outbound » (sortant) ou « inbound » (entrant).

En mode « pull », la donnée de géolocalisation est transmise au moment où l'utilisateur exécute une action spécifique sur l'application. Souvent cette transmission de données s'effectue lors de l'ouverture de l'application. Le serveur applicatif calcule alors la distance de tous les points d'intérêts (POI) renseignés en base de données par rapport à la localisation du mobinaute. Sont restitués sur une carte les POI les plus proches. C'est ainsi que le mobinaute constatera la présence d'une promotion intéressante chez Sephora à moins de 400 mètres. Le mode « pull » est le principe utilisé par une grande majorité des applications, car cette mécanique est très simple techniquement. De plus, le principe est logique sur le plan « expérience utilisateur » : l'utilisateur est en mode recherche et être géolocalisé lui procure un service. En revanche, les possibilités d'interaction avec le mobinaute sont limitées, l'application s'apparente davantage à un annuaire digitalisé et retranscrit sur une carte.

Le mode « push » résout cette contrainte. Le service est en veille et se déclenche automatiquement en fonction de la position de la personne. Par exemple, le mobinaute recevra un message parce qu'il vient d'approcher à moins de 100 mètres d'un magasin

Sephora. C'est le principe du «geofencing» qui consiste à édifier une clôture virtuelle autour d'un magasin ou d'un point d'intérêt. L'entrée ou les sorties de ce périmètre active les sollicitations commerciales selon le principe du trigger étudié au chapitre précédent. Dès 2010, la société spécialiste du marketing mobile Placecast avait ainsi noué des partenariats avec les opérateurs Telefonica et O2 en vue de proposer aux abonnés des «bons plans» exclusifs par SMS selon leur localisation. Par exemple, la marque de cidre Bulmers cible les hommes de 18 à 34 ans passant à proximité d'un des 1 074 pubs sélectionnés à une certaine heure, pour leur proposer d'y prendre un verre tandis que la marque de vêtements The North Face communique quand le mobinaute se trouve dans une station de ski ou des parcs nationaux. La plupart des cas d'usages marketing exploitant la donnée de géolocalisation reposent sur le principe du geofencing.

Géolocalisation continue ou discrète ?

Conséquence des deux premiers points, il est bon de garder à l'esprit les deux grands modes de géolocalisation: continue ou discrète.

La géolocalisation continue est une tâche de fond qui envoie à intervalle régulier la position du terminal. C'est par exemple le cas pour une balise GPS ou un boîtier OBD[1] installé dans une voiture. Pour un smartphone, il s'agit d'une tâche beaucoup plus compliquée: d'une part, cette tâche de fond ne doit pas vider la batterie de l'utilisateur et, d'autre part, elle ne doit pas mobiliser trop de ressources du téléphone au risque d'être «mise en quarantaine» par l'OS (Operating System). Dès lors la technologie à mettre en œuvre devient très complexe. En France, la start-up Databerries, grâce une technologie innovante, s'est ainsi positionnée en leader sur ce secteur, avec à la clé une double proposition de valeur difficilement accessible autrement: connaître toutes les habitudes de déplacement de plusieurs millions d'individus[2] et mesurer la performance des publicités en comptabilisant les visites incrémentales[3] dans les points de vente.

La géolocalisation discrète repose généralement sur le maillage d'un espace géographique et de la collecte de points de

---

1. Branché dans la «prise diagnostique», l'OBD permet d'accéder à toutes sortes d'informations en interrogeant les calculateurs électroniques de la voiture.
2. Plus précisément de millions d'IDFA anonymes.
3. Visites supplémentaires provoquées exclusivement grâce à l'action promotionnelle.

passage. C'est le principe par exemple des antennes GSM, des bornes Wifi ou des boîtiers de type Bluetooth. Pour être pleinement efficaces, ces systèmes doivent avoir un maillage très fin afin de capter un maximum de signaux. Autre exemple de géolocalisation discrète déjà évoquée au chapitre 8: les DSP mobiles (Adotmob, Netadge,TabMo...) sont informées à chaque bid request de la donnée de géolocalisation du téléphone (transmise par l'éditeur). En archivant les bid requests (quelques positions par jour et par individu), ils se constituent au fil des enchères un historique de position pour chaque mobinaute (identifié par son IDFA, pour rappel identifiant anonyme composé de plusieurs caractères). Au bout de quelques jours, il devient dès lors par exemple possible d'identifier le lieu d'habitation ou le lieu de travail du mobinaute ainsi anonymisé.

Géolocalisation statique ou bien géolocalisation temps réel ?

Il y a souvent une confusion entre les différents éléments de la chaîne de valeur de la géolocalisation appliquée au marketing. Le **géocodage** d'adresses[1] et le **géomarketing** sont des procédés qui existent depuis les années 1960 pour représenter des magasins sur une carte et faire l'étude de potentiel d'une zone de chalandise. Ce sont des outils *statiques* d'analyse décisionnelle toujours utilisés aujourd'hui. Des enseignes telles que Maisons du monde ou La Française des Jeux y ont eu par exemple récemment recours pour mieux qualifier les zones géographiques autour de leurs magasins ou points de vente[2] tandis que la start-up Mytraffic, récente lauréate du concours d'innovation numérique (juin 2016), ambitionne de moderniser et de démocratiser le marché des études géomarketing.

Ces études donnent souvent lieu par la suite à la mise en place d'un **geotargeting,** à savoir la définition des zones de distribution de prospectus et de ciblage clients pour des campagnes display. Par exemple JC Decaux a défini avec le spécialiste du traitement de la donnée Experian une segmentation géo-comportementale de son parc de mobiliers d'affichage.

L'arrivée des smartphones et autres objets connectés équipés d'une puce GPS révolutionne les cas d'usages: désormais le

---

1. Transformation d'une adresse postale en coordonnées (x,y) interprétables sur une carte.
2. Article «Géolocalisation : la "nouvelle" boussole du marketing» paru dans emarketing.fr en juin 2015.

marketeur peut avoir connaissance à tout moment de la position géographique d'un objet en *mobilité*. La révolution du marketing «au bon moment, au bon endroit» est évidemment étroitement liée à cette donnée mobile. **Le geofencing déjà évoqué précédemment est l'automatisation temps réel du principe ancien de geotargeting.**

COMMENT TIRER PARTI DE LA DONNÉE DE GÉOLOCALISATION ?

De nombreuses entreprises testent des opérations autour de la donnée de géolocalisation et des modèles commencent à émerger sur les différentes façons d'intégrer la géolocalisation à son arsenal marketing sans en faire un «gadget» ou au contraire une «usine à gaz». D'après mon expérience du domaine et les annonces récentes, détaillons ci-dessous cinq scénarios de déploiement les plus prometteurs.

Le Drive-to-store pour attirer du trafic en point de vente

Première application de la géolocalisation pour le marketing : augmenter le trafic en point de vente, à l'aide de publicités géolocalisées. Le taux de clic d'une bannière «geofencée» serait jusqu'à 70 % supérieur à une pub traditionnelle, tandis que le taux de clics d'une notification géolocalisée pourrait atteindre les 15 % selon l'ouvrage de référence *La Géolocalisation : nouvelle arme des marketeurs*[1].

Dans la pratique, quatre approches complémentaires sont disponibles sur le marché.

Ajouter un module de géolocalisation[2] **à son application déjà existante** est une approche pragmatique pour capitaliser sur le volume de clients ayant déjà installé l'application, en vue d'offrir de nouvelles possibilités d'interactions, par exemple le geofencing autour de ses points de vente.

---

1. Muriel Glatin et Maike Strudhoff, *La Géolocalisation : nouvelle arme des marketeurs*, éditions Kawa, 2012.
2. Généralement un «pusher» de position associé à une plateforme de scénarisation.

Acheter des espaces publicitaires «temps réel» en prenant en compte la localisation du mobinaute est la perspective offerte par le programmatique mobile. Concrètement, grâce à la donnée de géolocalisation véhiculée dans la bid request, il est en effet possible pour la DSP d'enchérir uniquement en réponse aux bid requests caractérisant un mobinaute à moins de 300 mètres d'un point d'intérêt prédéterminé.

Des programmes multi-marques peuvent faire d'une pierre deux coups en apportant, technologie et audience. On citera par exemple Step-in qui attribue des points au mobinaute à chaque visite en magasin, Shopadvisor et RetailMeNot utilisés par le magazine *Elle* pour envoyer ses lectrices dans les points de vente des annonceurs partenaires ou encore Notico Shopping, qui réinvente le concept de marketplace grâce à la géolocalisation.

Enfin **transformer les mannequins des vitrines en rabatteur** est le pari fou proposé par le service VMbeacon de la start-up anglaise Iconeme. Ainsi équipés, les mannequins interpellent les passants équipés d'une application compatible et leur proposent des informations relatives aux articles qu'ils portent !

Le Mobile-in-store pour guider le consommateur

Après le «mobile-to-store», voici le «mobile-in-store». Ce dernier correspond aux différents dispositifs marketing mis en place au sein du point de vente pour guider le consommateur ou lui offrir des promotions contextualisées par rapport au rayon où il se trouve. C'est ainsi que le leader du couponing Catalina intègre des bornes beacon dans différents rayons de l'enseigne Monoprix couplé à l'application C-wallet tandis que Carrefour permet à ses clients de géolocaliser précisément les promotions en cours grâce à l'application Promo C-où et au système de géolocalisation par LED déjà évoqué (Lifi).

Dans un autre registre, de plus en plus de musées comme celui de la Tulipe aux Pays-Bas, la galerie Sakura à Paris ou la maison de Rubens à Anvers guident le visiteur et apportent des explications sur les œuvres par le biais du couple {beacon + application du musée}. Il est désormais probable dans un avenir proche de voir fleurir ce type d'applications verticales pour tous les lieux fermés drainant du public (salons professionnels, concerts, stades, etc.).

© Groupe Eyrolles

La création de nouveaux services à valeur ajoutée

Jusqu'à présent nous avons beaucoup évoqué le retail et le point de vente connecté. Cependant le débouché principal de la géolocalisation sera sans doute la création de nouveaux services «ex nihilo» où l'innovation de modèle économique prime même souvent sur l'innovation technologique. À titre d'exemple, en octobre 2015 AXA Direct Assurance confirma que «la voiture est le terminal mobile ultime (Jeff Williams VP Operations chez Apple) en lançant YouDrive, sa nouvelle offre d'assurance autoconnectée, en disruption totale avec le modèle économique historique: «C'est une petite révolution dans notre métier: individualiser l'appréciation des risques en fonction du comportement de conduite», expliquait ainsi la directrice générale adjointe au micro des *Echos.* Le service inclut en effet la mise en place dans la voiture de l'assuré d'un boîtier collectant les informations de conduite via le GPS: freinage, accélération, vitesse... Flicage pour les uns, économie de plus de 50 % pour les conducteurs sérieux habituellement pénalisés par leurs caractéristiques sociodémographiques (l'âge, par exemple).

Moins en rupture, mais tout aussi générateur de chiffre d'affaires, le leader français de la mise en relation de parents et de baby-sitters a promu en 2016 un nouveau service destiné aux parents anxieux: géolocaliser la «nounou» pendant ses heures de mission et être alerté automatiquement lors de la prise en charge de l'enfant à l'école ou de déviances par rapport au parcours prévu.

Dans le même registre d'évolution de son service historique, on pourrait tout à fait imaginer une application de pari sportif qui solliciterait le parieur quand il est au stade ou une application de rencontres qui dans le cadre d'une option «visibilité premium» push-notifierait le profil de l'inscrit aux célibataires à moins de 100 mètres répondant aux critères choisis.

Des opérations de communication 3.0

À l'opposé total du paragraphe précédent, la géolocalisation est aussi souvent utilisée uniquement à des fins de communication.

En avril 2014 Nivea s'est ainsi fait remarquer en offrant aux lecteurs de plusieurs magazines brésiliens un bracelet connecté (grâce à un nearable, *cf. encadré*), relié à une application «Nivea protège». En accrochant le bracelet au poignet de leur enfant, les lecteurs

© Groupe Eyrolles

étaient alertés en temps réel dès que leur progéniture s'éloignait à plus de quelques dizaines de mètres d'eux !

LES «NEARABLES»: RENDRE N'IMPORTE QUEL OBJET CONNECTÉ[1]

Il est désormais très facile de rendre n'importe quel objet connecté grâce aux «nearables», ces petits autocollants inventés par la société Estimote, un des tous premiers fabricants de beacon. Il suffit de placer l'autocollant sur l'objet de votre choix pour qu'il puisse «communiquer» avec une application dédiée, y compris sur le temps qu'il fait grâce à son capteur de température. Et alors comme par magie un livre dans un magasin pourra automatiquement vous donner les avis laissés sur celui-ci tandis qu'une bouteille de vin rouge vous enverra une notification lorsqu'elle sera à bonne température…

Les possibilités qu'offre un nearable sont vraiment très vastes et devraient ravir les agences de communication !

Autre campagne de communication notable, le bijoutier Fabergé en collaboration avec l'agence Saatchi & Saatchi NY a organisé pour Pâques la première chasse au trésor connectée : ce sont très précisément 265 œufs abritant chacun un beacon qui ont été cachés dans les rues de New York. Pour participer les habitants devaient télécharger l'application Big Egg Hunt. Ceux qui trouvaient le plus rapidement les œufs pouvaient participer à un tirage au sort avec à la clé un pendentif en pierres précieuses d'une valeur de 30 000 $… Bilan de la chasse pour la marque de luxe : plus de 17 000 téléchargements, pour environ 124 000 check-ins géolocalisés.

Dernier exemple d'une longue liste, en Angleterre, à l'occasion de la journée internationale des personnes handicapées, la banque Barclays a promu une application mobile pour personne en situation de mobilité réduite. Ainsi repéré par un beacon à l'entrée de l'agence, le banquier était alerté et sortait accueillir la personne handicapée.

L'analyse des parcours pour améliorer la productivité

Les scénarios décrits jusqu'ici impliquent une interaction avec les clients, via les notifications ou un usage actif des applications. Il serait dommage de réduire la géolocalisation à ce seul usage : il ne

---

1. Source : Valentin Blanchot, «Avec les nearables Estimote veut connecter tous les objets», Siècle Digital, septembre 2014.

faut pas en effet oublier que la collecte seule des données de géolocalisation est déjà une source de valeur à part entière. Parmi les principaux usages de l'analyse des données de géolocalisation citons:

- **la mesure passive du comportement client en point de vente**, à l'instar d'un outil «analytics» sur un site marchand: carte de chaleurs[1] des rayons visités, durée des visites, taux de rebond[2]... La société Euclid Analytics est un pionnier de ce type d'analyses statistiques en magasins;

- **détecter des événements dans la vie du client**, par exemple un déménagement, ou plus prosaïquement des centres d'intérêt (salle de gym deux soirs par semaine);

- **réconcilier les multiples écrans utilisés avec leur utilisateur unique**, en analysant des «patterns[3]» dans leurs parcours de «géolocalisation». Un mobile et un ordinateur peuvent en effet être couplés si l'on observe par exemple qu'ils se connectent aux mêmes réseaux Wifi et aux mêmes heures plusieurs fois par semaine.

LES LIMITES DE LA GÉOLOCALISATION : LES QUESTIONS CLÉS À SE POSER

Au-delà de la connaissance des technologies et des principaux cas d'usage, il est essentiel d'avoir conscience de certaines limites de la géolocalisation. Ces limites s'articulent autour de trois thématiques principales: la couverture d'audience, l'optin du consommateur et le fonctionnement technique.

La couverture d'audience est souvent faible

Quel est le pourcentage de visiteurs d'un magasin qui pourront bénéficier du programme marketing imaginé d'après leur emplacement dans les rayons? Quel est le volume de personnes qui sera réellement touché par la stratégie de geofencing autour du point de vente? Voilà des questions de dimensionnement qui ont refroidi plus d'un donneur d'ordre. En effet, la plupart des programmes de géolocalisation nécessitent au préalable une ou plusieurs actions

---

1. Représentation graphique sous forme d'un nuancier de couleur de données statistiques telles que des temps de passage, des déplacements, etc.
2. Ici interprété comme le pourcentage des visiteurs du magasin qui repartent «immédiatement».
3. Terme anglais désignant un modèle, une structure, un motif.

de la part du consommateur. En particulier **la nécessité d'avoir une application mobile diffusée à grande échelle** demande au donneur d'ordre la mise en œuvre d'un plan marketing solide pour faire télécharger l'application (par exemple remises de flyers à l'entrée du magasin). Cette contrainte rend également caduque la proposition de valeur de certains agrégateurs de bons plans géolocalisés dont le taux de pénétration est trop faible.

Posséder une application largement diffusée ne suffit toutefois pas à s'assurer d'une large couverture d'audience. Dans le cas de la géolocalisation par beacon, un des freins majeurs est en effet lié à l'activation du Bluetooth par les mobinautes. Les premiers retours d'expérience indiquent en effet que seuls 30 à 50% des mobinautes ont le Bluetooth activé . Et même avec le Bluetooth activé, les raisons de « manquer sa cible » sont nombreuses :

Bon à savoir

Exploitant cette problématique, Facebook investit beaucoup le marché de la géolocalisation puisque presque tous les consommateurs possèdent l'application Facebook sur leur téléphone ! Le service Facebook « Place tips » permet ainsi d'ores et déjà aux commerçants d'interagir avec une grande partie des clients du magasin en se procurant un beacon Facebook.

- le téléphone met un certain temps à recevoir et interpréter le signal Bluetooth du beacon, de quelques secondes à près d'une minute. Si le mobinaute ne « stationne » pas devant le beacon, il est possible qu'il ne reçoive jamais le message commercial ;

- ce temps de réception est considérablement allongé pour un téléphone dans la poche ;

- quand le téléphone est en veille, l'antenne Bluetooth s'allume moins fréquemment que lorsque le téléphone est allumé ;

- pour économiser la batterie, les téléphones peuvent couper automatiquement l'antenne Bluetooth.

Pour toutes ces raisons, les start-ups de l'écosystème cherchent toutes à combiner dans un même boîtier différentes technologies (Bluetooth, Wifi, ultrason…) afin de maximiser la couverture d'audience (ou « taux de reach)

L'accord du consommateur est indispensable

Dès lors que la géolocalisation porte sur des individus mobiles et non plus des objets statiques, inévitablement des questions éthiques et juridiques sont soulevées et sont au cœur des enjeux :

tous les consommateurs ne souhaitent pas être «pistés» dans leurs déplacements et avoir leurs habitudes de vie décortiquées. Selon une étude menée par l'éditeur de logiciels Skyhook[1], 50 % des sondés se sentent ainsi inquiets pour leurs données personnelles quand il s'agit de géolocalisation.

Par ailleurs les consommateurs, déjà échaudés par la pression publicitaire subie online et dans les boîtes mails, **ne souhaitent pas que leur précieux mobile ne soit à leur tour inondé de messages promotionnels.** Une étude Ifop menée en 2013 indiquait ainsi que «seuls 35 % des mobinautes accepteraient d'être contactés par une enseigne, grâce à la géolocalisation, en passant à proximité de l'un de ses magasins».

En d'autres termes, encore plus que pour le tracking par cookies, **les consommateurs ont besoin d'être convaincus de la valeur ajoutée dont ils vont bénéficier en échange de leur acceptation d'être localisés**. Cette proposition de valeur peut être intrinsèque au produit (65 % acceptent la géolocalisation issue d'une application de météo tandis que seuls 16 % acceptent la géolocalisation en provenance d'une application de «news») ou provenir de coupons promotionnels, de contenus exclusifs... Dans tous les cas, tout projet de géolocalisation veillera à inclure une composante créative forte quant à la définition des scénarios d'usage ainsi qu'un plan de communication bien pensé.

Bon à savoir
L'application Unibail permettant de trouver ses amis dans un centre commercial est un modèle du genre.

Les contraintes techniques

Enfin, attention aux contraintes techniques liées à la géolocalisation, d'autant plus que les consommateurs ne sont pas très tolérants avec les erreurs de localisation. L'utilisation de la géolocalisation à des fins marketing constitue un marché neuf et instable, en particulier:

- **toutes les technologies ne sont pas à ce jour standardisées:** «il serait dommage de s'équiper d'une solution amenée à disparaître ou à être modifiée en profondeur trop rapidement», rappelle Cédric Belmont[2], business manager chez Hardis Group (SSII grenobloise);

---

1. Leader de la géolocalisation par bornes Wifi avec une base de 250 millions de points d'accès WiFi dans le monde couvrant ainsi 70 % de la population aux États-Unis, au Canada, en Europe de l'Ouest ainsi qu'en Asie.
2. Cédric Belmont, «Géolocalisation des objets et des personnes: de l'usage dépend la technologie retenue», 9 juin 2015.

- **coupler géolocalisation outdoor et indoor est encore compliqué en pratique.** Bien qu'il existe des méthodes théoriques, le suivi continu d'un consommateur ou d'un objet entre lieux ouverts et lieux fermés reste un défi technique majeur ;
- **le stockage des données de géolocalisation est un vrai sujet,** car il demande une sécurité sans faille, ainsi qu'un savoir-faire en analyses de données afin d'exploiter pleinement l'historique de déplacements ;
- **rares sont les tests qui se déroulent à 100 % comme prévu !** Des dysfonctionnements liés à la limitation de certains systèmes d'exploitation, à la fréquence d'émission ou à des interférences sont inévitables et une phase de rodage est souvent nécessaire. Par exemple un test avec un beacon permet rapidement de se rendre compte que de nombreux éléments peuvent perturber le signal Bluetooth (type de matériaux, présence d'autres signaux sur la même fréquence, nombre de personnes…).

LA DONNÉE DE GÉOLOCALISATION EN PRATIQUE : CIBLER LES AMATEURS DE TENNIS DE QUATRE FAÇONS DIFFÉRENTES

Considérons une enseigne d'articles de sport se demandant comment acquérir et fidéliser davantage les amateurs de tennis qui constituent son segment le plus profitable. Cette enseigne pourrait profiter de la donnée de géolocalisation grâce à au moins quatre cas d'usages différents.

Cas d'usage 1: détecter les individus qui fréquentent les cours de tennis et les cibler avec du média. La société Databerries déjà mentionnée en début de chapitre collecte de façon très fine les déplacements de plus de quatre millions de mobinautes. En repérant les téléphones présents hebdomadairement sur des courts de tennis, il est facile d'en déduire que le propriétaire du téléphone joue au tennis une fois par semaine. Un segment très qualifié d'individus est alors constitué (individus identifiés par leur IDFA) afin d'être ensuite ciblé via les adexchanges mobiles.

Cas d'usage 2: agir quand l'individu est à Rolland-Garos. En intégrant un «pusher de position» temps réel dans l'application mobile de la marque, il devient dès lors possible d'interagir avec ses clients quand ils sont en train de regarder un match. Il est également possible par ce biais d'apprendre que tel client est amateur

© Groupe Eyrolles

de tennis bien qu'il n'ait jamais réalisé d'achat dans cette thématique. C'est le type de proposition de valeur offerte par la division BtoC du spécialiste français de la géolocalisation Deveryware.

Cas d'usage 3 : acheter de l'espace publicitaire quand le mobinaute est à moins de 200 mètres d'un des points de vente de l'enseigne. C'est la possibilité offerte par le programmatique mobile puisque la donnée de géolocalisation est parfois incluse dans la bid request. L'attribut «amateur de tennis» est ici fourni classiquement par de la third party (Acxiom) ou second party (partenariat Babolat). À peu près tous les DSP mobiles (Adotmob, Yanco, Adnow…) sont capables de réaliser ce cas d'usage.

Cas d'usage 4 : recibler un visiteur magasin ayant stationné plus d'une minute dans le rayon consacré au tennis. À l'aide de petits boîtiers Bluetooth&WiFi, des start-ups comme Fidzup ou TapValue détectent chaque jour que «tel IDFA a stationné dans tel rayon». Un pool d'IDFA avec ce comportement est alors constitué pour être ensuite ciblé via les adexchanges mobiles.

 **À RETENIR DE CE CHAPITRE**

Le mobile est le nouveau terrain de jeu du data marketing, notamment grâce à sa capacité à géolocaliser le consommateur en mouvement. Déduire des profils consommateurs sur la base d'un historique de déplacements, retargeter les visiteurs d'un magasin ou déclencher une publicité selon l'emplacement de l'individu sont des cas d'usages de plus en plus fréquents.

À vous de jouer

- ✔ Réfléchissez aux nouveaux services que vous pouvez offrir à vos consommateurs en intégrant un module de géolocalisation avancé dans votre application mobile.

- ✔ Investissez 100 € dans un kit de beacons livré avec l'application mobile et la plateforme marketing et offrez-vous des notifications sur votre téléphone le matin quand vous arrivez au bureau.

- ✔ Géocodez votre base d'adresses et affichez vos clients sur une carte à l'aide d'une des nombreuses API de géocodage gratuites disponibles sur le Net.

© Groupe Eyrolles

SOURCES

Si la géolocalisation est un sujet qui vous intéresse, je vous conseille la lecture du livre de Muriel Glatin et Maike Studthoff *La Géolocalisation, nouvelle arme des marketeurs* aux éditions Kawa. Bien qu'un peu ancien (2012), ce livre reste encore une référence dans le domaine.

La presse spécialisée inonde régulièrement les professionnels du marketing d'informations à propos des perspectives offertes par la géolocalisation et les articles ci-dessous compléteront idéalement la lecture de ce chapitre :

- « Le b.a.-ba du marketing géolocalisé révélé par Placecast », septembre 2012, Anne Bezançon, lepetitweb.fr ;
- « Géolocalisation : la nouvelle » boussole du marketing », juin 2015, Floriane Salgues, emarketing.fr ;
- « Beacons, 22 utilisations hors magasin à connaître avant 2015 », décembre 2014, Simon Fevry, siecledigital.fr ;
- « Le LiFi progresse : ce que vous devez savoir pour en parler clairement », novembre 2015, Simon Fevry, siecledigital.fr ;
- « 7 réalités sur les possibilités du beacon », février 2015, sur le blog de la société easy-beacon ;
- *6 Idées reçues à propos des beacons,* livre blanc publié en décembre 2014 par la société Efficiens.

Conclusion

Demain, la valeur d'une voiture ne sera plus sa carrosserie, mais sa capacité à générer des données et traiter de l'information en mobilité.

Demain la data sera le premier actif de l'entreprise, même devant la marque.

Demain la donnée sera utilisée à tous les étages de l'entreprise pour quantifier des intuitions, réduire des risques, optimiser des processus devenus trop complexes pour un être humain.

Demain la publicité ne sera plus vécue comme du harcèlement, mais comme un service.

Demain le «Big Data» (grosses données) sera un terme désuet tant les objets connectés auront envahi le monde et la nouvelle problématique sera celle du «Huge Data» (immenses données).

Demain ce livre sera interactif et vous pourrez choisir en temps réel votre conclusion, comme dans les émissions de téléréalité, entre les diverses propositions ci-après:

- **résumer les avantages à exploiter la donnée**: la plus grande valeur de la donnée repose dans l'économie et non la croissance des revenus, grâce notamment à la réallocation des budgets et l'arrêt de messages commerciaux peu efficients... [tapez 1 pour les détails de la version A];

- **rappeler d'un ton pédagogue les erreurs à éviter**: ne succombez pas à la tentation des buzzwords et prenez le temps d'élaborer une véritable stratégie data adaptée à la maturité de votre entreprise... [tapez 2 pour les détails de la version B];

- **mettre en exergue les citations et les maximes les plus pertinentes du data marketing** pour briller en réunion, par exemple: «La data est devenue un asset aussi important pour l'entreprise que ses employés» (Jim Davies, CMO de la société Informatica) ou «le client au milieu du chemin tu n'oublieras point» (Christophe Cousin, CEO de Camp de Base)... [tapez 3 pour les détails de la version C];

- **ouvrir sur les défis à venir et les perspectives des prochaines années**: peut-on vraiment parler «d'ultra ciblage» quand un consommateur continue de recevoir une publicité digitale pour un produit qu'il a finalement acheté en magasin? La réconciliation crosscanal des identifiants est un défi majeur des prochaines années...[tapez 4 pour les détails de la version D];

- **raconter une histoire:** il était une fois une entreprise qui avait décidé de devenir data driven et opéré de profonds changements dans son organisation... [tapez 5 pour les détails de la version E].

À titre personnel, j'ai opté pour cette dernière version et je vous la présente donc *in extenso.* Il était une fois la Key Bank, 22ᵉ banque américaine. Comme toutes les entreprises de taille importante, la Key Bank vivait depuis des décennies tranquillement sa vie en silo: aux onze business units (BU) soutenues par deux départements marketing correspondaient treize équipes d'analystes et treize data warehouses. Le métier était au pouvoir et définissait la marche à suivre, la donnée était gérée techniquement par la SI et les analystes étaient cantonnés dans un rôle de reporting, sans réelles perspectives d'évolution ni d'emprise sur le business.

En 2013 un nouveau directeur général fut nommé à la tête de l'entreprise. Au cours de ses premiers mois de fonction, quel ne fut pas son étonnement de ne pas parvenir à connaître le nombre de comptes clients ouverts en ligne. Chaque département lui fournissait un chiffre différent. Cartésien dans l'âme, il entreprit un chantier qui révolutionna l'entreprise: la création d'un «*analytics center of excellence*» (ACE).

Exit les treize silos qui empêchaient la vue d'ensemble. En moins d'un an la Key Bank centralisa ses données dans deux data warehouses et fusionna les treize équipes d'analystes en une seule. Et ce n'est pas tout! *L'analytics center of excellence* est désormais directement rattaché au Comex (comité executif) et possède un droit de véto sur l'ensemble des projets de la société. Un nouveau modèle de présentation des projets a été imposé au métier et dorénavant tous les projets proposés doivent être appuyés par un constat data avéré et doivent quantifier l'apport business apporté par le projet. Les demandes qui ne satisfont pas à ce canevas sont tout simplement rejetées. De son côté, l'ACE est également devenue force de proposition. Une véritable transformation en profondeur de la culture de l'entreprise qui aura permis à la banque d'augmenter en douze mois de 71 % le nombre de comptes ouverts en ligne.

Dictature de la donnée bridant la créativité et l'intuition métier ou modèle à suivre? Le soin est laissé aux lecteurs d'en décider, mais une chose est certaine: pour les entreprises ayant atteint une certaine maturité dans la compréhension de l'écosystème data et la réalisation de premiers cas d'usages, le prochain défi à venir sera d'instaurer une gouvernance de la donnée et de réorganiser l'entreprise afin de soutenir véritablement une stratégie data driven. Un sacré chantier qui réjouira les cabinets de conseil en transformation !

En espérant que ce livre aura répondu à vos questions sur l'ensemble de la chaîne de valeur de la donnée.

Bien amicalement

PS : aucun constat data ne prouve que ce format de conclusion original était une bonne idée. N'hésitez pas à laisser vos commentaires sur Amazon. Je m'interdirai de vous adresser une publicité digitale ciblée sur la base des données collectées dans votre commentaire !

© Groupe Eyrolles

RÉPONSES AUX AUTODIAGNOSTICS

QUESTIONS PARTIE A (Page 46) – COLLECTER ET STOCKER

Question 1: pouvez-vous citer et expliciter les «5V» définissant les Big Data?

Le Big Data est souvent défini en fonction de cinq critères:

- le *Volume* est la traduction de «big». 100 millions de lignes peuvent être considérés comme la frontière entre «base de données» et «architecture Big Data»;
- la *Variété* provient du fait que le Big Data mélange données structurées (exemple : ticket de caisse) et données non structurées (exemple : image);
- la *Vélocité* fait référence au nombre grandissant de cas d'usages en temps réel (exemple: le processus d'enchère publicitaire);
- la *Véracité* souligne l'importance de traiter des données de qualité;
- la *Valeur* rappelle de ne pas oublier de poursuivre un objectif business.

Question 2: que désigne-t-on par first, second et third party data?

La first party désigne les données propriétaires de l'entreprise.

La second party fait référence à la first party d'un partenaire business.

La third party représente des données tierces vendues par des fournisseurs de données.

Question 3: selon vous à quel volume de données correspond un mois d'impressions display d'un grand groupe?

Un milliard d'impressions est un ordre de grandeur réaliste!

Question 4: à quel outil du data marketing est rattaché la notion de datalayer?

Le datalayer structure la donnée du site remontée par un TMS. Cette donnée structurée est ensuite mise à disposition d'autres outils (DMP, DSP...)

© Groupe Eyrolles

Question 5 : concrètement, comment expliqueriez-vous ce qu'est un cookie ?

Un cookie est un petit fichier texte déposé sur le navigateur de l'internaute lors de la réponse d'un serveur web à une requête http. Pour cette raison, changer de navigateur permet de résoudre parfois plein de petits soucis !

Question 6 : connaissez-vous la différence principale entre un datawarehouse et un datalake ?

Par opposition au datawarehouse, le datalake est une plateforme permettant de stocker la donnée sans avoir réfléchi au préalable à sa structuration.

Question 7 : pouvez-vous citer deux différences majeures entre une infrastructure big data et une infrastructure traditionnelle ?

Les deux paradigmes technologiques permettant les traitements big data sont la mise en réseau des machines (clusters) et le morcellement des traitements (calculs distribués).

Question 8 : comment appelle-t-on l'identifiant publicitaire utilisé pour le marketing mobile ?

L'IDFA et l'Advertising Id sont les identifiants respectivement utilisés par Apple et Android, le terme générique étant device Id. Schématiquement ils représentent l'équivalent des cookies dans le monde des applications mobiles.

Question 9 : Pouvez-vous citer trois façons de lier un cookie à un e-mail ?

Les moments du log in ou de l'ouverture d'un e-mail sont des moments privilégiés pour lier un e-mail à un cookie. Recourir à un data onboarder type Temelio ou Acxiom est une solution rapide et efficace.

Question 10 : en une phrase, comment expliqueriez-vous la différence entre un CRM 360 et une DMP ?

Le CRM 360 collecte et stocke tout ce qui a trait aux données personnelles (achats, service client, navigations loguées…) dans une optique de fidélisation tandis que la DMP collecte et stocke des données anonymes (généralement autour d'un cookie) dans

© Groupe Eyrolles

une optique principalement d'acquisition (visiteurs non convertis, audiences look alike, exclusion d'audience).

QUESTIONS PARTIE B (Page 110) – EXTRAIRE DE L'INFORMATION DES DONNÉES

Question 1: percevez-vous la différence entre statistiques, analyses de données et data mining?

Les statistiques ne concernent généralement guère plus de quelques centaines d'individus représentatifs, peu de variables et nécessitent de fortes hypothèses sur les lois statistiques suivies. Les modèles sont issus de la théorie et confrontés aux données

L'analyse des données traite un volume plus grand: quelques dizaines de milliers d'individus et quelques dizaines de variables. Une plus grande importance est accordée aux calculs et à la représentation visuelle.

Avec le data mining l'approche change fondamentalement: on parle de plusieurs millions d'individus et de plusieurs centaines de variables. Les données sont imparfaites et nécessitent un prétraitement. Les modèles sont issus des données et on en tire des éléments théoriques. Enfin, on ne recherche pas toujours l'optimum mathématique, mais le modèle le plus facile à appréhender en pratique

Question 2: comment expliqueriez-vous la différence entre segmentation et clustering?

Les deux termes ont la même finalité: répartir les clients en différents groupes. Toutefois dans la segmentation les groupes sont connus à l'avance et constitués sur la base de l'intuition (exemple : le groupe des prospects qui ont une grande fréquence de visites), alors que dans le clustering les groupes ne sont pas connus à l'avance et déterminés automatiquement.

Question 3: que représente un corrélogramme?

Il s'agit d'une visualisation très efficace des corrélations entre variables. Cette représentation s'obtient facilement sur le logiciel R avec la fonction *corrplot*.

Question 4 : connaissez-vous et utilisez-vous les sparklines ?

Les sparklines sont des courbes miniatures placées dans un tableau à côté d'un indicateur, afin d'informer sur son évolution dans le temps.

Question 5 : en quoi consiste l'analyse dite en « composantes principales » ?

L'ACP est une méthode consistant à représenter les données dans un espace de dimension plus petite en minimisant la perte d'informations. C'est une façon de simplifier grandement les analyses.

Question 6 : pouvez-vous expliquer la différence entre les algorithmes de régression et les algorithmes de classification ?

Les algorithmes de régression sont utilisés pour prédire une valeur (exemple : un CA), tandis que les algorithmes de classification servent à classer les individus (exemple : les créditeurs à risque).

Question 7 : que désigne en data science le feature engineering ?

Le feature engineering désigne la création de nouvelles variables à partir des variables existantes (exemple : binarisation de la variable âge en variable enfant et variable adulte).

Question 8 : en analyse de données, comment appelle-t-on une valeur extrême ? Quelle représentation graphique les met particulièrement en évidence ?

Une valeur extrême est appelée un outlier. La boîte à moustaches permet de les repérer en un coup d'œil !

Question 9 : quels sont les trois critères permettant d'évaluer la pertinence d'un modèle prédictif ?

La qualité des prédictions, la capacité à généraliser sur un nouveau jeu de données et la facilité d'implémentation sont trois critères clés dans l'évaluation de la pertinence d'un modèle prédictif.

Question 10 : que désigne vulgairement une régression linéaire simple ?

La régression linéaire simple désigne le «résumé» d'un ensemble de points par une droite. Cette simple commande Excel apprise en 3e permet déjà de faire des prédictions !

QUESTIONS PARTIE C (Page 184) – ACTIVER LES DONNÉES

Question 1: en France, quel pourcentage de publicité display est diffusé sans n'être jamais vu ?

Environ une bannière sur deux n'est pas vue par l'internaute censé être exposé ! Le 4e baromètre de l'AdVerification publié par KantarMedia et Adledge en 2015 annonce ainsi 48,5 % de publicités vues (standard IAB) tandis que le rapport sur la qualité média publié au 4e trimestre 2015 par le spécialiste Integral Ad Science parle de 53,5 % (standard MRC, Media Rating Council).

Question 2: quel est en France la part des campagnes display effectuées en programmatique ?

Selon la 15e édition de l'Observatoire de l'ePub du Syndicat des régies internet (SRI) publiée en janvier 2016, le programmatique représente en France 40 % de l'achat média display, soit un marché de 423 M€. Le marché évolue toutefois très vite et les analystes prévoient 550 M€ et 50 % du display pour l'année 2016.

Question 3: que signifie RTB ? Quels sont les trois avantages qui ont permis l'essor de ce mode d'achat média ?

RTB signifie «Real time Bidding», à savoir l'achat d'espace publicitaire en temps réel via des enchères. L'effet d'échelle, l'automatisation et l'achat d'une audience et non plus seulement d'un contexte de diffusion sont les trois forces principales du RTB.

Question 4: que signifient les abréviations DSP et SSP et quels sont leurs rôles respectifs ?

La DSP (Demand Side Platform) est la brique logicielle qui permet aux acheteurs de se connecter à la bourse d'achats et de paramétrer les modalités d'achat.

La SSP (Supply Side Platform) est la brique logicielle qui permet aux éditeurs de mettre en vente leur inventaire en bourse et d'optimiser le prix de vente.

**Question 5: comment expliqueriez-vous la différence
entre marketing «one to one» et marketing «one to few»?**

Le marketing «one to few» est une approche «à froid» basée sur des segments d'audience préalablement enregistrés tandis que le marketing «one to one» est une approche «chaude» et mécanique (modification dynamique du produit proposé, action/réaction par rapport à un événement...)

**Question 6: selon vous, quelle est la première vertu
de l'utilisation de la data dans le marketing?**

Contrairement à ce qu'on peut souvent lire, la valeur première de la data dans le marketing est dans l'économie, pas nécessairement dans la croissance du chiffre d'affaires. Ces économies sont atteintes par des stratégies d'exclusion (produits déjà achetés, clients réguliers exclus des campagnes Adwords...) et par l'automatisation de tâches à faible valeur ajoutée (exemple : merchandising automatique, scénarios e-mails...).

**Question 7: pouvez-vous citer quatre typologies
de personnalisation?**

Le terme «personnalisation» ne signifie pas grand-chose en soi, car tout ou presque est personnalisable: personnalisation du moment, personnalisation du contenu, personnalisation du canal, personnalisation de la fréquence...

**Question 8: pouvez-vous citer au moins deux catégories
d'e-mails différents?**

On distingue généralement les newsletters, les e-mails relationnels et les e-mails transactionnels. Ces derniers sont particulièrement sous-estimés par l'industrie. Ils ont en effet le taux d'ouverture le plus élevé: pourquoi ne pas en profiter en rajoutant un contenu à valeur ajoutée (vidéo explicative, livre blanc, guide, etc.). Il s'agit typiquement de la démarche choisie par les entreprises de type data driven afin de générer davantage de micro-conversions.

**Question 9: qu'appelle-t-on un trigger marketing?
Pouvez-vous citer trois triggers différents?**

Trigger signifie «gâchette» en anglais. On désigne donc par «trigger marketing» le déclenchement automatique d'actions

© Groupe Eyrolles

en fonction d'événements prédéfinis à l'avance. Ces événements peuvent être transactionnels (exemple : achat), connus à l'avance (exemple : date d'anniversaire), liés au comportement (exemple : 3e visite cette semaine du site), etc.

Question 10 : quels sont les quatre prérequis nécessaires à la mise en place d'un scénario marketing basé sur le beacon ?

Pour notifier un client proche d'un beacon, il faut la réunion de quatre prérequis: le client doit avoir téléchargé l'application mobile de la marque, avoir donné son optin à la géolocalisation et aux notifications et enfin avoir le Bluetooth allumé.

© Groupe Eyrolles

Glossaire

Avec plus de 100 mots expliqués, ce glossaire du digital et data marketing se veut une aide à la lecture, mais également une référence à consulter dès qu'un terme vous échappe !

AB testing : stratégie consistant à proposer la version A d'une page, d'un formulaire, d'une bannière, etc. à 50 % des individus exposés et la version B aux 50 % restant. L'objectif est de déterminer la version la plus performante.

ACP : abréviation d'« Analyse en Composante Principale », transformation mathématique visant à réduire la dimension de l'espace d'analyse en perdant le moins d'information possible.

Adexchange : place de marché virtuelle où se rencontrent l'offre (SSP) et la demande (DSP) et où s'opèrent les transactions publicitaires, via un système d'enchères.

Adserver (côté annonceur) : plateforme technologique permettant l'affichage de la publicité. L'adserver assure également le rôle de suivi de campagnes (impressions, clics, conversions).

Adserver (côté publisher) : plateforme technologique assurant la gestion de l'inventaire publicitaire (quel espace est vendu à quel annonceur).

Adtech : désigne l'ensemble des plateformes technologiques optimisant la publicité digitale (DMP, DSP, DCO, etc.).

Adwords : programme publicitaire lancé en 2000 par Google, Adwords se matérialise lors de la recherche d'un mot clé dans le moteur de recherche par des liens sponsorisés au-dessus des résultats naturels.

Algorithmes de classification : catégorie d'algorithmes dont le but est de prédire l'appartenance d'un individu à un groupe donné (exemple : prédire les personnes qui vont déménager).

Algorithmes de régression : catégorie d'algorithmes dont le but est de prédire une valeur (exemple : prédire la lifetime value d'un individu).

API : abréviation d'« Application Programming Interface », les API sont des interfaces de programmation qui permettent à deux logiciels de communiquer entre eux et de s'interconnecter.

Arbre de décision (« decision tree »): algorithme majeur de la data science, l'arbre de décision repose schématiquement sur la multiplication de tests sur les valeurs de diverses variables en vue de déterminer le chemin optimal vers un objectif fixé. Sa structure arborescente le rend « lisible » par un être humain; en conséquence, il est généralement apprécié des commanditaires.

Attribution: l'attribution marketing tente d'évaluer de manière juste le rôle de chaque levier marketing dans la conversion afin de mieux répartir les budgets marketing. La métaphore du but au football (qui n'est pas le résultat du seul buteur) est souvent employée pour expliquer la philosophie derrière l'attribution.

Beacon: petite balise Bluetooth permettant la géolocalisation d'un téléphone dans un rayon de quelques dizaines de mètres, à condition toutefois que celui-ci dispose d'une application mobile réceptrice du signal et que l'antenne Bluetooth du téléphone soit allumée.

Bid request: « appel à enchères » transmise par la SSP aux DSP. Une bid request contient de nombreux éléments caractérisant l'emplacement publicitaire commercialisé et qualifiant l'internaute pour qui la publicité sera affichée.

Blacklist: « liste noire » d'inventaires établie par le trader média. Seuls les inventaires non cités dans cette liste sont autorisés pour de l'affichage publicitaire.

Bluetooth: technologie permettant de relier des appareils entre eux sans liaison filaire sur une portée de quelques dizaines de mètres.

Calcul distribué: méthode de calcul dont le principe est de répartir le calcul par morceaux sur plusieurs machines. Cette méthode au cœur du Big Data permet de réaliser de gros calculs mathématiques très rapidement. (Voir aussi « MapReduce ».)

Capping: procédé consistant à limiter le nombre d'impressions publicitaires maximales par cookie sur une période donnée.

Chief Digital Officer: nouveau métier traduit parfois par « directeur de la stratégie digitale », le Chief Digital Officer est le responsable de la transformation numérique de l'entreprise. Ce métier est amené à disparaître au fur et à mesure que les entreprises parviennent à intégrer le digital dans leur métier historique.

Chief Data Officer: nouveau métier traduit parfois par « directeur de la stratégie data », le Chief Data Officer est responsable de la transformation data de l'entreprise. Il est idéalement capable d'appréhender aussi bien les enjeux « métier » que les enjeux « système d'information » de la data.

Churn : terme anglais désignant la perte de clients ou d'abonnés. Le mot français équivalent pour décrire ce phénomène est l'« attrition ».

Clustering : classification automatique des individus dans des groupes distincts, construits de façon à minimiser la distance entre individus au sein de chaque groupe et à maximiser la distance entre groupes.

Cookie : fichier texte déposé sur le navigateur d'un internaute comportant un identifiant unique, le nom de domaine de l'émetteur et une date d'expiration. Passé en paramètre des appels http du navigateur vers le serveur web, le cookie permet à un site web de reconnaître le terminal et de prendre une décision en conséquence.

Cookie matching : technique de réconciliation des identifiants des cookies d'un système à l'autre. Tous les principaux acteurs publicitaires possèdent des tables de correspondance entre leurs cookies et les cookies des autres acteurs.

Conversion : la conversion désigne la réalisation d'un événement objectif. Il s'agit généralement de l'achat, mais le remplissage d'un formulaire de contact ou le téléchargement d'un livre blanc peuvent aussi être des conversions (on parle parfois de micro-conversion).

Conversion (tunnel de) : concept central du digital marketing, le tunnel de conversion correspond à l'ensemble des étapes précédant la conversion. À chaque étape correspond « des pertes » (la métaphore du seau d'eau troué est fréquemment employée).

Corrélation : deux variables sont dites « corrélées » lorsque les variations de l'une (croissance/décroissance) sont dépendantes des variations de l'autre.

Couponing : stratégie marketing basée sur le bon de réduction.

CPA : coût par acquisition, indicateur fréquent en publicité pour évaluer le retour sur investissement d'une campagne.

CPC : coût par clic, indicateur fréquent en publicité pour évaluer le retour sur investissement d'une campagne.

CPM : coût pour mille impressions, modèle économique fréquemment utilisé dans la publicité digitale. Un annonceur paiera ainsi 5 € du CPM ou 5 € CPM.

CRM : abréviation de «Customer Relationship Management», le CRM désigne la base de données clients, comprenant les informations personnelles (adresse, e-mail, téléphone...) et l'historique des achats.

CRM 360 : plateforme technologique facilitant la collecte de données personnelles depuis plusieurs sources (call center, navigation loguée web ou mobile, marketing direct, etc.) et l'activation de ces données au sein de marketing direct.

Cross-device (réconciliation) : rapprochement des terminaux appartenant à un même utilisateur. Ce rapprochement peut s'effectuer de manière «déterministe» (connexion à un même service depuis plusieurs terminaux avec le même identifiant) ou «probabiliste» (estimation que deux terminaux appartiennent à la même personne en recoupant des informations de lieux de connexion, de comportements de navigation...)

Cross-sell : littéralement «ventes croisées», le cross-sell désigne une stratégie marketing consistant à proposer au client des produits auxquels il pourrait être appétant à la suite de ses derniers achats.

CTR : issu de l'anglais Clic Through Rate, le CTR désigne le taux de clic d'une impression publicitaire, à savoir le nombre de clics divisé par le nombre d'impressions

Custom audience : désigne une audience chargée par l'annonceur dans des outils de ciblage type Facebook ou Google Adwords, en vue d'être retouchée sur ces réseaux.

Data center : lieu physique dans lequel sont regroupés les éléments concrets (ordinateurs, serveurs, etc.) constituant le système d'information de l'entreprise.

Data lab : entité transverse au sein de l'organisation spécifiquement dédiée à la création de valeurs grâce au bon usage de la donnée.

Datalake : grosse base de données pouvant accueillir des données peu structurées, par opposition à un datawarehouse qui stocke des données très structurées. Le datalake est souvent construit sur des technologies Big Data open source (voir Hadoop).

Datalayer : littéralement « couche de données », le datalayer est un objet javascript qui contient toutes les informations transmises au TMS lors du déclenchement du tag (par exemple le style du produit, son prix, l'id du visiteur, etc.).

Datamart : le datamart est un sous-ensemble datawarehouse, avec pour objectif de répondre aux besoins précis d'un groupe particulier d'utilisateurs au sein de l'entreprise : le marketing, le RH, etc.

Datamining : littéralement « fouille de données », le datamining est un processus faisant appel aux techniques statistiques et mathématiques permettant d'extraire des informations commercialement pertinentes et de modéliser des schémas d'informations cachés au sein de grandes bases de données.

Data scientist : métier le plus sexy du XXIe siècle selon la *Harvard Business Review*, le data scientist est un expert des modélisations mathématiques doublé de solides compétences en informatique. Il doit également posséder une forte sensibilité métier et être capable de restituer efficacement ses découvertes.

Dataset : le dataset désigne un jeu de données structurées au sein d'un tableur, prêtes à être analysées.

Datawarehouse : entrepôt de données stockant tout ou partie des données issues des bases de données opérationnelles. Le rôle du datawarehouse est double : « délester » les bases de données opérationnelles et fournir un socle à l'aide décisionnelle en entreprise (le datawarehouse est parfois appelé « base de données décisionnelle »).

DCO : l'abréviation de « Dynamic Content Optimization » désigne le processus de personnalisation « à la volée » d'une bannière publicitaire selon l'internaute à qui elle est diffusée.

Device Id : identifiant unique associé à un terminal mobile permettant la reconnaissance anonyme d'un utilisateur. Selon le système d'exploitation du terminal, on parlera d'IDFA (IOS) ou d'Advertising Id (Android). Le device Id est souvent considéré comme l'alter ego du cookie dans l'univers mobile.

Discrepancy : terme anglais faisant référence aux décalages entre les statistiques de deux outils qui théoriquement devraient donner les mêmes résultats.

© Groupe Eyrolles

Display : forme de publicité digitale se matérialisant par l'affichage d'une bannière ou d'une vidéo sur un autre site web ou mobile que le sien. Le display est souvent opposé au search.

DMP : la Data Management Platform est une plateforme technologique facilitant la collecte de données anonymes depuis plusieurs sources (navigation web, campagnes média, marketing direct, partenaires…), la construction d'audiences et l'activation de celles-ci principalement dans l'écosystème publicitaire.

Données structurées : on appelle « données structurées » les données qui sont rangées, organisées selon une logique prédéfinie. Il s'agit typiquement de données dans un tableur décrit par un ensemble de variables en colonnes (âge, marque préférée, chiffre d'affaires, etc.).

Données non structurées : par opposition aux données structurées, les données non structurées ne présentent pas *a priori* de logique prédéfinie. Il s'agit typiquement d'un fichier de commentaires clients ou d'images.

Drive to store : concept au cœur du marketing mobile, le drive to store désigne les moyens mis en œuvre pour attirer un consommateur dans un point de vente.

DSP : abréviation de « Demand Side Platform », la DSP est une plateforme technologique qui permet l'achat en temps réel et aux enchères des inventaires display proposés par les différents sites éditoriaux. (Voir aussi SSP.)

ELT : « Extract – Load – Transform » est un processus informatique d'intégration de données d'un système source à un système cible. Les données brutes sont chargées directement sur la cible, où elles seront transformées selon les besoins.

ERP : abréviation d'« Enterprise Resource Planning », l'ERP assure la gestion des achats, la gestion des ventes, la gestion comptable ainsi que la gestion des stocks de l'entreprise. De par ses fonctions structurantes, l'ERP est souvent apparenté à la colonne vertébrale de l'entreprise.

ETL : « Extract – Transform – Load » est un processus informatique d'intégration de données d'un système source à un système cible. Un serveur intermédiaire transforme la donnée selon des règles préétablies avant chargement vers la cible.

© Groupe Eyrolles

Fingerprinting : technique d'identification probabiliste d'un internaute, basée sur une empreinte numérique unique (caractéristiques techniques du navigateur, caractéristiques de navigation…).

First look : fonctionnalité d'une SSP permettant d'accorder un accès prioritaire à un acheteur par rapport au marché.

First party data : données issues des assets propriétaires de l'enseigne (sites web, CRM, application mobile, bases de données, campagnes média, marketing direct, etc.).

Floor price : « prix plancher » décidé par le site éditorial en deçà duquel l'impression n'est pas commercialisable.

GAFA : acronyme de « Google – Apple – Facebook – Amazon ». Le terme GAFA est souvent employé pour désigner les géants du Web.

Geofencing : procédé qui consiste à édifier une clôture virtuelle autour d'un magasin ou d'un point d'intérêt. L'entrée ou les sorties de ce périmètre active les sollicitations commerciales selon le principe du trigger. La plupart des cas d'usages marketing exploitant la donnée de géolocalisation reposent sur le principe du geofencing.

Gouvernance : on appelle « gouvernance des données » l'entité en charge de prendre les décisions quant à l'utilisation des données (stratégie, qualité, process…).

Hadoop : infrastructure open source de stockage (HDFS – Hadoop Distributed File System) et d'analyse (Hadoop MapReduce) particulièrement adaptée au traitement des Big Data. (Voir aussi NOSQL.)

IDFA : voir « Device Id ».

IP (adresse) : abréviation d'« Internet Protocol », une adresse IP est un numéro unique permettant à un ordinateur de communiquer dans un réseau. Un ordinateur avec plusieurs cartes réseaux peut avoir plusieurs adresses IP.

Kaggle : concours de data science organisé par des entreprises. La société Netflix a popularisé ces « joutes » entre data scientists en promettant au vainqueur une récompense d'un million de dollars.

Lead : terme anglais fréquemment utilisé pour désigner un prospect intéressé par une offre. Typiquement un internaute qui vous laisse ses coordonnées pour être rappelé est un « lead ».

© Groupe Eyrolles

Life time value : valeur estimée d'un client sur son cycle de vie. Par exemple, pour un site de rencontre, la lifetime value de l'abonné correspondra aux nombres de mois passés sur le site multiplié par le coût d'un abonnement mensuel.

Look alike (jumeaux statistiques) : procédé consistant à trouver dans une base de données des individus similaires à ceux d'un échantillon de départ. La qualité de l'estimation de similarité dépend fortement des données considérées et du modèle mathématique construit.

Mac Address : la Media Access Control Address est un identifiant unique associé à un terminal mobile. Étant stockée dans une carte réseau, on parle parfois d'« adresse physique ». Les adresses Mac sont utilisées dans beaucoup de technologies réseau, notamment le Wifi.

Machine learning : branche de l'intelligence artificielle. Concrètement, l'ordinateur améliore de lui-même le modèle mathématique initialement implémenté chaque fois qu'il reçoit de nouvelles données. Un exemple très simple d'algorithme de machine learning est une régression linéaire modélisant le prix d'un appartement par rapport à sa superficie : l'équation de la droite modélisant le nuage de points s'ajuste automatiquement à chaque nouvel appartement rajouté à la base de données.

MapReduce : méthode de calculs distribués sur plusieurs machines. Toutes les solutions d'analyses Big Data sont fondées sur cette méthode.

Marketing automation : stratégie d'automatisation de l'envoi des messages marketing selon certains comportements types. (Voir aussi Trigger.)

Marketing direct : le marketing direct recouvre un ensemble de canaux de contact permettant d'obtenir une réponse directe du consommateur et/ou une transaction (e-mailing, courrier, SMS, téléphone, etc.).

Martech : désigne l'ensemble des plateformes technologiques optimisant le marketing direct (routeur e-mail, CRM 360, Helpdesk, etc.).

Matrice de confusion : inventée pendant la Seconde Guerre mondiale, la matrice de confusion est une façon intuitive de mesurer l'efficacité d'un modèle de prédiction.

MVP : le Minimum Viable Product est une philosophie consistant à tester rapidement le cœur du produit afin d'en valider le concept sans avoir passé du temps sur les fonctionnalités non indispensables.

NoSQL : l'abréviation de « Not Only SQL » désigne une catégorie de bases de données dont le principe général est de stocker la donnée sur plusieurs machines reliées entre elles. Cassandra, MongoDB, Elastic Search ou Hadoop sont les bases de données NoSQL les plus connues sur le marché.

Onboarding : processus consistant à associer un contact du CRM (identifié par l'e-mail et/ou son adresse postale) à un identifiant online (généralement un cookie), afin de pouvoir cibler cette personne avec de la publicité digitale.

Open data : données accessibles en libre-service, mises à disposition par les organismes publics (Insee, Ville de Paris, SNCF, IGN, etc.).

People-based : stratégie consistant à cibler un individu et pas un terminal. (Voir aussi Cross-device)

Persona : personne fictive qui représente un segment de client cible. Généralement une fiche est dédiée à chaque persona comportant un certain nombre d'attributs caractéristiques de la cible et un scénario client (user story).

Personnalisation : concept central du data marketing, la personnalisation s'attache à adapter les processus marketing à l'individu : adaptation du contenu, de la fréquence, du moment, etc. des sollicitations commerciales.

Piggybacking : littéralement « porter à califourchon », le piggybacking est un procédé consistant pour un outil A non tagué sur un site web à tout de même déposer un cookie sur le navigateur d'un internaute en profitant du fait qu'un outil B partenaire soit lui-même tagué sur le site.

Pixel : image de 1px 1px invisible à l'œil nu, le pixel est une méthode de tracking très usitée. (Voir aussi « Tag ».)

Prédictif : on désigne par « marketing prédictif » la discipline visant à anticiper le comportement d'un consommateur, grâce à la modélisation mathématique de celui-ci. On distingue généralement la prédiction d'une valeur (voir « Régression ») et la prédiction d'un état (voir « Classification »).

Private marketplace : fonction disponible au sein des adexchanges permettant à un site éditorial de sélectionner les acheteurs pouvant participer aux enchères.

Programmatique : le terme recouvre l'ensemble des opérations marketing automatisées. Le terme est surtout utilisé en publicité où il désigne les transactions publicitaires opérées de manière automatisée et à l'unité. L'achat programmatique peut être réalisé aux enchères (RTB) ou à prix fixe. Il peut par ailleurs être non garanti ou garanti.

« R » : logiciel de statistiques avancées open source, très utilisé dans le milieu de la data science.

RCU : abréviation de « Référentiel Client Unique », le RCU est souvent assimilé au CRM 360.

Reach : terme anglais désignant le volume d'individus atteignables pou une campagne donnée.

Rebond (taux de) : cet indicateur exprime le pourcentage de visiteurs d'un site internet qui repartent « immédiatement ». Il se calcule en faisant le rapport entre le nombre total de visites et le nombre de visites à une page.

Recommandation (moteur de) : outil permettant de personnaliser la sélection de produits proposés selon les caractéristiques de l'individu (souvent son historique d'achat et de navigation). Le moteur de recommandation peut influencer l'affichage des produits sur le site, le contenu d'un e-mail, le contenu d'une bannière publicitaire, etc.

Retargeting : stratégie publicitaire consistant à cibler un individu déjà passé récemment sur le site web de l'annonceur ou sur certaines pages spécifiques.

ROI : acronyme de « Return On Investissement », le ROI ou retour sur investissement d'une action marketing mesure la rentabilité de cette action.

RTB : l'abréviation de « Real Time Bidding » désigne le proccessus de vente aux enchères en temps réel de l'inventaire publicitaire en ligne. Les sites éditoriaux proposent ce dernier via une SSP (Supply Side Platform). Les annonceurs enchérissent via une DSP (Demand Side Platform) opérée par un trading desk. L'offre et la demande se rencontrent au sein d'une bourse appelée « adexchange ».

Scoring : traitement mathématique consistant à attribuer à un individu une probabilité de comportement futur. Les premiers modèles de scoring ont été mis en place dans les banques dans les années 1970 afin d'estimer le risque associé aux crédits.

Scrum : méthode agile de développement s'appuyant notamment sur de courtes réunions matinales pendant lesquelles les participants au projet indiquent tour à tour les tâches qu'ils ont effectuées la veille, les difficultés rencontrées et enfin les travaux qu'ils effectueront dans la journée.

SDK : abréviation de « Software Development Kit », un SDK est un ensemble d'outils d'aide à la programmation. Il contient en particulier du code préécrit organisé sous forme de librairies, de la documentation, un émulateur de test, etc.

Search : la publicité « search » désigne les annonces Adwords qui s'affichent au-dessus des résultats du moteur de recherche.

Second party data : données issues de partenariats directs, par exemple les cookies issus de la navigation d'internautes sur le site web du partenaire.

Segmentation : regroupement d'individus selon des critères définis en amont (sexe, âge, fréquence d'achat, types de produits achetés...)

Spark : version évoluée de calcul distribué. (Voir aussi « Map-Reduce ».)

SQL : abréviation de « Structured Query Language », langage informatique permettant d'exécuter des requêtes dans une base de données structurée. Par extension, SQL désigne les bases de données adaptées au langage SQL, encore appelées « bases de données relationnelles ».

SSP : abréviation de « Supply Side Platform », la SSP est une plate-forme technologique permettant à un site éditorial de mettre en bourse son inventaire display et d'optimiser la valeur de son inventaire.

Tag : le tag de tracking est un extrait de code inséré dans le code html d'une page web qui a pour vocation d'appeler un serveur web lorsqu'il est déclenché (on dit que le tag est « brûlé »). Par ce procédé,

© Groupe Eyrolles

le tag permet au serveur de déposer un cookie dans le navigateur de l'internaute et de collecter de la donnée sur un cookie.

Taggage (plan de): document décrivant spécifiquement les endroits où sont posés les tags de tracking et la nomenclature associée.

Taxonomie: arborescence servant à classer les cookies dans une DMP.

Third party data: données collectées, segmentées et mises à disposition par un prestataire externe (data provider). La facturation s'élève en général à quelques euros le CPM.

TMS: abréviation de « Tag Management System », le TMS est un outil simplifiant considérablement la gestion des tags sur un site web en les encapsulant dans un master tag.

Trading desk: société spécialisée dans l'achat d'espaces publicitaires display, vendus en mode programmatique. Le trading desk s'appuie sur une (ou plusieurs) plateformes DSP open source ou propriétaire.

Trigger: littéralement « gâchette », le trigger est un événement déclenchant une action marketing. Par exemple, le nombre de visites par semaine sur le site internet sera considéré comme un trigger si, au bout de la troisième visite, un pop-up invitant à discuter avec un conseiller se déclenche.

Visibilité (indicateur de): une impression publicitaire est dite « visible » lorsqu'au moins 50 % de sa surface a été affichée pendant au moins 1 seconde (norme IAB).

Whitelist: « liste blanche » d'inventaires établie par le trader média. Seuls les inventaires cités dans cette liste sont autorisés pour de l'affichage publicitaire. (Voir aussi « Blacklist ».)

Yield Management: processus d'optimisation des prix plancher afin de maximiser la rentabilité des revenus publicitaires des éditeurs.

© Groupe Eyrolles

Les sociétés et solutions spécialisées dans la data

CABINETS/AGENCES CONSEILS

Vous souhaitez orienter davantage votre entreprise vers la donnée? Le recours à un cabinet spécialisé peut s'avérer d'une grande utilité pour définir la stratégie, les bons outils et le plan de transformation de l'entreprise!

55 aide les marques à exploiter de façon optimale les données et la technologie pour mettre en place des stratégies de communication plus adaptées.

Artefact a été fondé en 2013 par trois polytechniciens. Ce cabinet maîtrise toute la chaîne de la valeur de la donnée à travers quatre activités: conseil, développement, data science, création publicitaire.

Camp de Base est une agence de marketing services spécialisée dans la valorisation des données marketing. Camp de Base a été racheté en 2016 par le groupe Webedia spécialisé dans les médias en ligne et le divertissement (le groupe possède notamment les sites Allociné et 750 g).

Converteo est un spécialiste du webmarketing et de la webanalyse depuis de nombreuses années; le cabinet a pris avec succès le virage du data marketing.

Publicis ETO est une filiale du groupe Publicis spécialisée dans la mise en œuvre de référentiel client unique et de CRM 360.

AGENCES MARKETING/PUBLICITAIRES

Qu'elles soient historiques ou nouvellement créées autour des dernières technologies data marketing, ces agences sauront vous accompagner dans la mise en œuvre de vos campagnes de marketing direct et publicitaires.

© Groupe Eyrolles

1000Mercis est un pionnier du data marketing et une agence reconnue en CRM, DMP et RTB.

Adnow est un trading desk mobile spécialisé dans le drive to store. La société a notamment levé 1,2 million d'euros en 2015.

Adotmob est un trading desk mobile agissant autour d'une solution DSP propriétaire. La société a levé 1 million d'euros en 2015.

Affiperf est le trading desk de l'agence Havas.

AOD est le trading desk de l'agence Publicis (restructuration en cours).

Criteo est spécialisée dans le reciblage publicitaire (retargeting), Criteo est considérée comme une des entreprises majeurs du marché de la publicité digitale dans le monde depuis sa cotation au Nasdaq en 2013.

Gamned est un trading desk indépendant, notamment bien implanté en Suisse et au Brésil. Il a appartenu un temps au groupe Makazi.

TabMo (trading desk et DSP mobile) se différencie notamment par des formats publicitaires très innovants, exploitant tout le potentiel du canal mobile.

Tradelab est un des principaux trading desks indépendants français.
Yanco est le trading desk mobile du groupe S4M spécialisé dans le tracking mobile.

ADTECH

La publicité est en pleine mutation technologique et les acteurs ci-dessous y sont pour quelque chose !

Acxiom, expert de la donnée, de l'analytique et des marketing services, est un des principaux fournisseurs de données third party.

Adobe Audience Manager est la DMP d'Adobe et représente une des DMP leaders du marché.

Bluekai fut une des premières DMP leader du marché. Elle a depuis été rachetée par Oracle.

Databerries est une jeune start-up spécialisée dans la donnée de géolocalisation et dans le ciblage marketing sur mobile. La société élabore sur demande des segments d'audience basés sur les habitudes de déplacements (exemple : les individus qui se rendent dans les magasins Carrefour ou Auchan), achète de l'espace média pour ces individus et mesure l'incrément de visites en magasin. Databerries a levé 1,7 million d'euros en décembre 2015.

Doubleclick est une solution adtech de Google. La suite est notamment composée de Doubleclick Bid Manager (DSP) et Doubleclick Campaign Manager (adserver).

Exelate est un des plus gros fournisseurs de données du marché. La société a été rachetée par l'institut d'études marketing Nielsen en 2015.

Makazi est un des éditeurs majeurs de Data Management Platform (DMP) en mode SaaS.

Mediamath est une des principales DSP du marché.

Netadge est une des principales DSP mobile du marché

Sizmek est un des adservers principaux du marché, anciennement Mediamind.

Smartadserver est un des adservers principaux du marché, lancé par Aufeminin.com en 2001.

TapValue est une solution de tracking en magasin et de publicité mobile (retargeting des visiteurs magasins, geofencing autour des points de vente).

Tubemogul est une DSP spécialisée dans l'achat vidéo

Weborama est une solution DMP se caractérisant par une large offre third party propriétaire et la possibilité de réaliser également l'adserving des publicités.

MARTECH

Les CRM et routeurs e-mails ont bien évolué depuis les années 2000 : à l'instar de la publicité, le marketing direct s'est « technologisé » et la concurrence est rude entre éditeurs !

Actito est un éditeur de solutions proposant une plateforme de marketing relationnel permettant notamment la mise en œuvre de scénarios trigger marketing évolués.

Eloqua est une solution d'e-mailing et de marketing automation rachetée par Oracle.

Exact Target est une solution d'e-mailing et de marketing automation rachetée par Salesforce plus de deux milliards de dollars en 2013.

Marketo est une solution de marketing automation, adaptée également aux PME.

Neolane est une solution d'e-mailing et de marketing automation, devenue en juin 2013 Adobe Campaign, transaction estimée à 600 millions de dollars.

Probance est un des nombreux éditeurs de plateforme de marketing automation.

Salesforce est l'éditeur de logiciel leader sur le marché du CRM et de la relation client depuis sa création en 1999.

Selligent est une société éditrice de solutions de marketing relationnel, notamment un CRM 360.

Splio est un acteur majeur du secteur du routage e-mail et de la gestion de la relation client.

AUTRES

Data science, data quality, data onboarding, data visualisation… le panorama des technologies de la data est large et dépasse la simple segmentation adtech/martech!

Dataiku est un éditeur de logiciels facilitant le nettoyage des données et le travail des data scientists.

Experian est un acteur mondial dans le traitement de l'information; Experian propose notamment des solutions de gestion de la qualité des données.

S4M est une solution de mesure de campagnes publicitaires menées sur mobile.

Temelio est un des principaux CRM onboarder du marché.

Remerciements

Merci du fond du cœur à Cindy Dorkenoo, auteur de Stratégie Digitale, sans qui ce livre n'aurait jamais vu le jour. Un grand merci aussi à Élodie Bourdon, éditrice chez Eyrolles, qui a soutenu ce projet avec enthousiasme et m'a accordé toute sa confiance pour la rédaction de ce livre.

Une immense reconnaissance à mon papa pour sa relecture pointilleuse et son regard novice qui m'a forcé à tendre vers toujours plus de pédagogie et de clarté. Plus généralement merci à tous les relecteurs, David, Rémi et Jérôme en tête, pour leurs remarques éclairées.

J'adresse également de chaleureux remerciements à tous mes anciens collègues et notamment les consultants d'Artefact dont le contact quotidien m'a poussé vers toujours plus d'excellence. La préface rédigée par Vincent Luciani, fondateur du cabinet, n'est qu'une illustration de vos nombreux talents.

Caroline, ma conjointe depuis quatre années, tu mérites amplement ta place dans ces remerciements tant tu supportes avec beaucoup de patience mon stakhanovisme et mon acharnement.

Enfin, merci à toutes les personnes qui me sont chères et m'apportent chaque jour l'énergie nécessaire à la réalisation de mes projets. Je n'ai pas la place pour tous les citer, mais ce livre leur appartient.

© Groupe Eyrolles

© Groupe Eyrolles

© Groupe Eyrolles

© Groupe Eyrolles

Table des figures

© Groupe Eyrolles

© Groupe Eyrolles

© Groupe Eyrolles

Table des encadrés

© Groupe Eyrolles